信息管理与信息系统专业核心课程精品教材系列

客户关系管理
理论与软件

主　编　陈明亮
副主编　钱锋　汤易斌

浙江大學出版社

图书在版编目（CIP）数据

客户关系管理理论与软件 / 陈明亮主编．—杭州：浙江大学出版社，2004.8

（信息管理与信息系统专业核心课程精品教材系列）

ISBN 7-308-03851-3

Ⅰ.客...　Ⅱ.陈...　Ⅲ.①企业管理：供销管理－理论－高等学校－教材②企业管理：供销管理－应用软件－高等学校－教材　Ⅳ.F274

中国版本图书馆 CIP 数据核字（2004）第 087504 号

丛书策划　樊晓燕
封面设计　俞亚彤

责任编辑　樊晓燕
出版发行　浙江大学出版社
（杭州浙大路 38 号　邮政编码 310027）
（E-mail：zupress@mail.hz.zj.cn）
（网址：http://www.zjupress.com）
排　　版　浙江兴邦印务有限公司
印　　刷　浙江省良渚印刷厂
开　　本　787mm×960mm　1/16
印　　张　19
字　　数　330 千
版 印 次　2004 年 9 月第 1 版　2005 年 8 月第 3 次印刷
印　　数　6001－9000
书　　号　ISBN 7-308-03851-3/F·537
定　　价　28.00 元

信息管理与信息系统专业核心课程精品教材系列

编　委　会

序 XU

关于信息化与后工业社会的话题已经被世人热烈地讨论了二十余年，正式的“信息管理与信息系统”专业在我国大学中的设立亦已是最近十来年的事。而近三年来，该专业却是我国大学本科乃至专科专业中发展和普及最快的专业之一。它表明了一个重要的事实：信息化在我国的新型工业化进程中正在扮演一个极其重要的角色。我国社会、经济的迅速发展对于既掌握信息技术，同时又拥有管理知识，能够运用信息技术于管理实践的复合型人才的需求正日益高涨。

信息管理与信息系统是一门具有交叉性的复合型学科，它融合了计算机科学、信息技术、管理学、经济学、系统科学、运筹学、组织行为学等学科的知识，它强调运用定性与定量相结合的方法及相关学科的研究手段，深入研究并解决各类社会系统中的信息管理问题。该专业直接以满足信息化建设人才与新型复合型管理人才的需求为目标，培养具有现代管理科学理论知识，具备较强的计算机及网络技术运用能力的，适合在经济管理部门、各类企事业单位从事信息系统建设和管理以及从事相应科学研究等工作的综合型高级专门人才。1998 年教育部调整学科专业目录，把原有的管理信息系统、经济信息管理、科技信息、图书情报检索、信息学及林业信息管理等专业改为“信息管理与信息系统”专业，作为管理学门类中“管理科学与工程”一级学科之下的一个二级学科，使之在培养目标、内容和方向上均得到了进一步的凝练和提升。此后，由于社会、经济信息化进程的加速，该专业得到了快速的催生和发展。

众所周知，信息技术是当代发展最快的技术之一，相应的管理应用及经济、法律体系亦正面临着深刻的变化，因此，相关的教材亦面临技术基础多变和快速更新的挑战。为促进和支持该专业的发展，浙江大学出版社及时组织了有关专家在充分讨论和酝酿的基础上，精心组织出版了这套"信息管理与信息系统专业核心课程精品教材"。本人作为教育部高校管理科学与工程类教学指导委员会成员，参与了全国高校"信息管理与信息系统专业核心课程及其教学大纲"的修订工作。在组织本系列教材的编写时，亦强调了与教育部教学指导委员会规范化要求的一致与契合。本系列教材的编著者均有长期从事该专业教学和科研的经验，他们的前期工作经验使本系列教材的质量有了可靠的保证。相信这套教材的出版能为高校信息管理与信息系统专业教学水平的提高和规范化发展起到积极的推进作用。

吴晓波

2004年8月于求是园

前 言

客户关系管理(CRM)是企业在激烈的市场竞争中取胜的重要法宝，这一点已成共识。越来越多的企业已经、正在和准备实施CRM战略，越来越多的供应商在提供CRM软件、实施、咨询和培训。一句话：CRM的发展如火如荼，CRM的市场前景无限。为了适应场市的需求，越来越多的高校在相关专业的课程设置中增加了“客户关系管理”课程。但是这门课的教材建设相对滞后。滞后的原因中有两点是容易理解的：第一，这是一门新课程，不论是师资的培养还是教材的建设都需要一个积累过程；第二，CRM是信息技术发展到今天这样一个水平时才兴起的一个崭新的领域，本身的发展也需要一个积累过程。

我们在客户关系管理方面积累了一定的教学经验和研究基础，一直希望为这门课的教材建设尽一份绵薄之力。“信息管理与信息系统专业核心课程精品教材系列”将《客户关系管理理论与软件》一书作为“客户关系管理”课程的教材列入建设范畴，为我们实现这个愿望提供了一个契机。

呈献给读者的这本书共5篇14章。在清晰地提示了CRM内涵的基础上，较为系统、详细地阐述了支持CRM战略的基础理论、软件、相关技术及实施方法论。

本书最大的一个创新和特点是提供了一个CRM基础理论体系。基础理论是CRM的基石，没有理论的支撑，CRM就成了无源之水、无本之木。本书认为客户生命周期理论、客户价值识别理论和客户忠诚培育理论是CRM的三大基础理论。这是本书作者的最新研究成果向教材的一个渗透。主编陈明亮多年来一直致力于CRM基础理论的研究，自1999年做博士论文开始一直延续至今，主持了相关的国家自然科学基金资助课题、中国博士后科学基金资助课题、教育部人文社科专项课题、浙江省社科规划重点课题各1项（课题编号分别是70372020，2002032233，03JD630063，Z03GL11)。这些课题的部分研究成果经提炼后成为了本书的CRM基础理论，即第3,4,5,6章的主要内容。

本书的另外一个特点是，在内容的设计上综合体现了多所高校多位作者的教学经验。本书的作者来自浙江大学、杭州电子科技大学、中国计量学院、浙江工商大学、浙江理工大学五所高校，都有多轮讲授“客户关系管理”

的教学经验,能很好地把握学生对这门课的需求。本书内容的设计正是在经验共享的基础上完成的。

本书是作为信息管理、电子商务、市场营销、企业管理等相关专业的本科生、专科生和研究生教材编写的。本书也希望能为 CRM 研究和实践人员提供有益的见解,如希望本书提出的 CRM 三层体系结构内涵认知模型和 CRM 八大理念能对所有读者正确认识 CRM 有所裨益;希望本书从 CRM 的任务出发提出的 CRM 理论脉络能为 CRM 基础理论研究人员寻找有价值的研究方向提供线索;希望本书提出的 CRM 三大基础理论能为 CRM 咨询、实施人员和 CRM 软件研发人员提供有力的理论武器;希望本书从供应商和行业两个角度对 CRM 软件解决方案的介绍能为企业 CRM 软件选型小组成员提供帮助;希望本书从被实施企业、咨询公司、供应商三类实施主体视角对 CRM 软件实施方法论的介绍能为三类实施主体的项目实施成员提供有益的指导。

本书由陈明亮任主编,钱锋、汤易斌任副主编。第 1,2,3,4,5,6,7,8,13 章由陈明亮编写;第 10 章由汤易兵编写;第 11,12 章由钱锋编写;第 9,14 章由王卫红、汤易兵、李晓燕、王正成、余晓共同编写。陈明亮负责全书的框架设计、统稿和修改。

本书在写作和出版过程中得到了许多支持和帮助:浙江大学管理学院吴晓波教授审阅了全文,对本书的框架和具体内容提出了不少建设性的修改意见;英克科技杭州分公司总理王锐先生为本书 CRM 实施案例的收集提供了大力支持;浙江大学管理学院李小东副教授对本书的出版给予了热情的帮助和指导。在此谨致衷心的感谢。

另外,本书的编写除参考了一些公开发表的论文、专著外,还参考了部分 CRM 软件供应商、咨询公司等在其网站上公开发布的一些资料。部分企业也为本书提供了一些内部资料。在此一并致以诚挚的谢意。

恳望读者对本书错误之处批评指正!

作　者

2004 年 6 月于杭州

目 录

第1篇

导论

第 1 章

CRM 概述

学习目标

- 理解客户资产对企业的价值，树立“客户资源是企业最重要资产”的观念
- 比较透彻地理解 CRM 的内涵
- 了解 CRM 的起源和发展动力
- 从宏观层次认识企业实施 CRM 的一般价值

1.1 CRM 的起因——客户资源是公司最重要的资产

在市场经济条件下，客户资源很重要，对于这样的认识，大家都能认同，但如果说客户资源是资产，相信许多人不以为然。事实上，从资产的本质（资产最本质的特征是具有为企业创造以现金净流入体现的"未来经济利益"的能力）可以看出，客户资源不仅应该是资产，而且应该是现代企业中隐含着极高价值的资产。

1.1.1 何为客户资产

Blattberg，John Deighton（1996）首先给予了客户资产完整的定义：企业的客户资产（Customer Equity）就是企业所有客户终身价值的贴现之和。这一定义引入了客户生命周期价值的概念，这意味着我们不仅要考虑现有客户，还要考虑客户获得、维持和转换造成的资产动态变化，而贴现率则考虑了企业对待"时间或未来"的态度。

1.1.2 为什么要将客户资源作为资产管理

（1）客户资源是一个企业最终实现交易并获得现金流入的惟一入口（融资除外），是实现企业利润的惟一来源。企业如果没有客户资源，其产品（或劳务）就不能实现交换，那么企业的一切活动都将是无效活动。

（2）客户资源是衡量企业综合竞争力最重要的指标。我们在评估一个企业的综合竞争实力时，除了考察这个企业的研发能力、管理水平之外，该企业所拥有的市场份额，即企业掌握的客户资源，亦是我们关注的一个最重要的指标。国外的企业愿意与中国的企业合作，他们看重的是中国巨大的市场潜力，而不是其他因素。事实上，在当今社会中，技术、资本我们都能通过市场获得，而惟有市场份额，即客户资源只能靠企业自己创造。正因为如此，营销能力即企业获取客户资源的能力，才被作为反映企业核心竞争能力的重要方面而越来越被广泛重视。

1.1.3 客户资源竞争策略

客户资源既然是公司最重要的资产，自然也就成了市场竞争的焦点。

客户资源的竞争策略是什么呢？

1. 两种客户资源竞争策略

对一个企业来说，客户分为存量客户和增量客户两个部分。相应有两种策略：防御性营销策略和进攻性营销策略（如图 1.1 所示）。

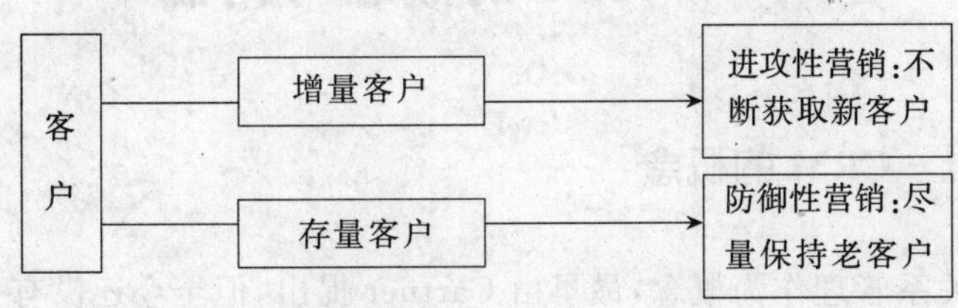

图 1.1　两种客户资源竞争策略

2. 防御性营销越来越受到重视

最初不少公司把焦点放在增量客户这部分，因此往往采用进攻性营销策略以不断获取新客户。现在越来越多的公司开始认识到，在未来仅依赖进攻性营销策略是不够的，防御性营销（以保持现有存量客户为目的的营销）策略甚至更为重要。能否保持有价值的客户直接决定着公司能否取得竞争优势，甚至关系到公司的成败，因为客户保持对公司的利润底线有着巨大的影响，客户保持率一个小的提高都能导致利润可观的改善。Reichheld 和 Sasser（1990）对美国 9 个行业的调查数据表明，客户保持率增加 5%，行业平均利润增加幅度在 25%～85%之间。其中，信用保险业：25%；汽车服务连锁业：30%；软件业：35%；办公楼管理业：40%；工业分销和工业清洗业：45%；保险经纪业：50%；信用卡业：75%；银行存款业：85%。

客户保持对公司利润的影响之所以如此之大，是因为保持现有客户比获取新客户的成本低得多，一般可节约成本 4～6 倍（Wells，1993）。另外，长期客户趋向于购买公司更多的产品，对价格更不敏感（Reichheld，1996）。更为重要的是，被保持的忠诚客户会主动为公司传递好的“口碑”、推荐新的客户，对竞争品牌和广告更少关注，有成为合作伙伴的潜力（Evans & Laskin，1994；Kotler & Armstrong，1996；Reichheld，1996，2000）。因此，拥有长期忠诚客户的公司比拥有低单位成本、高市场份额但客户流失率高的对手更有竞争优势。随着市场的成熟，竞争的焦点将转移到保持现有客户上是一个必然的趋势。

Gartner认为:对企业而言,客户是公司最宝贵的资源,失去了客户就失去了一切。失去了老客户,就意味着业务无法进行;失去了新客户,即潜在客户,就意味着停滞不前,无法向前发展。

1.2 CRM的概念与内涵

1.2.1 CRM的概念

客户关系管理作为概念,最早由Cartner提出,但至今还没有一个公认的定义。下面介绍关于CRM定义的几种观点。

1 Cartner的定义

“客户关系管理(CRM)是代表增进利益、收入和客户满意而设计的,企业范围的商业战略。”“CRM是一种以客户为中心的经营战略,它以信息技术为手段,对业务功能进行设计,并对业务流程进行重组。”

Cartner首先强调CRM是一种商务战略(而不是一套系统),它涉及的范围是整个企业(而不是一个部门),它的战略目标是在增进赢利和销售收入的同时,提升客户满意度。其次强调CRM是一种基于企业发展战略上的经营策略,这种经营策略是以客户为中心的,不再是产品导向而是客户需求导向;信息技术是CRM实现所凭借的一种手段,信息技术对于CRM不是全部也不是必要条件。CRM要实现的是以客户为中心对企业业务流程进行重组(BPR)。

2 其他公司的定义

IBM公司的理解:客户关系管理一是企业的商务目标,即通过一系列技术手段了解客户目前的需求和潜在客户的需求;二是企业要整合信息流程,使企业对所有顾客的信息的了解达到整体和一致性。他们将客户关系管理分为三类:关系管理(不仅要一次性成功营销,还要开展持续性的关系营销)、流程管理和接入管理。

德勤公司的理解:第一,将公司内部孤立和分散的客户数据综合起来,使公司对每一顾客有比较全面的认识;第二,使顾客不管从哪一渠道与公司打交道都能够得到满意服务;第三,企业的服务人员与每一客户交往都具有

个性化,每一次交往都要有详细记录;第四,公司需要从与客户交往中学习。

惠普公司的理解:不能够仅仅把 CRM 看作一个简简单单的软件,CRM 对企业来讲,首先是一个商业战略,是帮助企业实现管理理念变化的工具。很多人认为 CRM 就是销售自动化,或者是对市场活动的管理,或者说是呼叫中心,所有这些看法都是片面的。CRM 实际上是给企业提供了一种工具。通过这种工具,企业可以透过多种渠道为客户提供全方位的服务,这些渠道包括电话的方式、电子邮件的方式、无线通信的方式(如手机、PDA),或者是面对面的方式。所提供的活动既涉及市场部门,涉及销售部门,同时还涉及技术支持和服务等部门。CRM 是一个复杂的系统集成工程,需要进行复杂的集成,需要与 ERP 系统集成,需要与财务系统集成,也需要与订单管理系统集成。实施 CRM 的最终目的是帮助企业增加收入、提高利润、提高客户满意度。

NCR 公司("关系管理技术"解决方案全球领导厂商)的理解:CRM 是企业的一种机制。通过与客户不断互动,为客户提供信息和与客户进行交流,可以了解客户和影响客户的行为,进而留住客户,不断增加企业利润。通过实施 CRM,能够分析和了解处于动态过程中的客户状况,从而搞清楚不同客户的利润贡献度,便于选择应该供应何种产品给何种客户,以便在合适的时间,通过合适的渠道去和客户进行交易。在 CRM 中,管理机制是主要的,技术只是一部分,是实现管理机制的手段而已。实施 CRM,主要是企业的组织、流程以及文化方面的变革。

3　本书的定义

简单定义:客户关系是指从供应商角度来看的供应商与客户之间的商务关系。客户关系管理是一种旨在通过改善这种商务关系以提高客户资产价值的商务战略。

完整定义:CRM 是一种以客户为中心的商务战略;是一套集理念、组织、流程、技术为一体的整体解决方案;是一种旨在改善企业与客户之间关系的新型管理机制;企业实施 CRM 战略的本质目标是与那些有价值的客户建立稳定的长期双赢关系,防止它们流向竞争对手,进而为企业在激烈的市场竞争中赢得优势。

1.2.2　CRM 的内涵

应该从战略高度和多个层次上来认识 CRM 的内涵,可将之抽象为一个如图 1.2 所示的 CRM 内涵认知模型。

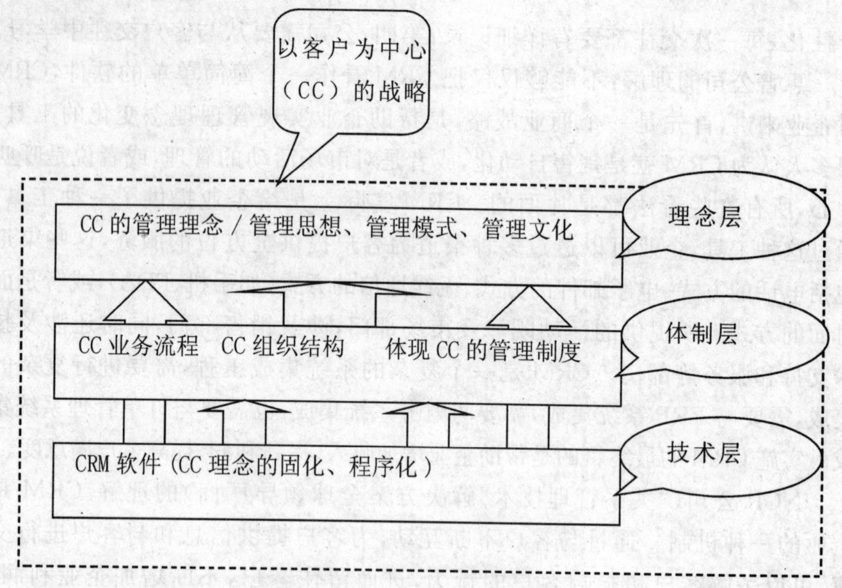

图 1.2 CRM 内涵认知模型

CRM 内涵认知模型表明:CRM 是一个"以客户为中心(简称 CC)"的企业经营战略,该战略的内涵包括理念层、体制层和技术层三个层次。

理念层从企业管理思想、管理模式、文化等方面体现以客户为中心的思想精髓,是人们从不同侧面对以客户为中心的思想的各种理解的集成和表现形式,理念层既是 CRM 战略实施的基础,也是战略实施期望达到的目标。

体制层从流程、组织结构、管理制度等方面确保 CC 理念得到贯彻落实,既是理念层的有形展示形态(有什么样的理念就会有什么样的体制),又是理念层得以实现的制度保证机制。

技术层是一套以 CRM 软件为表现形式的集成支持平台。该平台将 CC 理念转化为软件的各种业务功能,并固化 CC 业务流程,它同时支持理念层和体制层,不仅从技术上保证 CC 体制得以正常运转,而且与体制层一起确保 CC 理念的实现。

CRM 的三层体系结构模型很好地解释了 CRM 战略实施中理念、流程(泛指体制)、技术三者之间的关系。人们对 CRM 中管理思想的把握(即理念层)是 CRM 的核心,理念指挥行动,没有正确的理念不可能有正确的行动,从而也不可能有正确的结果。理念一旦错误,CRM 战略必然失败,因此正确的理念至关重要。但理念正确不能确保行动正确,为了确保用正确的行动实现正确的 CRM 理念,必须从流程和技术上提供保证机制,从而在业务运作流程上体现 CRM 理念,在技术手段上固化流程,达到用流程、技

术手段约束人的行为符合CRM理念，最终实现CRM理念的目的。理念、体制、技术三层构成了CRM的完整内容，三者缺一不可，而且三个层次必须相互支撑、协调工作才有可能保证以客户为中心的战略实施成功。

1.3　CRM的起源与发展动力

1.3.1　CRM的起源

客户关系管理的理念由来已久。作为国际知名的CRM专家，NCR数据仓库事业部副总裁Ronald Swift认为，CRM起源于上千年前的中国。那时走街串巷的小商贩就是客户关系管理的高手，他们可以记住方圆几十里内许多客户的需求与偏好，及时送上他们称心如意的商品。信息技术的发展，只不过是让我们能够以古老中国商人的智慧在更短的时间内处理更多的客户信息，服务于更多的客户罢了。

CRM起源于20世纪80年代初提出的“接触管理”(Contact Management)，即专门收集整理客户与公司联系的所有信息。到90年代初期则演变成为包括电话服务中心与支援资料分析的客户关怀(Customer Care)。经历了二十多年的不断发展，CRM不断演变发展并趋向成熟，最终形成了一套完整的管理理论体系。

1.3.2　CRM的发展动力

1　买卖双方市场地位的逆转是CRM产生需求的原动力

随着由卖方市场(产品稀缺)向买方市场(客户稀缺)的转变，企业必须把关注的目光由过去聚焦在“产品”上，逐渐转移到“客户”上，即企业的商务战略必须从“以产品为中心”转向“以客户为中心”。企业必须迎合客户的需求，以换取由现金和持续性业务体现的价值。

企业实施“以客户为中心”战略面临的问题与具体需求：其一，企业的销售、营销和客户服务部门难以获得所需的客户互动信息。其次，来自销售、客户服务、市场、制造、库存等部门的信息分散在企业内，这些零散的信息使得企业无法对客户有全面的了解，各部门难以在统一的信息的基础上面对

客户。这需要各部门对面向客户的各项信息和活动进行集成，组建一个以客户为中心的企业，实现对面向客户的活动的全面管理。

(1) 企业的客户可通过电话、传真、网络等访问企业，进行业务往来。

(2) 任何与客户打交道的员工都能全面了解客户关系，根据客户需求进行交易，了解如何对客户进行纵向和横向销售，记录自己获得的客户信息。

(3) 能够对市场活动进行规划、评估，对整个活动进行360度的透视。

(4) 能够对各种销售活动进行追踪。

(5) 系统用户可不受地域限制，随时访问企业的业务处理系统，获得客户信息。

(6) 拥有对市场活动、销售活动的分析能力。

(7) 能够从不同角度提供成本、利润、生产率、风险率等信息，并对客户、产品、职能部门、地理区域等进行多维分析。

"以客户为中心"不仅是供应商希望实施的战略，也是客户的要求：希望供应商能提供统一的接触界面，希望供应商充分了解他们的需求到底是什么，适时满足他们的个性化需求，并不时给他们一些惊喜(提供超期望价值)。

客户不希望出现诸如这样的情景：

我从企业的两个销售人员那里得到了同一产品的不同报价，哪个才是可靠的？

我以前买的东西现在出了问题。这些问题还没有解决，怎么又来上门推销？一个月前，我通过企业的网站发了一封E-mail，要求销售人员和我联系一下，怎么到现在还是没人理我？

我已经提出不希望再给我发放大量的宣传邮件了，怎么情况并没有改变？

我报名参加企业网站上登出的一场研讨会，但一直没有收到确认信息，研讨会这几天就要开了，我是去还是不去？

为什么我的维修请求提出一个月了，还是没有等到上门服务？

2 技术的推动

计算机、通信、网络、数据仓库、数据挖掘、电子商务等技术的飞速发展使得CRM理念不再停留在梦想阶段。

40年前，管理大师德鲁克就直觉到企业的目标在于创造客户，但企业在获得、保持和建立客户关系方面一直未有大的突破，直到近年数据仓库、数据挖掘及关系技术等IT手段的出现，情况才有所改观。原因是没有IT

技术的支持，企业无法做到“在正确的时间，以正确的价格，通过正确的渠道，向正确的用户，提供正确的产品（或服务）”，从而无法正确地满足客户的需要与愿望。技术的发展为 CRM 提供了可能。

3　企业创新和竞争的需要

现在是一个变革的时代、创新的时代，一个企业要在越来越激烈的竞争中取得优势就必须在创新上比竞争对手领先一步。以客户为中心的 CRM 战略的实施为企业创新提供了一种手段和工具，将触发企业组织架构、工作流程的重组以及整个管理思想、管理文化的变革。先行一步并取得成功的企业必将赢得先发优势，使企业在未来的市场竞争中赢得主动。

1.4　企业实施 CRM 的期望价值

1.4.1　实现经营战略的转变

任何企业要想在激烈的市场竞争中生存下去，并实现可持续发展，以客户为中心是惟一正确的经营战略。借助 CRM 实现企业经营战略从以产品为中心向以客户为中心转变，是 CRM 为企业带来的最高价值，它对企业的影响是根本性的、长远的，取得的其他价值只不过是这一价值的具体体现而已。

1.4.2　提高有价值客户的保持率

不同的客户带给企业的价值是不同的，一个企业的绝大部分利润往往是由少数有价值客户创造的（20/80 定律），能否保持这些有价值的客户，不仅决定着企业能否赢得竞争优势，而且关系到企业的生死存亡。正如前面 CRM 定义所述，企业实施 CRM 战略的本质目标就是与那些有价值的客户建立稳定的长期双赢关系，防止它们流向竞争对手，进而为企业在激烈的市场竞争中赢得优势。这是一个成功的 CRM 战略可望给企业带来的一个最重要价值。

1.4.3 提高客户的增值潜力

企业实施 CRM 就是要将高价值客户转化为更高价值客户，低价值客户转化为高价值客户，将无价值客户转化为有价值客户，改善整个客户群的质量，提升整体客户资源的价值。根据不同客户增值空间和机会的不同，寻找增值途径，包括降低服务成本（过度服务客户）、增量销售（客户份额弹性很大的客户）、交叉销售（客户对本公司的其他产品/服务有需求）、口碑效应（忠诚客户）、带动效应（知名客户）、剔除（无增值潜力的负利润客户）。

1.4.4 整合、共享客户信息

如前所述，CRM 的基本出发点就是要整合销售、营销和客户服务等所有接触点的客户信息，建立高度集成的同步客户信息库，从而在企业整体层面上实现客户信息实时共享和客户界面统一管理。由此给企业带来一系列利益：减少客户相关员工跳槽带来的客户流失（变个人、部门信息为企业信息）；捕捉一些稍纵即逝的营销、销售、服务机遇（通过对高度集成的实时共享客户信息的分析洞察）；提升企业在客户心目中的形象（营销、销售、服务、技术支持不再是支离破碎的部门形象）。

本章小结

客户资源是公司最重要的资产，企业失去了客户机意味着失去了一切。“CRM 是企业的一种商务战略”这一观点已被广泛接受，但是对 CRM 的内涵并没有一个统一的认识。本书认为，CRM 作为一种商务战略应包含理念层、体制层和技术层三个层次的内涵，并将之抽象为一个称为“CRM 三层体系结构”的 CRM 战略内涵认知模型。理念、体制、技术三层构成了 CRM 的完整内容，三者缺一不可，而且三个层次必须相互支撑、协调工作才有可能保证以客户为中心的 CRM 战略实施成功。

买卖双方市场地位的逆转、技术推动、企业创新和竞争的需要是 CRM 蓬勃发展的三个基本动力。

借助 CRM 巩固或实现以客户为中心的经营战略是 CRM 为企业带来的最高价值，它对企业的影响是根本性的、长远的。

第2章

企业管理信息化及 CRM 在其中的地位

学习目标

- 概要了解企业信息化的整体概貌
- 理解 ERP,SCM,BI,KMS 等其他管理软件的涵义
- 认识 CRM 与其他管理软件之间的关系以及在管理信息化中的地位

2.1 企业信息化概貌

企业信息化包括产品信息化(如 PLC——可编程控制器、IC 芯片)、工艺设计信息化(如 CAD——计算机辅助设计)、生产过程信息化(如自动化生产线)、商务流程信息化(如电子商务交易系统)和管理信息化(如 ERP,CRM,SCM)等方面(图如 2.1 所示)。

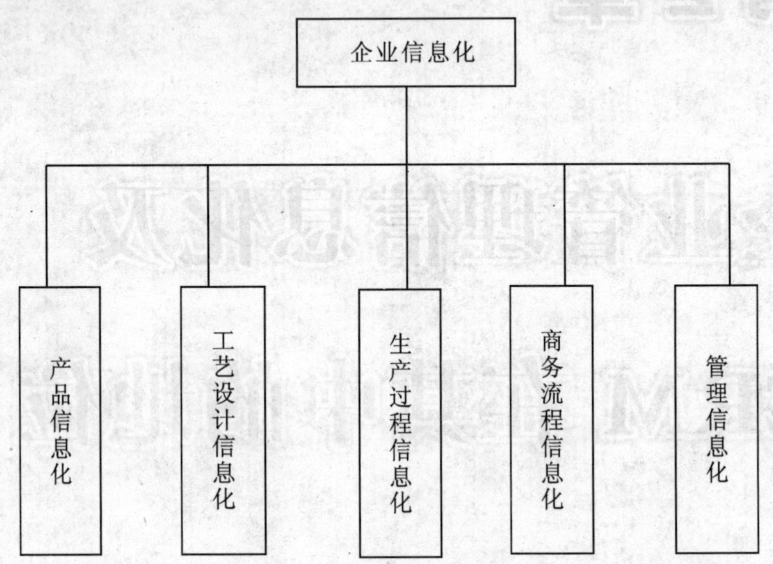

图 2.1 企业信息化的划分

2.2 其他企业管理软件介绍

企业管理软件是支持企业完成管理活动的各种系统的总称。包括基于单机/网络的各种单功能 MIS 系统,如财务管理系统、库存管理系统、销售管理系统等,基于网络的集成的大型管理系统,如 ERP,CRM,SCM,EC,BI(商务智能),KMS(知识管理系统)等。

在中国加入 WTO 和政府大力推进"信息化带动工业化"的形势下,国

内企业对于实施管理软件、加速推进管理提升的需求突显。2001 年，中国管理软件市场销售额为 26.2 亿元，同比增长 28.4%；2002 年中国管理软件市场销售总额为 33.05 亿元，比 2001 年增长 26.15%，增长速度较 2001 年的 28.4%有所下降，但仍高于 2002 年中国软件市场整体 21.1%的增长率。2002 年管理软件的市场销售主要集中在制造业、流通业，这两个行业所占有的市场份额超过管理软件整体市场的 55%，较 2001 年有很大的增长。金融、电信、政府等部门的管理软件销售量也有一定程度的增长。管理软件市场目前已开始趋于成熟，ERP 产品市场份额首次夺冠并成为竞争热点，CRM，SCM，EAM 等产品市场呈现跨越式增长。

2.2.1 ERP

1. ERP 的定义

ERP(Enterprise Resource Planning，企业资源计划系统）是指建立在信息技术基础上，以系统化的管理思想为企业决策层及员工提供决策运行手段的管理平台。ERP 系统集信息技术与先进的管理思想于一身，成为现代企业的运行模式，反映时代对企业合理调配资源、最大化地创造社会财富的要求，成为企业在信息时代生存、发展的基石。

进一步地，我们可以从管理思想、软件产品、管理系统三个层次给出它的定义：由美国著名的计算机技术咨询和评估集团 Garter Group Inc. 提出的一整套企业管理系统体系标准，其实质是在 MRP II(Manufacturing Resources Planning，制造资源计划）基础上进一步发展而成的面向供应链(Supply Chain)的管理思想，其核心是把企业内部各个方面的管理资源，如财务、成本、采购、生产、库存、销售、人力资源，通过一个平台有机地整合在一起，提高整体资源应用效率；是综合应用了客户机/服务器体系、关系数据库结构、面向对象技术、图形用户界面、第四代语言(4GL)、网络通讯等信息产业成果，以 ERP 管理思想为灵魂的软件产品；是整合了企业管理理念、业务流程、基础数据、人力物力、计算机硬件和软件于一体的企业资源管理系统。

简单地说，ERP 就是以供应链管理思想为核心的、基于现代信息技术的企业资源集成管理平台。

2. ERP 中的管理思想

ERP 首先是一种管理思想，除了供应链管理思想外，ERP 还包括了精益生产（Lean Production，LP）、敏捷制造（Agile Manufacturing，AM）、约束理论（Theory of Constraint，TOC）、价值链（Value Chain，VC）、准时制生产（Just in Time，JIT）、全面质量管理（Total Quality Management，TQM）等管理思想。

精益生产（LP）要点：(1)消除一切不增值的作业和活动；(2)提高快速响应能力；(3)整合合作伙伴的核心能力；(4)按照客户需求实行拉动式的个性化产品生产。

敏捷制造（AM）要点：(1)灵活发挥人的知识和智能；(2)对市场需求作出敏捷的快速反应；(3)准确有效地满足客户需求。

约束理论（TOC）要点：出发点要是持续地获得利润，凡是限制企业有效产出增长和利润获取的因素都是制约因素（瓶颈）；基本任务是找出并解除瓶颈；TOC 遵循九条管理原则：

原则 1　追求物流的平衡，而不是生产能力的平衡。

原则 2　“非约束”的利用程度不由其本身决定，而是由系统的“约束”决定的。

原则 3　资源的“利用”（utilization）和“活力”（activation）不是同义词。

原则 4　“约束”上一个小时的损失则是整个系统的一个小时的损失。

原则 5　“非约束”节省的一个小时无益于增加系统有效产出。

原则 6　“约束”控制了库存和有效产出。

原则 7　运输批量可以不等于（在许多时候应该不等于）加工批量。

原则 8　批量大小应是可变的，而不是固定的。

原则 9　编排作业计划时考虑系统资源约束，提前期是作业计划的结果，而不是预定值。

价值链（VC）要点：(1)消除或外包不增值的环节；(2)制造企业 5 个作业阶段：入厂物流、加工制造、出厂物流、市场营销、售后服务构成一个链；(3)从企业竞争优势对比的角度去判断是否增值。

准时制生产（JIT）要点：消除一切无效劳动和浪费，在市场竞争中永无止境的追求尽善尽美。

全面质量管理（TQM）要点：(1)强调全过程质量管理，强调质量的持续改进；(2)质量是由客户定义的；(3)通过全员参与和团队精神实现质量管理的战略目标。

3. 应用 ERP 的效益

据美国生产与库存控制学会(APICS)统计,使用 MRP II/ERP 系统,平均可以为企业带来如下经济效益:(1)库存下降 30%～50%;(2)延期交货减少 80%;(3)采购提前期缩短 50%;(4)停工待料减少 60%;(5)制造成本降低 12%;(6)管理水平提高,管理人员减少 10%,生产能力提高10%～15%。

2.2.2 SCM

1. SCM 的定义

SCM(Supply Chain Management,供应链管理)是一种新的现代企业管理模式和策略,它以现代信息技术为支撑,以合作为核心,把供应链上的各个企业(供应商、制造商、分销商、客户)集成起来作为一个不可分割的整体,使供应链上各企业分担的采购、生产、分销和销售的职能成为一个协调发展的有机整体,从而增加整个供应链的效率。

供应链管理大大提高了企业竞争力,使企业在复杂的市场环境(不断提高的客户需求,企业间日益激烈的竞争,巨大的政治、经济、社会环境压力)中立于不败之地。据有关资料统计,供应链管理的实施可使企业总体成本下降 10%;供应链上节点企业的按时交货率提高 15%以上;交货周期缩短 25%～35%;供应链上节点企业的生产率提高 10%以上。

2. 供应链管理的信息技术支撑体系

供应链管理的基础是供应链上节点企业之间信息的高度集成与共享,实现这一点的关键是要有一个基于 IT 的良好的信息技术支撑体系。基于 EDI(电子数据交换)的信息技术支撑体系曾经为供应链管理立下了汗马功劳,而且一些企业仍在应用。然而,被历史学家看作工业革命和汽车发明以来最重要发展的 Internet 的出现及其飞速发展,使得基于 Internet/Intranet 的供应链管理信息技术支撑体系成了发展的主流和方向。以前建立的基于 EDI 的供应链管理信息技术支撑体系正在向这一新的体系过渡。在基于 Internet/Intranet 的新的供应链管理信息技术支撑体系中,供应链上每个成员企业有自己的 Intranet(企业内部网),并在 Intranet 上建有相应的内部信息管理系统(如 ERP)、电子商务交易系统,成员企业的 Intranet 通过

Internet 实现互联，形成 Extranet（企业外部网）。由此，供应链上的所有成员企业最大程度地共享各自的内部资源，相互之间交易的所有过程（包括询价、下订单、订单处理、支付等）全部实行电子化、网络化，自上而下，信息流、资金流、物流畅通无阻。

3. 供应链管理的基本原理

供应链管理涉及的内容很多，包括生产计划与控制、库存控制、采购、销售、物流、需求预测、客户管理、伙伴管理等等，但归根到底无非是信息流、物流和资金流的管理，因此可从这“三流”的运动来说明供应链管理的基本原理。基本假设：信息技术支撑体系基于 Internet/Intranet，供应链成员企业内部信息化程度较高，所有成员企业的 Intranet 通过 Internet 实现互联而形成 Extranet，信息高度集成与共享；厂商采用分销渠道模式。这是利用电子商务实现供应链管理的理想环境。下面是对需求拉动的供应链管理中信息流、物流和资金流管理的简要描述。

(1) 信息流（以订单运动为例）

用户通过分销商网站进入其电子商务交易系统在线下单。由于整个供应链内信息高度透明，不仅分销商，厂商与供应商也同时得到了这个需求信息。由于内部高度信息化，分销商订单处理实时完成，并立刻向厂商在线下单采购。相似地，厂商实时处理完成分销商的采购订单，并向其上级供应商采购零部件或原材料。

上述信息流的特点：①需求信息高度透明，供应链内上游企业同时获得了市场的真实需求信息，避免了需求信息失真导致的需求变异放大效应，使供需一致。②虽然与传统供应链一样都是从下游向上游逐级下单，但由于是通过 Internet 在线下单，加之供应链内成员企业内部信息化程度高，订单在各成员企业内的处理速度以及在成员企业之间的移动速度都相当快。

(2) 物流

物流方向与传统供应链管理没有什么不同，从供应商到厂商到分销商再到用户。不同的是：①物流的流动速度。信息流指挥物流，是决定物流速度的关键因素，信息的高度共享和快速流动势必带来高速物流的可能（物流的实际速度还取决于其他因素）。②物流的适时性。物料或产品在指定时刻到达指定地点，从而减少甚至消除各节点企业的库存。这是由基于 Internet/Intranet 的电子商务的高度信息共享和即时沟通能力带来的。

(3) 资金流

资金流方向与传统供应链管理也没有什么不同，从用户到分销商到厂

商到供应商。不同的是支付方式以在线支付为主，从而大大提高了订单的执行速度和交货速度。

2.2.3　EC

EC(Electrical Commerce)即电子商务，这里指的是 EC 系统。

1. EC 系统的定义

广义 EC 系统指支持商务活动的电子手段的集合。狭义 EC 系统仅指以支持商务活动电子化为目的的、基于互联网的计算机系统。

2. EC 系统基本框架

广义 EC 系统的基本框架如图 2.2 所示。

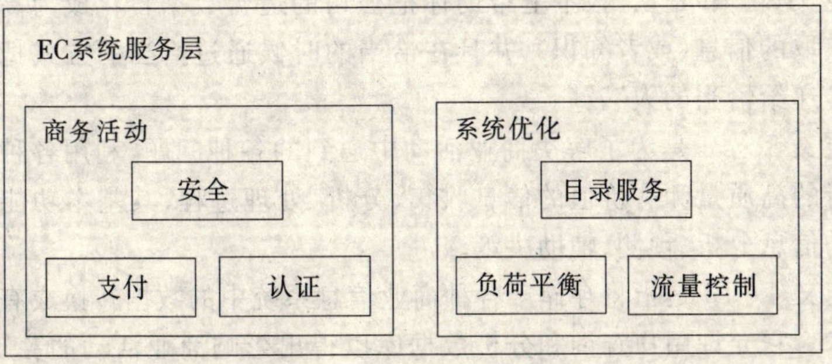

图 2.2　EC 系统基本框架

3. 一些典型的 EC 系统

(1) 应用层

网上交易：网上销售如网上电子商店、网上商城、网上拍卖、B2B 网上交易系统；网上采购如网上采购系统、网上招标系统；买卖撮合如网上交易市场；网上银行、网上证券、网上咨询、网上医疗等服务交易系统等等。

网上服务：网上服务系统、网上技术支持系统、各种政府网上服务系统。

网上沟通：呼叫中心(callcenter)、企业门户网站、政府门户网站。

(2) 服务层

网上支付系统、认证系统。

2.2.4 BI

1. 什么是BI?

关于什么是BI(Business Intelligence,商务智能)并没有一个统一的定义,下面给出几种有代表性的说法。

定义1 BI是运用数据仓库、在线分析和数据挖掘技术来处理和分析数据的技术,它允许用户查询和分析数据库或数据仓库,进而得出影响商业活动的关键因素,最终帮助用户做出更好、更合理的决策。

通常BI由商务智能应用、访问工具、数据存储和数据源、元数据管理、安全及管理和数据集成工具等几部分组成。

定义2 BI是从"根本上帮助你把公司的运营数据转化成为高价值的可以获取的信息(或者知识),并且在恰当的时候通过恰当的方式把恰当的信息传递给恰当的人"。

定义3 BI是为了解决商业活动中遇到的各种问题,利用各种信息系统进行的高质量和有价值的信息收集、分析、处理过程,其基本功能包括个性化的信息分析、预测、辅助决策。

定义4 BI是指将存储于各种商业信息系统中的数据转换成有用信息的技术。它允许用户查询和分析数据库以得出影响商业活动的关键因素,最终帮助用户做出更好、更合理的决策。

定义5 BI是在计算机软硬件、网络、通讯、决策等多种技术成熟的基础上出现的,用于处理海量数据的一项技术。

定义6 BI是战略性的企业应用程序,它把全公司多个来源的数据集成在一起,以提高竞争能力。

本书的定义 BI是一种技术、过程和能力,它通过运用数据仓库、在线分析和数据挖掘等技术来把公司海量的运营数据转化成为高价值的信息(或者知识),并且在恰当的时候通过恰当的方式把恰当的信息传递给恰当的人,目的是使企业的各级决策者获得知识或洞察力,从而帮助他们做出更好的决策。BI的基础是数据仓库,基本功能包括信息分析、预测、辅助

决策。

2. BI 发展的动力

在数据爆炸的今天，面对海量数据，如何快速、准确找到所需要的信息，如何充分有效地利用数据从而为决策服务，是每个企业迫切需要解决的问题，这就是 BI 发展的驱动力。

3. BI 的市场发展趋势

BI 软件市场在最近几年得到了迅速增长。从全球范围来看，据 IDC 预测，从 2000 年到 2005 年，这个市场将以 27%的年平均增长率发展，届时将会达到 118 亿美元。在这个市场中，终端用户查询、报告和 OLAP 工具占绝对主流，达到 65%。据最新发表的 IDC 研究报告显示，亚太地区 BI 软件市场将以每年 23%的速度增长，到 2006 年将达 33 亿美元，将达到目前市场价值 12 亿美元的近 3 倍之多。而据著名的 BI 产品开发商 Business Objects 公司的预测，2003 年大中华地区 BI 市场的规模将达到 35.7 亿元人民币，增长率高达 40%，用户希望从他们的 ERP，CRM，SCM 和遗留系统中挖掘他们的数据资产，因此对 BI 软件的需求正在急速增加。

2.2.5　KMS

1. KMS 及相关概念的定义

KMS(Knowledge Management System)即知识管理系统。

AMT(企业资源管理研究中心)认为知识管理就是协助企业组织和个人，围绕各种来源的知识内容(Knowledge)，利用信息技术(Technology)，实现知识的生产、分享、应用以及创新，并在企业个人、组织、业务目标以及经济绩效等诸个方面形成知识优势和产生价值(Value)的过程(Process)。AMT 的定义对知识管理作出了三点界定：(1)知识管理是一个知识生产以及利用的过程；(2)知识管理需要相关技术和企业内部结构的支撑，要建立一个知识交流的环境；(3)知识管理需要充分与人相联系。知识管理只有和人及其工作相结合，才能真正发挥效用。

APCQ(American Productivity&Quality Center，美国生产力和质量中心)对知识管理的定义是：知识管理应该是组织的一种有意识采取的战略，它保证能够在最需要的时间将最需要的知识传送给最需要的人。这样可以

帮助人们共享信息(知识),并进而将之通过不同的方式付诸实践,最终达到提高组织业绩的目的。

简单地说,KMS 是指用来管理知识资产的基于信息技术(IT)的资源管理系统。

相关概念包括知识、知识管理和知识管理战略等。

知识:在商业领域里指有关市场、客户、技术、产品、工作流程、合作伙伴及竞争对手等的有价值信息和资料,如潜藏的经验、构思、洞察力、价值及判断等。

知识管理:将知识资本视为可管理资产的管理科学。

知识管理战略:用于推动知识资产的形成、储存、分享和应用,以提升机构竞争力的机构发展战略 。

2. 知识管理的重要性

现代管理之父、管理专家彼得·德鲁克认为:“目前真正的控制性资源和生产决定性因素既不是资本,也不是土地和劳动力,而是知识。”这充分说明了知识管理的重要性。

在知识经济时代,知识已成为经济增长、社会发展以及企业成长的关键性资源,知识管理也成为新兴且日益重要的研究课题,越来越多的机构通过知识管理来塑造自身的核心竞争力。

3. 知识管理对企业的意义

(1) 通过数字化和知识化将大量无序信息有序化,为员工提供知识共享的环境,提高其工作效率和创新能力,改善服务质量。(促进知识生产与共享)

(2) 提供适当的工具和环境辅助员工同相关客户和工作伙伴进行直接或间接交流,从所处网络环境接受知识,形成“边干边学、在干中学”的终生学习机制。(促进学习机制的形成)

(3) 增加企业知识储备,将个人知识和信息提升为组织知识,减少因员工休假、离职而造成的损失。(知识积累)

(4) 方便企业的后继者轻松获取前人积累的知识,以此为基础不断创新,实现企业的可持续发展和创新。(知识继承)

4. 知识管理的目标与任务

知识管理的目标是运用集体的智慧,提高企业员工的应变与创新能力,从而使企业具有更强的竞争力。两个直接目标是知识共享与知识创新。个

人的价值并不在于他掌握了别人不懂的技术，而在于他能在多大程度上与别人共享并革新这一技术。只有在知识充分共享的基础上，才能促使显性知识与隐性知识之间以及二者内部的转化与创新，从而形成一个良性发展的知识链，并最终将企业再造成一个具有竞争力的知识型组织。

知识管理的任务是把企业的显性知识、隐性知识用一种适合于用户及商业环境的方式表示出来，提供给企业员工分享、吸收、利用。

企业所拥有的知识大致可以分为两部分，即显性知识（explicit knowledge）和隐性知识（tacit knowledge）。显性知识是指记录在各种介质上的知识，如图书、档案、数据库，各种计划、总结、报表等等；隐性知识是指存在于人的头脑中的未编码的经验性知识，如个人的技术诀窍、直觉、想像与创意等。

5. 知识管理与信息管理的区别

要理解知识管理，必须将它同信息管理区分开来。两者虽然都是现代信息技术发展的产物，但知识管理是现代管理发展的新阶段，是对信息管理的扬弃。信息管理将重点放在技术与信息开发上，重视显性知识而忽视隐性知识，重视生产成果而忽视创造过程，重视物理的、线性的因素而忽视偶然的、非线性的因素。知识管理克服了信息管理的缺点，将管理的重点放在创新和集体的学习能力、创造能力上。

6. 知识管理的步骤

知识管理是个长期工程，需要一步一步地做好。首先要明确公司要达到一个什么目标，然后把它具体到每个部门。确立的目标一定是非常具体的。把每个人的知识或组织的知识转化为促进企业创造价值的动力，这是知识管理所要达到的目标。

根据实施知识管理的经验，HP 公司把实施知识管理过程分成四个步骤：

第一步，明确目标和任务；

第二步，选择一个好的知识管理模型。模型要涵盖知识从创造到储存、分享、使用，再到授权、输出的六个阶段。

第三步，通过建立管理流程来实施知识管理。

第四步，把流程落实到计算机系统上。

2.2.6 OA

1. 什么是OA?

OA(Office Automation)即办公自动化,就是采用 Internet/Intranet 技术,基于工作流的概念,使企业内部人员方便快捷地共享信息,高效地协同工作,从而改变过去复杂、低效的手工办公方式,实现迅速、全方位的信息采集、信息处理,为企业的管理和决策提供科学的依据。一个企业实现办公自动化的程度也是衡量其实现现代化管理水平的标准。

办公自动化不仅可提高个人的办公效率,更重要的是可以实现群体协同工作。协同工作意味着要进行信息的交流、工作的协调与合作。

2. OA 的构成

图 2.3 所示是国内 OA 系统知名供应商京华提供的一个典型 OA 系统的构成。

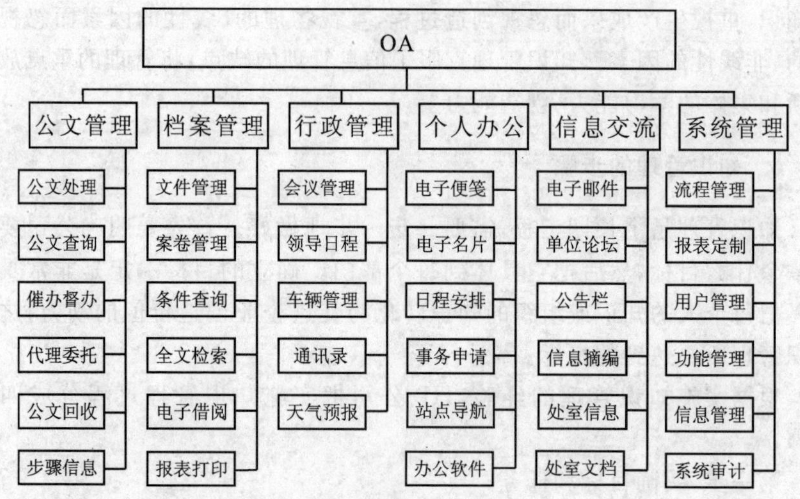

图 2.3　典型的 OA 系统

3. OA 的功能要求

一个先进的 OA 系统应当满足多方面的要求:(1)公文表格格式能够灵活定制,符合日常办公公文格式的要求;(2)可实现在国际先进通信平台上建成计算机信息交换平台及办公自动化;(3)有灵活的工作流程的自定义功

能，根据机构的调整，作相应的修改；(4)有灵活、方便的公文模板定制能力，能够处理诸如机要收文、办公室收/发文、通知、公函、会议纪要、签报、报告在内的各种公文；(5)有先进的流程信息监控、断点恢复、容错能力，为管理者提供高效的管理工具；(6)可保留公文所有的修改痕迹，支持手写签名；(7)支持工作过程的统计以及查询功能；(8)支持 Internet/Intranet 结构的应用；(9)支持全面并符合国家档案管理标准的文档管理系统；(10)考虑到一般人员的使用水平，采用友好的图形化窗口用户操作界面，支持鼠标操作，可操作性强。而且操作界面简洁、直观，并提供强大的在线帮助功能，有利于简化操作，并提高操作效率；(11) 具备完整的操作权限管理办法；(12)必须提供简单、方便的系统维护手段，减少系统后期维护投资；(13) 在网上发布的信息资源的安全性非常重要，系统必须具有很高的保密性和安全性。

2.3　CRM在管理信息化中的地位

CRM在管理软件中的地位可以用三句话来概括：(1)CRM是管理信息化的一个重要组成部分；(2)CRM是管理信息化体系的前台；(3)CRM是企业管理信息化体系的灵魂(客户是企业的衣食父母，企业的一切管理工作都必须以客户为中心)。

本章小结

企业信息化包括产品信息化、工艺设计信息化、生产过程信息化、商务流程信息化和管理信息化等方面。

ERP，CRM，SCM，BI，KMS，OA是当前管理软件中的主要代表。

CRM是企业管理信息化的一个重要组成部分，是管理信息化体系的前台和灵魂。

第2篇

理论

第3章

CRM理论脉络与CRM中的管理思想

学习目标

- 对CRM基础理论框架有一个基本了解
- 对从复杂的理论体系中提炼出来的CRM基本理念有一个比深刻的理解

3.1 CRM 理论脉络

3.1.1 CRM 任务

广义 CRM 的任务在于新客户获取和老客户保持两大方面。相应地广义 CRM 的目标有两个：(1) 将有价值的潜在客户转化为现实客户；(2) 保持有价值的客户。

CRM 的任务分解如图 3.1 所示。

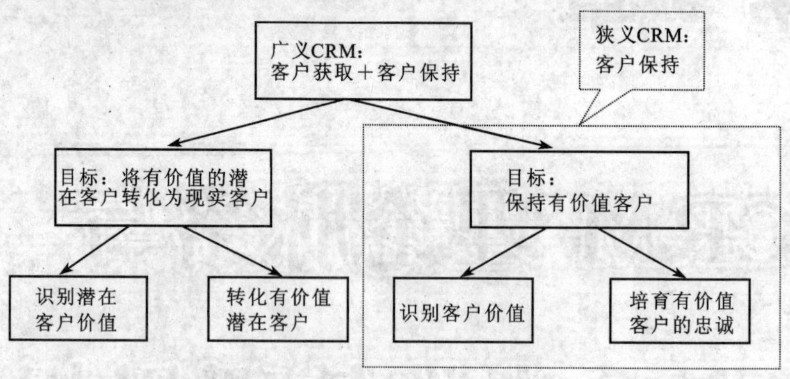

图 3.1　CRM 任务树

3.1.2 基于 CRM 任务看 CRM 理论的脉络

本书主要介绍狭义 CRM 理论。

可以说，CRM 的所有理论研究都是围绕如何支持 CRM 任务的完成来展开的，即以 CRM 实践中出现的问题为导向进行的，图 3.2 和图 3.3 反映了 CRM 理论的脉络。

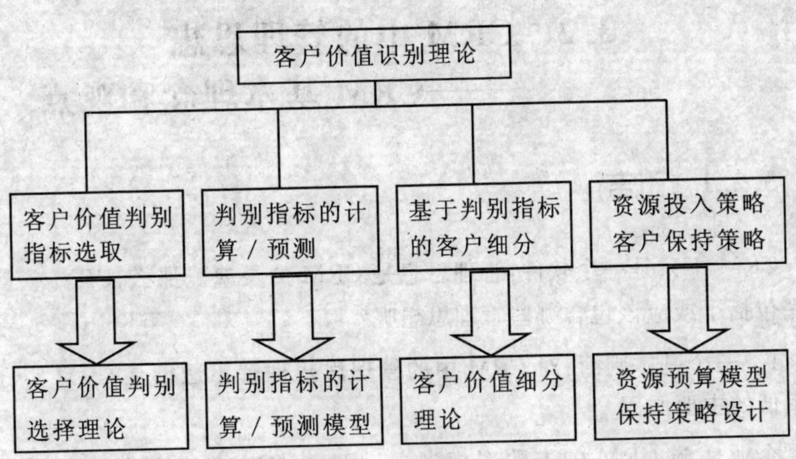

图3.2 客户价值识别理论框架

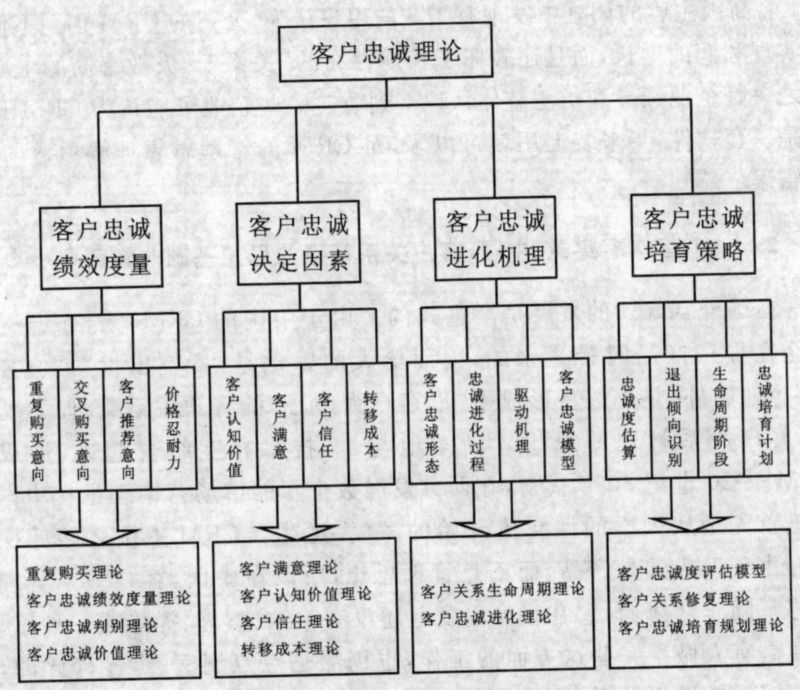

图3.3 客户忠诚理论框架

3.2 CRM中的管理思想
——CRM基本理念和观点

3.2.1 引言

CRM 不只是一个软件，管理思想是 CRM 的灵魂。那么，CRM 软件中到底包括了或应该包含哪些管理思想呢？

1. 一个基本判断：对 CRM 中的管理思想理解不透彻是 CRM 实施成功率低的主要原因

企业实施 CRM 的失败率相当高。Butler Group 最近的一项研究表明，70%的 CRM 实施失败了。而 Gartner Group 的研究结果，55%的 CRM 项目不能满足软件客户的期望值。2001 年，在 Bain & Company 对 451 名高级主管的调查中发现有 1/5 的用户认为，公司的 CRM 创新不仅没有实现利润的增长，而且还破坏了长期存在的“关系”。失败率高的主要原因之一是企业领导和员工整体认识不到位。一些企业可能认为 CRM 只不过是一套软件，买来装上用就可以了，对 CRM 的管理思想理解不透彻，甚至错误。

2. 一个基本事实：在中国，客户关系管理的思想基础非常薄弱

在国外，CRM 的发展是渐进式的。由于中国的 CRM 概念最早是由外企在推广产品时带进来的，因而给人的感觉是“横空出世”，“突如其来”。在国外，是先逐步形成了“以客户为中心”的客户关系管理思想，然后，客户关系管理的思想才渐渐地与 IT 技术相互结合起来，形成了 CRM。“20 世纪 80 年代初，在西方发展数十年的市场营销理论在中国的引进首先是从大学的课堂里开始的。”（乔远生：《CRM 中国之路的探索者》）由于引入的是产品，而不是管理思想，所以在中国，客户关系管理的思想基础非常薄弱，它在很大程度上还没有归纳、整理、提炼成一种思想，即便是有人做了一些这方面的工作，也仍然是点点滴滴、零零碎碎的，没有能够形成思想体系，更没有形成如同市场营销一样的知识架构，从而将这些思想推进到高等教育的教学体系之中。我们就是在这样一种严重缺乏客户关系管理思想教育的情况下，被动地接受 CRM 的，这是一个不容

忽视的现实。被动接受的来自西方的CRM,其所体现的思想有的过于超前,严重脱离中国实际,而在中国本土渐渐形成的符合国情的客户关系管理思想又没有能够被体现和固化在CRM之中。有过CRM行业推广经验的人会感到,CRM软件中的很多功能用不上,而迫切需要的功能却又没有,这种尴尬普遍存在。(田同生:《2003:CRM的不等式》)

3. 一个疑问:国外CRM管理思想很成熟了吗?

其实,国外也未必有一套完整的CRM管理思想,原因是CRM理论本身研究的滞后,这一点从国外的CRM软件功能上也可以看出。

3.2.2 CRM八大理念

下面是根据国内外多年的研究成果,试着提炼出来的CRM基本理念与观点,它们是对已有理论研究成果进行抽象与概括而构成的CRM管理思想。这些思想一小部分已经融入了当前的CRM软件中,更多的将融入新一代CRM软件中。

1. 客户资源是公司最重要的资产

客户资源是一个企业最终实现交易并获得现金流入的惟一入口,是实现企业利润的惟一来源。企业如果没有客户资源,其产品就不能实现交换,那么企业的一切活动都将是无效活动。因此,可以毫不夸张地说:客户是企业的衣食父母。

2. 以客户为中心是CRM的最高原则

以客户为中心既是一种战略,也是CRM的核心思想和最高理念。

以客户为中心是一个与以产品为中心相对的一个概念,可以从不同的角度看两者的区别。

(1) 从营销理念的发展历程看两者的区别

营销观念的发展历程可用图3.4来概括表示。

生产导向:产品供给不足,企业只要有生产能力,不管生产出来的产品质量如何,都不愁没有销路。企业关注的焦点:提高生产效率、扩大生产规模、降低生产成本。客户的市场控制力:无选择。

产品导向:市场欢迎性能好、质量高的产品。企业关注的焦点:提高产品性能和质量,但往往忽略产品的实用性(功能、性能冗余)。客户的市场控

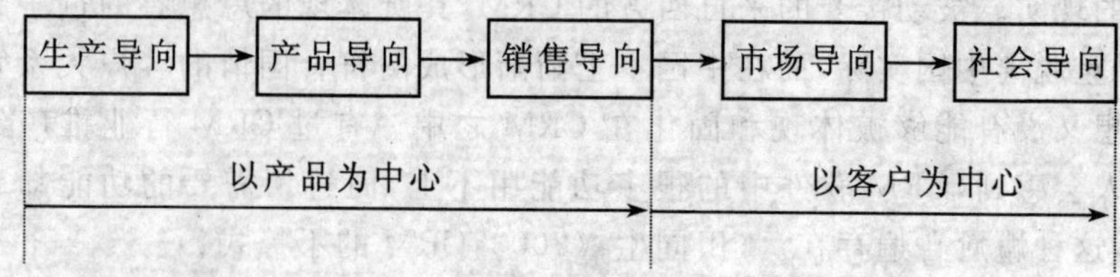

图 3.4　营销理念的发展历程

制力：选择余地不大。

销售导向：产品是被“卖”出去的，而不是被“买”走的。企业关注的焦点：各种销售技巧，千方百计将产品“推销”给客户。客户的市场控制力：有一定的选择余地。

市场导向：如果产品没有人买，生产便没有价值，企业就不可能生存，更谈不上获利，信奉“客户至上”的经营哲学。企业关注的焦点：客户需要什么。以满足客户需要为前提组织、协调企业的一切活动，通过满足客户需要实现赢利。客户的市场控制力：产品极度过剩，客户有极大的选择余地，买方市场形成。

社会导向：当客户的需求与社会的甚至客户的利益不一致时（如吸烟），兼顾客户、企业和社会的长远利益。企业关注的焦点：企业与社会协调发展，即自觉考虑企业和社会的可持续发展，不能以掠夺性使用有限的社会资源或污染环境为代价换取企业的短期发展，否则企业总有一天会走到尽头，因为随着社会的进步，可持续发展的要求和理念必将从软约束转为硬约束，没有提前做好准备的企业必将被淘汰出局。

生产导向、产品导向和销售导向属于以产品为中心的经营理念，市场导向和社会导向属于以客户为中心的经营理念。

(2) 从价值链看两者的区别

以产品为中心：资产/核心能力→投入原材料→产品/服务→销售渠道→客户，适用于市场控制力量在企业手上时。

以客户为中心：客户偏好→销售渠道→产品/服务→投入原材料→资产/核心能力，适用于市场控制力量在消费者手上时。

(3) 从营销要素看两者的区别

以产品为中心：4P——产品(Product)、促销(Promotion)、分销渠道(Place)、价格(Price)。

以客户为中心：4C——产品以消费者的需求和欲望(Customer's needs and wants)为导向、促销以与用户沟通(Communication with customer)为

前提、渠道以方便用户购买(Convenience to buy)为原则、价格以消费者为满足其需求和欲望愿意付出的代价(Cost and Value to satisfy customer's needs and wants)

(4)从业务流程看两者的区别

图3.5所示为以产品为中心的业务流程示意图。

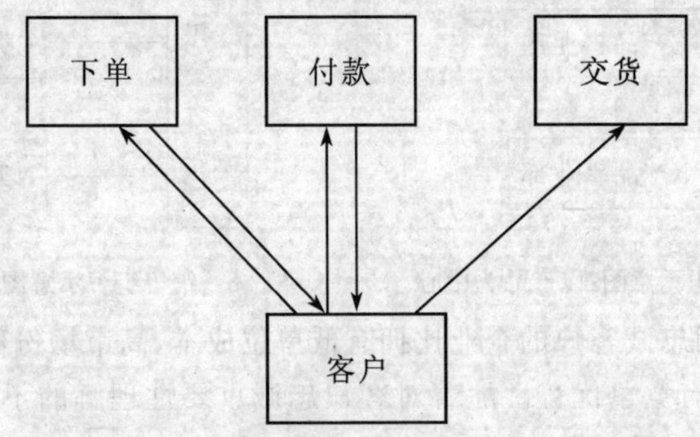

图3.5 交易流程信息流示意图:以产品为中心

图3.6所示为以客户为中心的业务流程示意图。

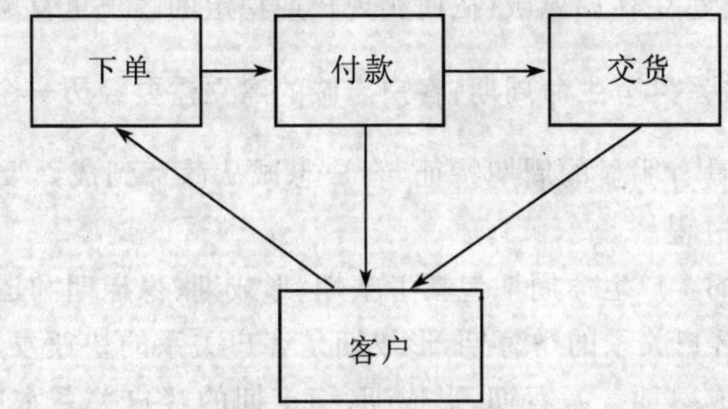

图3.6 交易流程信息流示意图:以客户为中心

(5)从组织结构看两者的区别

图3.7所示为以产品为中心的产品事业部结构。

图3.8所示的以客户为中心的客户事业部结构。

3. 建立客户忠诚是企业实施客户关系管理战略所追求的根本目标

客户忠诚是指高度承诺在未来一贯地重复购买偏好的产品或服务,并因此产生对同一品牌或同一品牌系列产品或服务的重复购买行为,而且不会因为市场态势的变化和竞争性产品营销努力的吸引而产生转移行为。

客户忠诚是企业取得竞争优势的源泉,因为忠诚客户趋向于购买更多的产品,对价格更不敏感,而且主动为本企业传递好的口碑,推荐新的客户。

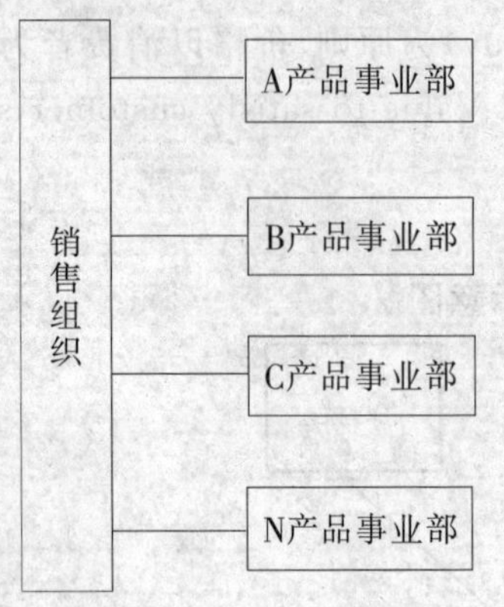

图3.7　销售组织示意图:以产品为中心

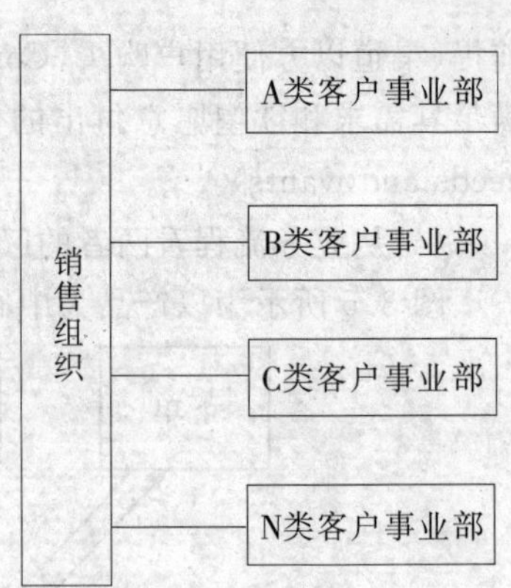

图3.8　销售组织示意图:以客户为中心

因此,拥有长期忠诚客户的企业比拥有低单位成本、高市场份额但客户流失率高的对手更有竞争优势。随着对客户忠诚重要性理解的不断加深,客户忠诚已替代客户满意而成为许多企业CRM战略追求的一个基本目标,企业实施CRM的目的就是通过合适的客户保持战略,不断强化客户的关系持续意愿,最终建立客户忠诚,从而实现长期稳定的客户重复购买。

4. 客户关系具有生命周期,客户忠诚的建立需要经历一个进化过程

客户关系具有明显的周期特征,客户忠诚从萌芽到成熟要经历一个不断发展的进化过程。

一个完整的客户生命周期包括考察期、形成期、稳定期和退化期四个阶段。考察期是客户关系的孕育期,形成期是客户关系的快速发展期,稳定期是客户关系的成熟期。考察期、形成期、稳定期的客户关系水平依次增高。稳定期是供应商期望达到的理想水平,但客户关系的发展具有不可逾越性。客户关系必须经过考察期、形成期才能进入稳定期。退化期是客户关系的逆转阶段,关系退化可能发生在考察期、形成期、稳定期三个阶段的任一时点。

满意、信任是忠诚的低级形式,精神忠诚、可持续忠诚是忠诚的高级形式。满意、信任、行为忠诚、精神忠诚和可持续忠诚,代表了不同的客户忠诚水平,它们通常按一定的时序出现在客户关系生命周期的不同阶段。

5. 识别和保持有价值客户是客户关系管理的两项基本任务

并不是每个客户都具有同样的价值,根据Pareto原理,一个企业80%的利润往往是由20%最有价值的客户创造,其余80%的客户是微利、无利,甚至是负利润的。企业要保持的是有价值的客户,因此,有价值客户的识别

是客户关系管理必须首先完成的一项基本任务。

有价值客户识别出来以后，如何留住他们（或说培育他们的忠诚），并实现它们对企业的价值最大化，即所谓的客户保持，是客户关系管理必须完成的另一项基本任务。必须用发展的观点来看待客户保持问题：客户保持不只是现有关系水平的维持问题，而是一个驱动客户关系水平不断发展的问题。当客户关系处于低水平时必须积极促进其发展，使客户关系尽快进入稳定期，否则客户关系是难以保持的，而且低水平客户关系的保持，无法实现客户对公司的价值最大化。因此，客户保持是一个促进客户关系不断发展的过程，体现了"以关系发展促客户保持"的理念，具体包括如下三个方面：

(1) 促进客户关系尽快进入稳定期

客户关系的发展需要一个从低级向高级不断进化的过程，考察期是关系的萌芽期，代表关系的起始状态，是关系水平的低级阶段；稳定期是关系的鼎盛期，代表了关系的成熟状态；形成期是关系水平从低级向高级快速过渡一个重要阶段。如何促进关系从考察期进入形成期，再进入稳定期是客户关系保持的首要使命。

(2) 持续延长稳定期

稳定期是客户关系水平的最高阶段，客户在这阶段对企业的价值最大，但是进入稳定期只不过是客户保持追求的第一个目标，不是最终目标，客户保持的终极目标是使客户关系持续保持在稳定期。如何使客户关系在高水平的稳定期延续是客户关系保持的核心任务。

(3) 客户关系的修复

由于种种原因，客户关系在发展的任一阶段任一时点都可能出现倒退。不论出现在考察期、形成期还是稳定期，一旦出现这种情况，如果不能及时恢复关系的水平，都可能提前终结客户关系的生命，从而造成客户流失。因此，当客户关系出现倒退时，如何尽快恢复关系的水平也是客户保持十分重要的使命。

6. 客户全生命周期利润(CLP)是客户价值的判别依据

广义客户全生命周期利润①(Customer Lifetime Profit，CLP)是指公司

① 也称客户全生命周期价值(Customer Lifetime Value，CLV)，因为价值既可以指客户对供应商的价值，也可以指供应商为客户提供的价值，"客户全生命周期价值"中的"价值"显然指的是前者，它本质上指的是客户为公司创造的利润，所以本文将"客户全生命周期价值"称为"客户全生命周期利润"，以更直接地反映其本质内涵。

在与某客户保持买卖关系的全过程中从该客户处所获得的全部利润的现值。对现有客户来说，其 CLP 可分成两个部分，一是历史利润，即到目前为止客户为公司创造的利润总现值，二是未来利润，即客户在将来可能为公司带来的利润流的总现值。公司真正关注的是客户未来利润，故 CLP 一般仅指客户未来利润。

利润是任何一个企业追逐的最终目标，因此 CLP 作为判别客户对公司价值大小的标准，正在被学术界和企业界逐步接受。CLP 可看成由两部分构成：第一部分称为"客户当前价值"。它是假定客户现行购买行为模式保持不变时，客户未来可望为企业创造的利润总和的现值，这部分是根据客户关系的当前状态作出的对客户未来利润的一种保守估计。第二部分称为"客户增值潜力"。它是假定企业采用更积极的 CRM 策略，使客户购买行为模式向着有利于增大企业利润的方向发展时，客户未来可望为企业增加的利润总和的现值，这部分是对客户增值潜力的一种估计。根据当前价值和增值潜力，任何一个客户对公司的价值都一目了然。

7. 客户认知价值、客户满意、客户信任和转移成本共同决定客户忠诚，但在生命周期不同阶段，它们的作用不尽相同

最新的研究表明，客户认知价值①、客户满意、客户信任和转移成本②是驱动客户关系不断从低级向高级发展的主要决定因素，但四个因素不在同一个层次上：客户认知价值和转移成本是两个基本因素，客户满意和客户信任是两个派生因素。它们在不同阶段的作用也不尽相同。客户认知价值是客户关系保持的内在动力，贯穿于客户生命周期的每一个阶段；客户满意的基础是客户价值期望的满足，一系列的客户满意产生客户信任，长期的客户信任形成客户忠诚，客户满意和客户信任是通向客户忠诚的两个重要里程碑，分别在客户生命周期的前期和中期起着至关重要的作用；转移成本是在客户关系发展过程中自然或人为形成的产物，主要在客户生命周期的中后期起作用，是阻止客户关系倒退的一个缓冲力。

该理念对 CRM 实践具有重大指导意义：

(1) 仅仅做到客户满意无法控制客户流失

"满意为王"曾经风靡一时，产品或服务提供商以最大化客户满意为目

① 客户认知价值是指客户对现供应商提供的相对价值的主观评价。

② 转移成本是指客户对结束现供应商关系和建立新的替代关系涉及的经济和非经济成本的主观认知。

标制定营销战略，并投入大量资源追踪和度量客户满意。但宣称满意或很满意的客户大量流失现象在各个行业屡见不鲜，这一比例在65%～85%，在汽车行业甚至高达85%～95%。该理念解释了这一现象：客户满意仅是决定客户关系主要因素之一，但不是惟一因素，甚至不是最重要的因素。如果企业在实施CRM时仅仅把注意力放在管理客户满意上的话，将无法有效地控制客户流失。因此，要保持住有价值的客户，企业必须全面管理客户认知价值、客户满意、客户信任和转移成本。

(2) 树立"价值为本"的理念

客户认知价值是客户关系的本质决定因素，不仅有最重要的直接影响，而且决定了客户满意和客户信任。大量的企业实践和实证研究表明，向客户提供卓越的价值是惟一可靠的获得持续客户忠诚的途径，即使在竞争性相对小的市场也是如此。如果供应商提供的价值不能满足客户不断提升的价值期望，将无法建立真正的客户满意和客户信任，更无法建立客户忠诚。因此，企业在实施CRM战略时必须牢固地树立一个理念，即"只有成为客户最有价值的供应商，才能赢得真正的客户忠诚，进而才能与客户建立长期稳定的关系"。这就要求供应商不仅能提供最好的公共价值，如提供卓越的产品质量，适时交货，高性能价格比等，而且必须提供竞争对手难以模仿的个性化增值服务，如提供个性化的信息、个性化的售后服务和技术支持，甚至个性化的全面解决方案。个性化增值是客户关系发展到一定程度时客户的必然要求，一个供应商如果不能满足客户的这种要求，将始终无法成为客户心目中最好的供应商，那样的话，客户会积极寻找更合适的供应商，一旦发现更好的可替代供应商，客户便会从现有关系中退出，转向新的供应商。

(3) 利用转移成本锁定目标客户

转移成本包括两个部分：一是过去投入的、在转移时将损失的关系投资，二是建立一个新的替代关系涉及的潜在的调整成本。转移成本的种类较多，B2B背景下转移成本主要有专有投资、风险成本、契约成本、学习与被学习成本、搜索成本等。广义的转移成本还包括可替代供应商的吸引力和人际关系。大多数转移成本是一种累积成本，随着时间的推移，转移成本将越来越大。转移成本是客户关系的一个重要决定因素。转移成本越大，客户流失的可能性越小。供应商应当重视转移成本对控制客户流失的作用。因为当客户面临着很高的转移成本时，即使供应商提供的价值一时达不到客户的预期而出现关系退化，客户也不会轻易退出。转移成本的这种作用为供应商修复客户关系赢得了足够的时间。因此，供应商要想锁定客户，除

了提高客户认知价值以外，必须同时设法提高客户的转移成本。

(4) 客户关系的不同阶段应当制定不同的客户保持策略

在客户生命周期的不同时期，客户关系四个决定因素的内涵、作用、焦点不同；客户的价值期望不同；客户为企业创造的利润不同。因此，企业必须依据客户当前所处的生命周期阶段制定不同的保持策略。

需要说明的是，上述理念是根据传统商务背景下的客户忠诚理论提炼出来的，它在电子商务背景下是否适用呢？研究表明：在电子商务背景下，客户认知价值、客户满意、客户信任和转移成本仍是客户忠诚的四个主要决定因素，但各个因素的内涵和重要性将发生一定的变化，客户忠诚将更难建立。

电子商务是一种全新的交易方式，它势必影响客户对供应商价值和转移成本的主观评价，进而影响客户满意、客户信任，并最终影响客户忠诚的发展模式。最新的一些研究表明，在电子商务背景下，客户认知价值、客户满意、客户信任和转移成本仍是客户关系的四个主要决定因素。但与传统商务背景相比，电子商务将给客户关系管理至少带来两个方面的变化：

(1) 客户关系四个决定因素的内涵和重要性将发生一定的变化

客户认知价值项目除了产品质量、交货速度、售后服务、技术支持外，将增加一些新的项目，如交易系统的性能、可靠性、安全性，电子支付的风险，网上售后服务和技术支持的比率等。另外，因为沟通更加方便，客户对个性化价值的要求更高。客户满意的基础仍然是客户认知价值，但客户的价值期望将发生改变，价值期望的起点可能会更高，因为客户获取信息更容易、更快捷、更便宜。客户信任建立的基础仍是客户满意，但企业形象、企业声誉对客户信任的建立将变得更加重要，客户信任在客户关系四个决定因素中的地位也将更加突出。转移成本仍是客户关系的一个影响因素，但电子商务背景下客户转移的成本降低，如学习与被学习成本降低、搜索成本降低、人际关系淡漠，转移成本作用被削弱。

(2) 客户忠诚更难建立，但忠诚客户带来的间接效益更大

为客户提供个性化增值是建立客户忠诚的关键，但在电子商务背景下个性化增值创新被竞争对手模仿的速度加快，因此要建立高水平的客户忠诚，供应商必须具有更强的个性化增值创新能力。另外，由于转移成本的降低，当客户对供应商提供的价值不满意时，客户随时都可能退出关系，留给供应商修复关系的时间更短，这也使得建立客户忠诚更加困难。忠诚客户愿意为供应商传递好的“口碑”和推荐新的客户，这些给供应商带来巨大的间接效益，网络使得“口碑”的传递、新客户的推荐更快、更方便、更广泛，从而使得间接效益被放大。

8. CRM 软件是实施客户关系管理的支持平台

客户关系管理是一种先进的管理模式，其实施要取得成功，必须有强大的技术和工具支持。CRM 软件是实施客户关系管理必不可少的一套技术和工具集成支持平台，它基于网络、通讯、计算机等信息技术，能实现企业前台、后台不同职能部门的无缝连接。CRM 软件是以客户为中心的思想的固化、程序化，用于协助管理者更好地完成客户关系管理的两项基本任务：识别和保持有价值客户。管理思想的融入程度反映了 CRM 软件的水平和成熟程度。目前，CRM 软件一般由客户信息管理、销售过程自动化(SFA)、营销自动化(MA)、客户服务与支持(CSS)管理、客户分析(CA)系统 5 大主要功能模块组成，这些功能无法很好地支持企业完成 CRM 的两项基本任务。造成这种情况的主要原因是 CRM 理论研究的滞后：一方面 CRM 理论中的一些瓶颈问题没有解决；另一方面定量研究不足，定性研究的成果难以有效地转化为 CRM 软件的功能。

图 3.9 综合地概括了 CRM 八大理念的关系及其对实践的指导作用。

本章小结

CRM 基础理论是整个 CRM 的基石，但对于 CRM 基础理论体系的确立并没有一个清晰的说法。识别有价值客户和培育有价值客户忠诚是狭义 CRM 的两项基本任务，从支持完成这两项基本任务的思路出发，可以构建一个由客户价值识别理论和客户忠诚理论构成的 CRM 基础理论体系框架。另外，由于客户关系本身具有很强的动态特征，CRM 基础理论必须充分反映客户关系的这种动态特征。客户关系生命周期理论是从动态角度研究客户关系的一个十分有用的工具，客户价值识别理论和客户忠诚理论构建都必须在客户关系生命周期的框架下进行，因此，客户关系生命周期理论实际上也是 CRM 基础理论的一个重要组成部分。

本章从实施 CRM 的动因、CRM 的宗旨、CRM 追求的直接目标、CRM 实施的艰巨性、CRM 的基本任务、CRM 基本任务的完成思路、CRM 软件的作用等方面提炼出了 CRM 的八个基本理念。

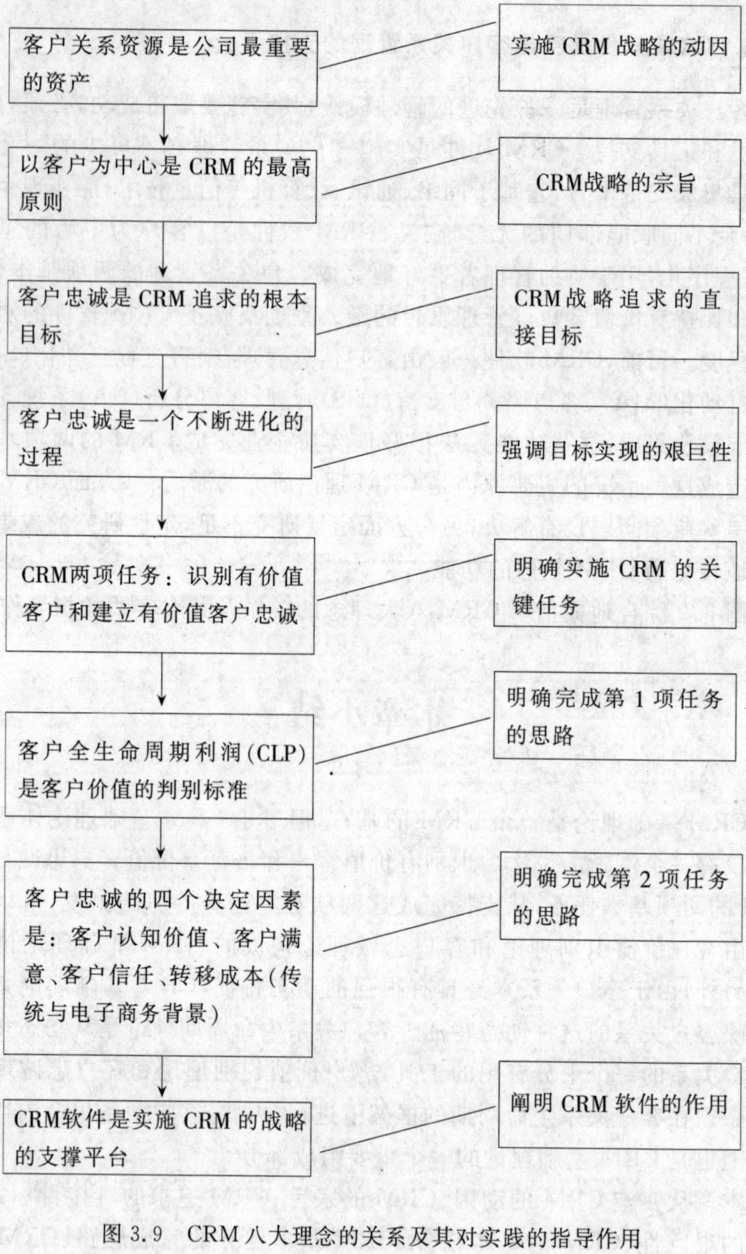

CRM八大理念	对实践的指导作用
客户关系资源是公司最重要的资产	实施 CRM 战略的动因
↓ 以客户为中心是 CRM 的最高原则	CRM战略的宗旨
↓ 客户忠诚是 CRM 追求的根本目标	CRM 战略追求的直接目标
↓ 客户忠诚是一个不断进化的过程	强调目标实现的艰巨性
↓ CRM两项任务：识别有价值客户和建立有价值客户忠诚	明确实施 CRM 的关键任务
↓ 客户全生命周期利润(CLP)是客户价值的判别标准	明确完成第 1 项任务的思路
↓ 客户忠诚的四个决定因素是：客户认知价值、客户满意、客户信任、转移成本(传统与电子商务背景)	明确完成第 2 项任务的思路
↓ CRM软件是实施 CRM 的战略的支撑平台	阐明 CRM 软件的作用

图 3.9　CRM 八大理念的关系及其对实践的指导作用

第 4 章

客户生命周期理论

学习目标

- 了解生命周期的基本观点。
- 掌握客户关系生命周期阶段的划分。
- 了解客户关系生命周期模式的描述与分类。
- 理解最优生命周期模式的内涵及其对 CRM 实践的指导意义。

客户生命周期是客户关系生命周期的简称，指客户关系水平随时间变化的发展轨迹，它描述了客户关系从一种状态(一个阶段)向另一种状态(另一阶段)运动的总体特征。

4.1 为什么要研究客户生命周期理论

(1) 生命周期理论是洞察客户关系动态特征的十分有用的工具

客户生命周期理论是从动态角度研究客户关系的一个十分有用的工具。在生命周期框架下研究客户关系问题，可以清晰地洞察客户关系的动态特征：客户关系的发展是分阶段的；不同的阶段客户的行为特征和为公司(泛指供应商，后同)创造的利润不同；不同阶段驱动客户关系发展的因素不同，同一因素在不同阶段其内涵不同等。“客户关系具有明显的周期特征”这一观点早已被一些学者提出，并且随着对客户关系动态特征重要性认识的不断加强，客户生命周期的应用研究已开始引起越来越多学者的兴趣，如从客户角度考察各种专有投资保护机制在生命周期不同阶段的有效性，从供应商角度研究生命周期不同阶段与客户的沟通策略等。

(2) 客户生命周期理论是建立客户价值识别理论和客户忠诚理论的基础。

4.2 生命周期理论的基本观点

管理中，生命周期被广泛应用于解释一个主体从开始到结束的发展过程，如组织生命周期、产品生命周期、风险投资生命周期等。一个生命周期通常包括诞生、成长、成熟、衰退或死亡等阶段(Van De Ven & Poole, 1995)。

在生命周期模式中，主体发展的一个典型过程具有如下特点：单向有序性(阶段的发展只有一个序列)、累进性(后续阶段继承前期阶段的特点)、关联性(各阶段之间相互关联，因为它们共同遵循一个内在的基本进程)。相应于一个特定的历史事件序列，主体从初始状态向最终状态运动的轨迹是可以预示的。这些事件中的每一个都要对最终状态作出一份贡献，并必须按照规定的顺序发生，因为每一份贡献都规定了下一个阶段，而发展的每一个阶段都被看作是后续阶段必不可少的一个先驱(Van de Ven & Poole,

1988)。

归纳起来，生命周期理论包括如下几个基本观点：

(1) 一个主体的发展过程是分阶段的，同时各个阶段的发展遵循一定的顺序，前期阶段是后续阶段的必要基础。如一个创新过程依次要经过需求识别、问题研究、形成设想并转化为一种有用的形式、商业化、推广应用五个阶段(Rogers ,1983)。

(2) 一个主体的发展由其内在规律决定。如一个组织机构的发展取决于组织制度的安排，制度是组织发展内在决定因素(Van de Ven & Poole, 1988)。

(3) 对应于一定的事件序列，一个主体的发展轨迹是可以预知的，即主体的发展过程是可以控制，控制的手段是按照主体发展的内在规律设计和实施事件(动作)序列。因此对于期望的发展轨迹我们可以根据主体发展的规律，通过规定相应的动作序列实现(Van de Ven & Poole, 1988)。

毫无疑问，生命周期理论的基本观点同样适用于客户生命周期问题的研究。应用生命周期理论的基本观点，考察作为发展主体的客户关系，我们有理由相信：客户关系是分阶段发展的，并且存在一个内在驱动力(从后面的分析我们将可以看到，决定这个驱动力的主要因素包括客户价值、客户满意、客户信任、转移成本等)驱动客户关系从一个阶段向另一个阶段运动，通过控制各个阶段的驱动力的大小和方向(分阶段设计并实施有效的客户关系管理方案)，客户关系将沿着公司期望的有利于实现客户全生命周期利润最大化的轨迹发展。

4.3 客户生命周期阶段的划分

阶段划分是客户生命周期研究的基础，目前这方面已有较多的研究，其中，Dwyer，Schurr 和 Oh(1987)的研究最具代表性。他们提出了买卖关系发展的一个五阶段模型，首次明确强调，买卖关系的发展是一个具有明显阶段特征的过程。这一观点被广泛接受，取代了当时盛行的把交易完全看作离散事件的观点。这里以 Dwyer 等人的五阶段模型为基础，将客户关系的发展划分为考察期、形成期、稳定期、退化期四个阶段，称为四阶段模型。各阶段特征的简要描述如下。

1. 考察期

这是关系的探索和试验阶段。在这一阶段，双方考察和测试目标的相容性、对方的诚意、对方的绩效，考虑如果建立长期关系双方潜在的职责、权利和义务。双方相互了解不足、不确定性大是考察期的基本特征，评估对方的潜在价值和降低不确定性是这一阶段的中心目标。在这一阶段客户会下一些尝试性的订单。

2. 形成期

这是关系的快速发展阶段。双方关系能进入这一阶段，表明在考察期双方相互满意，并建立了一定的相互信任和相互依赖。在这一阶段，双方从关系中获得的回报日趋增多，相互依赖的范围和深度也日益增加，逐渐认识到对方有能力提供令自己满意的价值(或利益)和履行其在关系中担负的职责，因此愿意承诺一种长期关系。在这一阶段，随着双方了解和信任的不断加深，关系日趋成熟，双方的风险承受意愿增加，由此双方交易不断增加。

3. 稳定期

这是关系发展的最高阶段。在这一阶段，双方或含蓄或明确地对持续长期关系作了保证。这一阶段有如下明显特征：(1)双方对对方提供的价值高度满意；(2)为能长期维持稳定的关系，双方都作了大量有形和无形投入；(3)大量的交易。因此，在这一时期双方的交互依赖水平达到整个关系发展过程中的最高点，双方关系处于一种相对稳定状态。

4. 退化期

这是关系发展过程中关系水平逆转的阶段。关系的退化并不总是发生在稳定期后的第四阶段，实际上，在任何一阶段关系都可能退化。有些关系可能永远越不过考察期，有些关系可能在形成期退化，有些关系则越过考察期、形成期而进入稳定期，并在稳定期维持较长时间后退化。引起关系退化的可能原因很多，如：一方或双方经历了一些不满意；发现了更适合的关系伙伴；需求发生变化等。退化期的主要特征有：交易量下降，一方或双方正在考虑结束关系甚至物色候选关系伙伴(供应商或客户)，开始交流结束关系的意图等。

根据各阶段特征的描述可知：考察期是客户关系的孕育期，形成期是客户关系的快速发展期，稳定期是客户关系的成熟期，退化期是客户关系水平

发生逆转的时期。考察期、形成期、稳定期客户关系水平依次增高，稳定期是供应商期望达到的理想阶段，但客户关系的发展具有不可跳跃性，客户关系必须越过考察期、形成期才能进入稳定期。

4.4　客户生命周期模式描述

客户生命周期模式描述是指客户关系发展水平随时间变化的图形化展示，以直观地揭示客户关系发展的阶段性。描述客户生命周期模式的曲线称为客户生命曲线，不同的客户生命曲线代表了不同的客户生命周期模式。

客户生命周期描述的关键问题有两个：一是确定能表征客户关系发展水平的特征变量；二是揭示特征变量随生命周期阶段的变化趋势。下面讨论这两个问题。

4.4.1　选取交易额和客户利润作为特征变量

可以用来表征客户关系水平的变量有：单位时间交易额（简称交易额）、单位时间内客户为公司创造的利润（简称客户利润）、单位时间客户份额（customer share，指给予某一供应商的业务量占客户整个业务量的比例）。

供应商与客户作为两个经济实体，两者之间关系水平的差异最终都要反映在双方交易的经济结果上，因此用交易额、利润和客户份额三个反映这种经济结果的变量表征双方关系的水平是合适的。但三种表征的侧重点不同：交易额着重反映了交易规模；利润着重反映了客户对供应商的价值大小；客户份额反映了供应商在客户心目中的地位，也反映了客户潜在价值的大小。

由于是从供应商角度研究买卖关系的生命周期问题，而供应商无法确切知道客户份额，故只采用交易额和利润两个变量来表征客户关系水平。这与产品生命周期采用年销售额和年利润作为特征变量代表产品的发展水平相似。

4.4.2　交易额和客户利润变化趋势分析

交易额和利润变化趋势是指在整个客户生命周期内，单位时间交易额和客户利润随生命周期阶段的变化规律。交易额和客户利润变化趋势的分析是绘制客户生命曲线的基础。设某客户在第 t 个时间单元内与公司的交

易额和给公司带来的利润分别为 $TV(t)$ 和 $P(t)$，则有

$$TV(t)=V_t \times P_t \tag{4-1}$$

$$P(t)=V_t \times P_t-(C1_t+C2_t+C3_t+C4_t)+IB_t \tag{4-2}$$

上两式中，V_t 为客户在第 t 个时间单元与公司的交易量；p_t 为客户在第 t 个时间单元愿意支付的价格；$C1_t$，$C2_t$，$C3_t$，$C4_t$ 分别为客户在第 t 个时间单元消耗的产品成本、服务成本、营销成本和交易成本；IBt 为客户在第 t 个时间单元给公司带来的间接收益。

根据公式(4-1)和公式(4-2)，影响 $TV(t)$ 的因素有两个：交易量和价格；影响 $P(t)$ 的因素共有四个：交易量、价格、成本和间接收益。$TV(t)$ 的影响因素全部包含于 $P(t)$ 的影响因素中，所以只需考察 $P(t)$ 影响因素的变化情况，便可同时研究 $TV(t)$ 和 $P(t)$ 的变化。下面考察四个影响因素在不同关系阶段的变化情况。

1. 交易量

客户生命周期各阶段特征的讨论告诉我们：在考察期内，由于不确定性较高，客户只是试探性地下少量订单，交易量显然很小；在形成期随着双方相互信任的增加和客户承受风险能力的提高，交易量快速上升；在稳定期双方交易量达到最大并可能维持一段较长的时间；在退化期双方关系出现问题，交易量回落。因此，在考察期交易量较小，形成期快速增加，稳定期最大，退化期回落。总之，交易量与客户关系水平成正比。

2. 价格

客户的支付意愿随着客户关系水平的提高而不断提高。因为随着公司与客户的沟通越来越充分，相互了解不断增进，公司对客户独特需求的理解愈加深刻，因而公司为客户提供的服务和信息更具个性化、更有价值，为此客户愿意支付更高的价格。另外，由于信任导致协调、监督等成本的降低也是客户支付意愿提高的一个重要原因。在退化期由于客户往往对公司提供的价值不满意，客户的支付意愿一般是下降的。

3. 成本

在四项成本中，服务成本和交易成本随着客户关系的发展有明显下降趋势，产品成本和营销成本可认为基本不变。服务成本下降是因为，随着对客户了解的加深和服务经验的积累，服务效率不断提高。交易成本下降是因为：(1)规模效应，即随着客户购买量的提高，运作成本降低；(2)随着交易

过程的经常化、常规化，交易效率提高；(3)随着信任的增加，协调、监督成本(如风险评估成本、谈判签约成本等)降低；(4)随着关系的发展，沟通效率提高，沟通成本降低。总体来说，随着客户关系水平的提高，公司的成本降低。

4. 间接效益

忠诚的客户是公司的义务广告员，他们常常为公司推荐新客户和传递好的口碑，这种途径获得的新客户为公司节约了大量的成本，公司因此获得良好的间接效益，即所谓的“口碑效应”。在形成期后期和稳定期，随着客户忠诚的形成和发展，公司可望获得良好的间接效益。

表 4.1 总结了上述关于交易量、价格、成本和间接效益四个变量及交易额、利润在考察期、形成期、稳定期和退化期变化情况的分析结果。

表 4.1　客户生命周期各阶段交易额、利润及其影响因素的变化情况

	考察期	形成期	稳定期	退化期
交易量(TV_{ti})	总体很小	快速增长	最大并持续稳定	回落
价格(p_{ti})	基本价格，甚至低于基本价格(为吸引新客户)	有上升趋势，形成期后期变得明显	客户支付意愿在稳定期继续上升，具体取决于公司的增值能力	下降
成本(C_{ti})	最高	明显降低	继续降低至一个低限	回升，但一般低于考察期
间接效益(IB_{ti})	无	形成期后期开始有间接效益，并有扩大趋势	明显，且继续扩大	缩小，但滞后于关系的退化速度，如客户传递坏的口碑，则有负的间接效益
交易额(TV_{ti})	很小	快速上升，形成期后期接近最高水平	稳定在一个高水平上	下降
利润(P_{ti})	很小甚至负利润	快速上升	继续上升，但后期上升速度减缓，最后稳定在一个高水平上	下降

为了更直观地展示交易额和利润的变化趋势及引起变化的原因，将上述分析结果绘制成图 4.1 和图 4.2 两个柱状图。

从图 4.1 可以看出，在考察期、形成期和稳定期交易额依次增加，增加

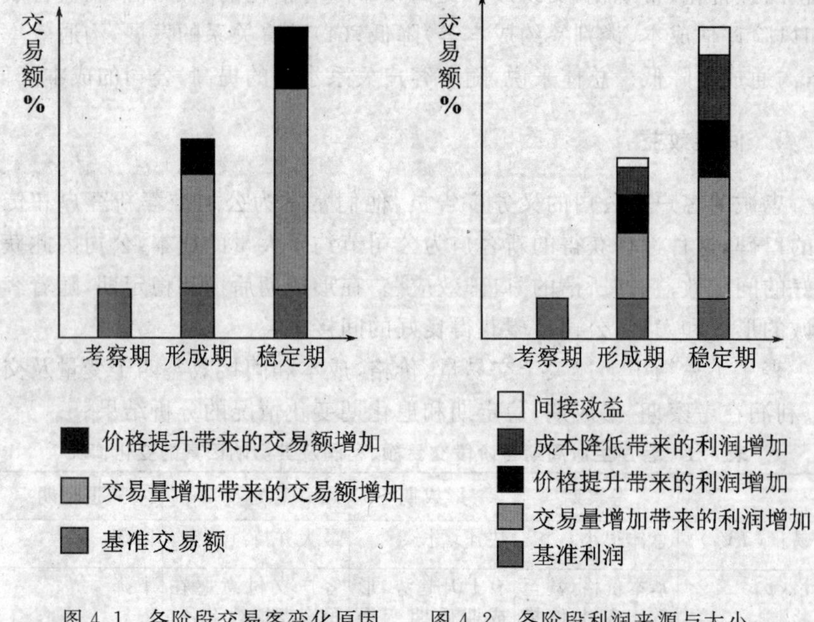

图 4.1　各阶段交易客变化原因示意图　　图 4.2　各阶段利润来源与大小示意图

的原因是交易量的增加和价格的提升，其中交易量增加是引起交易额增加的主要原因。

从图 4.2 可清晰地看出客户关系各个阶段利润的大小和来源：考察期利润总体很小（不考虑获取成本，否则可能是负利润），利润的来源是价格与成本的差价（可称为基本利润）；形成期和稳定期与考察期相比，除因为交易量增加带来基本利润增加外，价格敏感度下降、成本降低和间接效益将作为重要源泉给公司带来超级利润（基本利润以外的利润）。形成期和稳定期的主要区别是，无论单个利润部分还是总体利润，后者都远远大于前者。

根据上述讨论，交易额和利润在生命周期各阶段的变化趋势归纳如下。

1. 交易额

客户关系水平越高，交易额越大。具体地说，在考察期总体很小且上升缓慢，形成期快速增长并在形成期后期接近最大，稳定期总体很大但上升十分缓慢，在某一时点达到最大，之后在最大值附近保持，退化期快速下降。

2. 利润

客户关系水平越高，客户为公司创造的利润越大。具体地说，在考察期

总体很小(甚至为负)且上升缓慢，形成期以较快速度增长，稳定期继续增长但比之于形成期速度相对较慢，在稳定期后期达到最大，退化期快速下降。

综上分析，四个因素的变化趋势为：随着客户生命周期阶段的发展，交易量不断增加、客户支付意愿不断提高、成本不断下降、间接效益不断扩大。由此，根据公式(4-1)可得出交易额的变化趋势：交易额随生命周期阶段的发展而不断提高，考察期最小，形成期次之，稳定期最大，退化期快速降低。根据公式(4-2)可得出客户利润的变化趋势：客户利润随生命周期阶段的发展而不断提高，考察期最小，形成期次之，稳定期最大，退化期快速降低。

4.4.3　客户生命曲线

图 4.3 所示为根据上述分析给出的一个典型的客户生命曲线，曲线 Ⅰ 和 Ⅱ 分别描述了 $TV(t)$ 和 $P(t)$ 的变化趋势①。

$TV(t)$ 和 $P(t)$ 具有类似的阶段特征：在考察期总体很小且上升缓慢；形成期以较快速度增长；稳定期继续增长但增速减慢；退化期快速下降。两条曲线均呈倒"U"形。所以，往往只用一条曲线就可刻画出客户生命周期的特征。一般采用 $TV(t)$ 曲线，$TV(t)$ 曲线可看作狭义的客户生命曲线。但 $TV(t)$ 曲线和 $P(t)$ 曲线相比有两点不同：(1) 交易额在形成期后期就接近最大值，稳定期在最大值附近保持，但利润在稳定期仍持续攀升，直到稳定期后期才达到最大值。这是由于在交易额达到最大时，价格提升、成本降低和间接效益对利润的贡献并没有达到最大，它们对利润的正效应一直要延续到稳定期后期，其中"口碑效应"甚至要延续到退化期。(2) 在退化期利润回落的速度低于交易额的回落速度。原因是由于惯性作用，价格、成本和间接效益变化有一定的滞后效应。

4.5　客户生命周期模式分类

图 4.3 描述的是一个理想的客户生命周期模式：完整的四个阶段；稳定期持续较长时间，考察期和形成期相对较短。这样的客户关系发展轨迹将带给供应商丰厚的利润。但是，客户关系并不总能按照供应商期望的这种

① 为清晰起见，曲线 Ⅱ 作了放大，$P(t)$ 每单位刻度代表的币值，小于 $TV(t)$ 每单位刻度代表的币值。

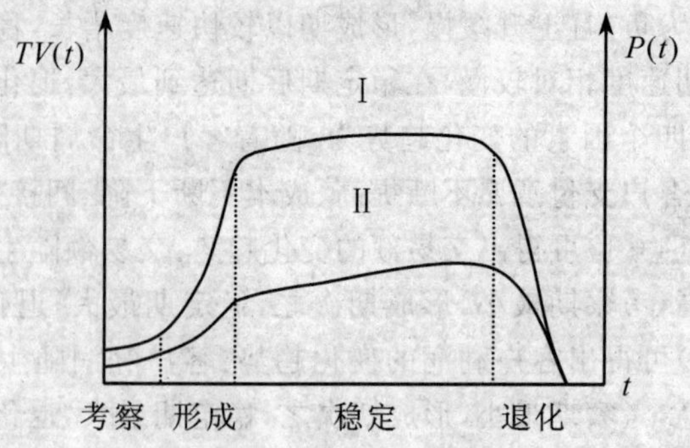

图 4.3　曲型客户生命曲线

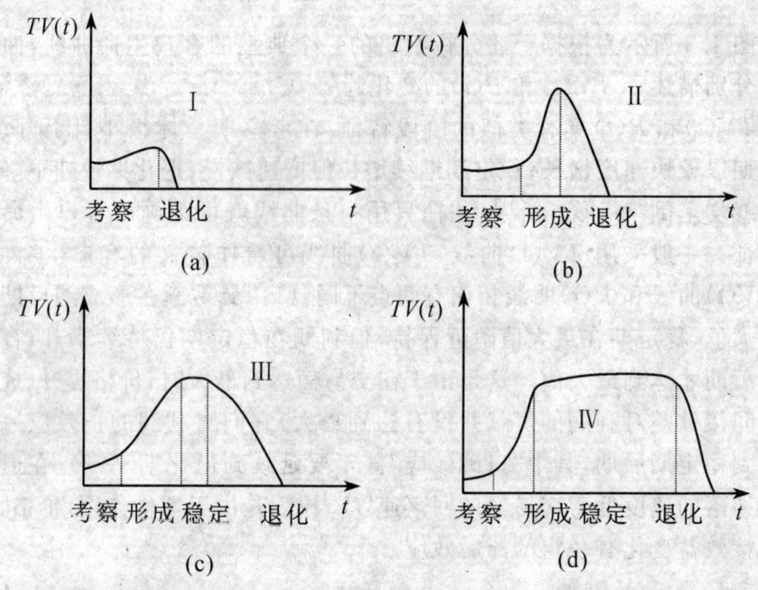

图 4.4　客户生命周期模式类型

轨迹发展，即客户生命周期模式存在多种类型，不同的类型带给供应商不同的利润，代表着不同的客户(关系)质量。

如前所述，客户关系的退化可以发生在考察期、形成期和稳定期三个阶段的任一时点，根据客户关系退出时所处的阶段不同，可将客户生命周期模式划分成四种类型(由于在稳定期前期退出和后期退出的生命周期模式有显著差异，故将从稳定期退出的模式分成两种)。图 4.4 给出了用狭义生命曲线表示的四种客户生命周期模式。模式Ⅰ(早期流产型)、Ⅱ(中途夭折型)、Ⅲ(提前退出型)、Ⅳ(长久保持型)分别表示客户关系在考察期、形成

期、稳定期前期、稳定期后期四个阶段退出。下面分析四种客户生命周期模式的成因。

4.5.1　模式Ⅰ——早期流产型

客户关系没经过考察期就流产了。造成客户关系早期流产的原因可能有两种:一是供应商提供的价值达不到客户的预期,客户认为供应商没有能力提供令其满意的价值。也许客户只是对有限次购买中的一次购买不满意,但这时客户对供应商的基本信任尚未建立起来,也没有转移成本,客户关系非常脆弱,一旦不满意,客户很可能直接退出关系;二是供应商认为客户没有多大的价值,不愿与其建立长期关系。模式Ⅰ代表的是一种非常多见的客户关系形态,因为,在巨大的供应商与客户之间的多元关系网络中,经过双向价值评估和选择,能够进入二元关系的毕竟是少数。

4.5.2　模式Ⅱ——中途夭折型

客户关系经过了考察期,但没能进入标志着关系成熟的稳定期而在形成期中途夭折。客户关系能进入形成期表明双方对此前关系的价值是满意的,曾经建立了一定的相互信任,客户关系中途夭折最可能的原因是供应商不能满足客户不断提升的价值预期。生命周期不同阶段客户保持机理的研究表明,客户价值是客户保持的核心决定因素,而客户对价值的预期又是不断提升的,供应商提供的价值必须不断满足客户的预期,并达到或超过最好可替代供应商的水平,客户关系才可能进入稳定期。客户关系中途夭折,说明供应商虽然在前期能提供比较好的公共价值,如较高的产品质量、适中的价格、较及时的交货、较好的售后服务和技术支持等,但由于不了解客户的真正需求或受自身核心竞争能力的限制,无法给客户提供个性化增值。个性化增值是客户关系发展到一定程度时客户的必然要求,一个供应商如果不能满足客户的这种要求,将始终无法成为客户心目中最好的供应商,从而客户会积极寻找更合适的供应商,一旦发现更好的可替代供应商,客户便从现有关系中退出,转向新的供应商。

4.5.3　模式Ⅲ——提前退出型

客户关系进入了稳定期但没能持久保持而在稳定期前期退出。造成客

户关系没能持久保持的可能原因主要有两种：第一，供应商持续增值创新能力不够。客户关系要长久保持在高水平的稳定期，供应商必须始终提供比竞争对手(最好可替代供应商)更高的客户价值。个性化增值是提高客户价值的有效途径，它建立在与客户充分沟通、对客户需求深刻理解和客户自身高度参与的基础上，具有高度的不可模仿性。增值创新能力实际上就是供应商个性化增值的能力。供应商由于受自身核心竞争能力的限制，或者不能及时捕捉客户需求的变化，或者没有能力持续满足不断变化的个性化客户需求，从而引起客户的不满，失去客户信任，导致客户关系退化并最终退出。第二，客户认为双方从关系中获得的收益不对等。当客户关系发展到很高水平时，客户对价值的评价不再局限于自身从关系中获得的价值，同时也会对供应商从关系中获得的价值作出评价，如果发现自身从中获得的价值明显低于供应商从中获得的价值，客户将认为双方的关系是不公平的。对等双赢才是关系可持续发展的一个基础，因此一旦客户认识到关系的不公平性，客户关系就会动摇，久而久之，关系就可能破裂。

4.5.4 模式Ⅳ——长久保持型

客户关系进入稳定期并在稳定期长久保持。客户关系能长久保持在稳定期，可能的原因有三个：第一，供应商提供的客户价值始终比竞争对手更高，客户一直认为现供应商是他们最有价值的供应商。第二，双方关系是对等双赢的，客户认为关系是公平的。第三，客户有很高的经济和心理转移成本。转移成本是一种累积成本，客户关系发展到高水平的稳定期时，客户面临着种种很高的转移成本，如专有投资、风险成本、学习和被学习成本等，因此即使供应商提供的价值一时达不到客户的预期，客户也不会轻易退出，此时，转移成本成了阻止客户退出关系的关键因素。当客户关系出现问题时，转移成本的这种作用为供应商提供了良好的客户关系修复机会。模式Ⅳ是供应商期望实现的一种理想客户生命周期模式，这种客户关系能给供应商带来更多的利润。需要说明的是，实际中客户关系的发展一般不会总是一帆风顺，常常会有一些波折①，但只要供应商能有效调整客户保持策略，及时化险，客户关系仍会回到正常的发展轨道。

客户是企业最重要的资产，谁拥有了高质量的客户谁就掌握了主动，所以，客户群的质量决定了企业的竞争能力。而客户群的生命周期结构(全体

① 为方便说明问题，图中描绘的是理想状态，没有反映这些波折。

客户生命周期模式类型的构成)决定了客户群的质量,一个企业的客户群中如果大部分有价值的客户的生命周期模式属于"长久保持型",那么该企业在市场竞争中必然处于优势地位,反之则否。客户生命周期模式的分类为企业诊断客户群的质量提供了一个很好的分析工具,根据诊断的结果,企业可以进而更有针对性地制定客户关系管理的战略目标和实施方案。

4.6　最优客户生命周期模式

生命周期理论的基本观点表明,客户关系的发展轨迹,即客户生命周期模式,是可以控制的。那么,从供应商的角度,对于一些最有价值的客户,他们期望实现的客户生命周期模式是什么呢?最优客户生命周期模式给出了答案。

最优的准则是客户在整个生命周期内为公司创造的利润最大。最优客户生命周期模式的定义如下:

最优客户生命周期模式(Optimum Model of Customer Relationship Life Cycle,OMCRLC)指使客户全生命周期利润最大的客户生命周期模式。

客户全生命周期利润(Customer Lifetime Profit,CLP)指整个客户生命周期长度内公司从某一客户处获得的利润流的总现值。

根据客户全生命周期利润的定义,可得出CLP的一般计算公式:

$$CLP = \sum_{t=1}^{n} P(t)\left(\frac{1}{1+d}\right)^{t} \tag{4-3}$$

式中:CLP——某客户的全生命周期利润(为简便起见折现到第1个时间单元);

$P(t)$——某客户在第t个时间单元为公司创造的利润;

d——利率,可认为是常数;

t——第t个时间单元;

n——客户生命周期长度。

从图4.3所示的客户生命曲线上看,CLP等于曲线Ⅱ与横坐标包围的面积乘以总折现率。

由公式(4-3)可知,决定CLP的因素主要有两个:客户生命周期长度n和单位时间利润$P(t)$(利率变化不大,也非公司可以控制的,故不予考虑)。要使CLP最大,必须同时满足两个条件:(1)尽量延长客户生命周期

长度 n;(2)尽量提高每个时间单元的利润 $P(t)$。

由 $P-t$ 曲线和生命周期理论可知:(1)$P(t)$在客户生命周期的不同阶段是不同的,稳定期最大,形成期次之,考察期最小;(2)客户关系的发展必须经历一个过程,前一阶段是后一阶段的必要基础,客户关系要进入稳定期,必须穿越考察期和形成期;(3)每个阶段的长度是可以控制的。由此可以得出最优客户生命周期模式的判别准则:考察期和形成期尽可能短,稳定期尽可能长。满足这一判别准则的客户生命周期模式即为最优客户生命周期模式,其相应的客户生命曲线类似于图 4.3。

最优客户生命周期模式表明:一个供应商要想最大化客户的全生命周期利润,就必须促进客户关系水平不断从低级阶段向高级阶段发展,并尽最大努力将客户关系尽可能长时间地维持在最高水平。

最优客户生命周期模式对客户保持实践具有重要指导意义:客户保持的目标不只是延长客户关系的持续时间,更重要的是要提高关系的水平,在高水平上持续客户关系对公司才更有价值。

需要说明的是,上述最优客户关系模式并不是从严格的数学意义上导出的,但得出的结论完全可以满足指导客户保持实践的需要,因为我们需要的是一种客户关系管理理念,而不是精确的数学公式。另外要说明的是,最优模式并不适用于所有客户,供应商不应试图实现每个客户生命周期模式最优,实现最优模式是需要供应商付出较高代价的,只有那些最有价值的客户才值得供应商这样做。

本章小结

客户关系是一个具有生命周期的过程。一个完整的客户生命周期包括考察期、形成期、稳定期和退化期四个阶段。考察期是客户关系的孕育期,形成期是客户关系的快速发展期,稳定期是客户关系的成熟期,考察期、形成期、稳定期客户关系水平依此增高。稳定期是供应商期望达到的理想水平,但客户关系的发展具有不可逾越性,客户关系必须越过考察期、形成期才能进入稳定期。退化期是客户关系的逆转阶段,但关系退化并不总是发生在稳定期,而是可能发生考察期、形成期、稳定期三个阶段的任一时点。

客户利润的变化是有规律的。随着客户关系的发展,交易量不断增加、成本不断下降、客户价格忍耐力不断提高、间接效益不断扩大,因而客户为供应商创造的利润是随着客户关系的发展而不断提高的,即考察期最小,形

成期次小,稳定期最大。因此,使客户全生命周期利润最大化的最优客户生命周期模式的判别准则是,考察期和形成期尽可能短,稳定期尽可能长。这对客户关系管理实践具有重要的指导意义:客户保持的目标不只是延长客户关系的持续时间,更重要的是要提高关系的水平,在高水平上持续客户关系对公司才更有价值。

根据客户关系退出所处的阶段不同,可将客户生命周期模式划分成早期流产型、中途夭折型、提前退出型、长久保持型四种类型,每种模式都有自己的成因。不同类型的模式代表了不同的客户质量,客户生命周期模式的分类为企业诊断客户群质量提供了一个有力的分析工具,进而,根据诊断的结果,企业可以更有针对性地制定客户关系管理的战略目标和实施方案。

第5章

客户价值识别理论

学习目标

- 理解为什么客户全生命周期利润(CLP)是判别客户价值的惟一标准
- 掌握 Dwyer 法、客户事件法和拟合法三种预测方法的基本原理和适用范围
- 掌握基于 CLP 的客户细分方法
- 基本学会如何根据客户细分设计客户资源配置策略与客户保持策略

5.1 客户价值[①]的判别标准——客户全生命周期利润(CLP)

5.1.1 收益流不能作为判别客户价值的标准

在很多公司,经理层和财务人员关注的焦点常常是客户为公司带来的收益流,无形中交易额成了衡量客户价值的事实标准。因此在公司,大客户(交易额大的客户)受到特别的关注,它们往往享受公司最优惠的价格、最优质的服务。然而不少公司发现,许多大客户非但不是利润大户,而且往往无利可图甚至是负利润。究其原因是公司在决定客户的资源配置方案时没有设置或采用一个合理的客户价值判别标准,盲目放大了收益流对利润的作用,使交易额在无意中成了事实上的客户价值判别标准,认为客户的交易额越大,客户的价值肯定越大,因而对这些所谓的"大客户"服务过度。下面是两个交易额相同的客户的比较,通过比较可以清楚地发现用交易额判别客户价值这种做法的问题所在。

假设有两个客户,分别称为A和B,A和B表面上看起来十分相似:他们在过去的12个月里带给公司的收益相当,都能及时支付公司的账款,交易额的增长速度也大致相同。从表面上看,可能会得出这样的结论:两个客户对公司的价值相等。但进一步分析将会发现这个结论是错误的。客户A多年来一直是公司的忠诚客户,将全部的业务都给了本公司,经常将其朋友和同事推荐给本公司,通过网上下单和支付货款,对公司的额外要求非常少。客户B是公司最近通过大量的销售和营销努力以及价格让步争取过来的原流失客户,另外,该客户只购买本公司的低利润产品,直到最后一分钟还在改变订单和发货条款,要求客户服务人员提供大量的额外服务。现在我们明白,客户A显然比客户B对公司更有价值:同样的交易额,与客户B相比,客户A支付更高的价格、耗费公司更少的成本,因而带给公司更多的利润;更重要的是客户A比客户B更有可能继续购买本公司的产品,进而为本公司带来更多的未来利润。

上面的例子说明,收益流不足以度量客户对公司的价值,仅凭某客户带

---

① 客户价值既可指客户对供应商的价值,也可指供应商为客户提供的价值,具体含义根据上下文确定。本章客户价值指客户对供应商的价值。

给公司的收益流无法知道该客户是否有利可图(即对公司是否有价值),也无法知道应该为该客户花费多少销售、服务资源才是合理的。

5.1.2 CLP是判别客户价值的惟一标准

那么客户价值的衡量标准到底是什么呢?答案是客户全生命周期利润(CLP)。

CLP指的是公司在与某客户保持买卖关系的全过程中从该客户处所获得的全部利润的现值。CLP可分成两个部分:一是历史利润,即到目前为止客户为公司创造的利润流的总现值;二是未来利润,即客户在将来可能为公司带来的利润流的总现值。公司真正关注的是客户的未来利润,常说的CLP仅指客户未来利润。

客户全生命周期利润既反映了收益流对公司利润的贡献,又明确地扣除了公司为取得该收益流所付出的代价,同时更重要的是CLP充分预计了客户将来对公司的长期客户增值潜力,因此能客观、全面地度量客户将来对公司的总体价值。通过CLP的预测,一个客户对公司是否有利可图便一目了然。CLP作为判别客户对公司价值大小的标准,正在被学术界和企业界逐步接受。

但如何预测CLP是一个至今没有很好解决的问题。这里介绍三种方法。

5.2 CLP预测方法之一:Dwyer法

5.2.1 Dwyer法的预测原理

"Dwyer法"由Dwyer于1989最早提出,并一直作为直销领域CLP的主要计算方法被广泛应用。该方法根据不同保持年限(也可以是月等其他时间单位)客户的历史平均保持率预测一组客户的总CLP。

Dwyer有两个预测模型,分别适用于"永久流失(lost-for-good)"和"暂时流失(always-a-share)"两类客户(由Jackson于1985年提出)。

"永久流失"类客户指的是这样一类客户:要么把其业务全部给予现供应商,要么完全流失而给予另一供应商。属于这种类型的客户要么其业务无法分割,只能给予一个供应商;要么其业务转移成本很高,一旦将业务给

予某供应商则很难转向其他供应商,但这种客户一旦流失,便很难再回来,故称之为“永久流失”客户。

“暂时流失”类客户指的是这样一类客户:他们将其业务同时给予多个供应商,每个供应商得到的只是其总业务量的一部分(一份)。这类客户的业务转移成本低,他们可以容易地在多个供应商之间转移业务份额,有时可能将某供应商的份额削减到零,但对该供应商来说不一定意味着已经丧失了这个客户,客户也许只是暂时中断购买,沉寂若干时间后,有可能突然恢复购买,甚至给予更多的业务份额。多数客户属于这种类型。

不难看出,这两类客户购买行为特征的最大差异是,第一类客户一旦终止购买即意味着永久流失(失而复得的“永久流失”客户在技术上被当作新客户处理);第二类客户即使一时甚至较长时间中断购买,也不意味着一定流失,他们恢复购买的可能性很大。

Dwyer(1989)将 Jackson 的客户分类应用到直接营销中,并展示了其在客户全生命周期利润预测中的意义。他根据两类客户的行为特征的差异,开发了两个分别针对两类客户的 CLP 预测模型——适用于“永久流失”类客户的客户保持模型(customer retention model)和适用于“暂时流失”类客户的客户转移模型(customer migration model)。但 Dwyer 并没有给出这两种模型的一般数学模式,而是用一个特定背景下的数字案例演示了 CLP 的预测思路。为了评判 Dwyer 方法的优劣,下面概要说明两模型的预测思路,详细预测演示参考相关文献(Dwyer,1989;1997)。

在客户保持模型中,Dwyer 以杂志订阅为背景,演示了 1000 个当前订阅客户的总的生命周期利润的预测过程。基本预测思路是:1000 个当前客户,下一年将有一部分(如 700 个)继续订阅,继续订阅客户的比例(如 70%)就是客户保持率,另一部分客户(如 300 个)终止订阅,并被认为是永久流失。下一年订阅的客户中到再下一年仍有一部分(如 560 个)会继续订阅,只不过客户保持率(如 80%)会有所不同,依此类推,直到第 n 个下一年。每年订阅的客户给公司带来收益,也要消耗公司一定的成本,收益减成本就是该年的利润,所有(n+1)年利润总和的现值,即为这 1000 个客户的 CLP。预测中涉及的收益、成本、客户保持率和客户保持年限均根据以往客户的历史数据求均值得出。

在客户转移模型中,Dwyer 演示了 1000 个当前客户(当前已购买了本公司产品或服务的一般直销客户)的总的生命周期利润的预测过程。其基本思路是,用客户最近一次的购买时间预测客户未来若干时期的重复购买行为(包括购买概率和购买金额),根据预测的客户购买行为,预测 1000 个客户在

未来每个时期为公司带来的利润,所有时期的利润加总并折现即为1000个客户的CLP。客户重复购买行为的预测是该模型的核心,预测的核心思想是,客户最近一次购买距当前越久远,客户购买的可能性越小,即使购买,购买的金额也越小。以下是客户重复购买行为预测的前面两步:①1000个当前客户在下一个时期(如年,设为 t_1),将有 m_1 个(如300个)客户继续购买,继续购买客户的比例称为购买概率,设为p1(根据以往客户的历史数据统计得出,如30%),购买的平均金额为S1(根据以往客户的历史数据统计得出,如$100),其余($1000-m_1$)个(如700个)客户不购买。②在 t_1 时期继续购买的 m_1 个客户,到下一个时期(设为 t_2)一部分(如90个)继续购买,购买概率为 p_1,购买的平均金额为 S_1,其余[$m_1(1-p_1)$]个(如210个)客户不购买;在 t_1 时期没有购买的($1000-m_1=700$)客户到 t_2 时期,一部分(如140个)开始购买(这正是该模型与客户保持模型的区别),但购买的概率不同(具体大小根据以往客户的历史数据统计得出,如20%),购买的平均金额也不同(具体大小根据以往客户的历史数据统计得出,如$80),其余(如560个)不购买。③$t_3$ 时期的预测与 t_2 时期类似,不同的是在上一时期(即 t_2 时期)没购买的客户中,有的已连续两个时期(t_1、t_2)没有购买,这些客户在本时期的购买概率和购买金额更小(具体大小也是根据以往客户的历史数据统计得出)。

后来Berger Paul和Nasr(1998)完善了Dwyer法,他们将Dwyer提出的两类模型分成五个案例,给出了每个案例CLP预测的数学模型。

5.2.2 Dwyer法的缺陷

综观Dwyer提出的两个CLP预测模型,不难发现,该方法预测的是一组客户的CLP,无法在客户级上预测CLP(即不能预测每个客户的CLP),因此无法具体评估某个客户对公司的价值。

5.3 CLP预测方法之二:客户事件法

5.3.1 客户事件法的预测原理

利用"客户事件"的概念预测未来的客户全生命周期利润是目前在一般营销领域比较有代表性的方法,一些咨询公司甚至推出了基于这种方法的

CLP 预测软件(Qube Consulting Limited,2000)。图 5.1 解释了这一方法的预测原理。这种方法的基本原理是:针对每一个客户,预测一系列事件发生的时间,并向每个事件分摊收益和成本,从而为每位客户建立一个详细的利润和费用预测表。每个客户 CLP 预测的精度取决于事件(产品购买、产品使用、营销活动、坏账等)预测的精度和事件收益与成本分摊的准确性。客户事件预测可认为是为每个客户建立了一个盈亏账户。客户事件集越详细,与事件相关的收益和成本分摊得越精确,CLP 的预测精度就越高。

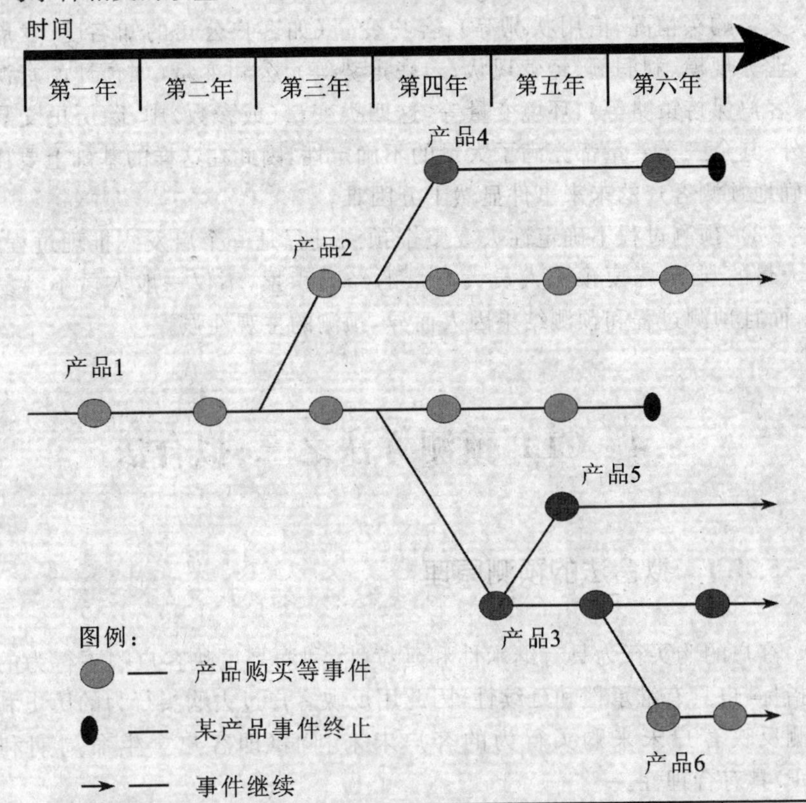

	第一年	第二年	第三年	第四年	第五年	第六年
收入	×	×	×	×	×	×
成本	×	×	×	×	×	×
纯收益	×	×	×	×	×	×
纯收益现值	×	×	×	×	×	×

图 5.1　客户事件法 CLP 计算原理示意

5.3.2　事件预测法的缺陷

因为两个原因，客户未来事件预测的精度无法保证。

(1) 预测依据的基础数据不确定性大。预测一系列客户未来事件（包括每个事件发生的时间、产生的收益和相应的成本）的基础是历史交易信息（如最近一次的交易时间、每次交易额、交易的平均时间间隔、平均价格水平、交叉购买情况、信用状况等）、客户变量（如客户公司的知名度、发展历史、业务规模、利润额、经营现状、未来走势等）、公司变量（如预计的资源投入、客户保持策略等）、环境变量等，这四类变量（或参数）中，除历史交易信息外，其余三类变量都充满了大量的不确定性，因此在这样的基础上要比较精确地预测客户的未来事件显然十分困难。

(2) 预测过程不确定性大。整个预测过程是一个启发式推理过程，涉及大量的判断，需要预测人员大有量的经验积累，不仅一般人员不容易掌握，而且预测过程和预测结果因人而异，预测的主观性强。

5.4　CLP预测方法之三：拟合法

5.4.1　拟合法的预测原理

客户的购买行为具有继承性和延续性，利润是反映客户购买行为的综合指标，也具有继承性和延续性，因此用反映客户过去购买行为的历史利润预测反映客户未来购买行为的客户未来利润（即客户全生命周期利润CLP）具有合理性。

拟合法的基本思想：如果当前客户的历史利润变化曲线符合某一已知的典型客户利润规律，那么可以认为该客户的未来利润变化趋势仍遵循该规律。即拟合法是一种基于利润变化规律的CLP预测方法。

拟合法的基本原理：根据客户历史利润与已知的典型客户利润曲线的拟合情况，预测客户未来利润随时间变化的趋势，即未来客户利润模式（曲线），然后根据描述客户未来利润模式的数学函数预测CLP。

下面描述的CLP预测步骤，进一步阐明了这种方法的预测原理。

(1) 计算客户过去每个时间单元的利润

时间的单位可以是月、季度、年，甚至更长的时间单位，具体选取取决于客户购买周期。例如，如果客户在每个月至少有 1 次以上的购买，则可取月为时间单位，如果客户在每年只有有限的几次购买，则可取年为时间单位。历史利润一般计算公式如下：

$$P(t)=GC_{t}-C_{t} \qquad (5-1)$$

式中：$P(t)$——过去第 t 个时间单元某客户为公司创造的利润；

GC_t——过去第 t 个时间单元某客户带给公司的毛收益(Gross Contribution)；

C_t——过去第 t 个时间单元某客户消耗的公司成本。

(2) 绘制历史利润随时间变化的曲线图(该曲线称为历史利润曲线)

(3) 根据历史利润曲线，预测客户未来利润模式并确定模式中的参数

客户利润随时间的变化有无规律可循呢？如果有，我们就可以比较容易地预测客户的未来利润模式。

客户生命周期理论的研究(陈明亮，2001)揭示的典型客户生命周期模式为我们解答这个问题提供了启示。该研究表明，一个典型的客户关系有如图 5.2 所示的利润曲线形状，曲线形状与倒置的"U"字相似。在初始阶段，随着客户关系的发展，交易额快速增加、成本快速下降，客户为供应商贡献的单位时间利润快速增长，之后随着交易额增长和成本降低速度的减小，虽然客户利润增长速度放慢，但由于客户关系发展到一定阶段以后带来的间接效益(由于忠诚客户为公司传递好的口碑、推荐新客户等产生)不断扩大，客户利润始终在增长，直到客户关系水平倒退时，客户利润才快速下降。基于 IT 分销行业的实证研究证明了利润的这一变化规律(陈明亮，2002)。其他学者(Reichheld，1996；Reichheld & Sasser，1990)在对多个行业大量调查研究的基础上，也发现了"客户对供应商利润的贡献随着双方买卖关系持续时间的增长而增加"的事实。

如果一个客户的历史利润曲线已经较好地显示了利润的上述倒"U"形变化规律，如图 5.2 中加黑部分的曲线所示，那么我们有理由相信客户的未来利润就是这样的一个变化趋势。剩下的问题是什么样的方程能较好地表示这种利润曲线的形状，以及就某个具体客户而言，如何根据历史利润确定方程中的参数。这些问题将在提出"CLP 预测模型"时讨论。

图 5.2 所示的客户利润曲线揭示了典型的客户利润变化规律，适用于大多数客户。对于那些利润曲线不符合这种变化规律的非典型客户，他们未来利润模式的确定，与典型客户未来利润模式的确定思路相同，所不同的是利润曲线的拟合函数。

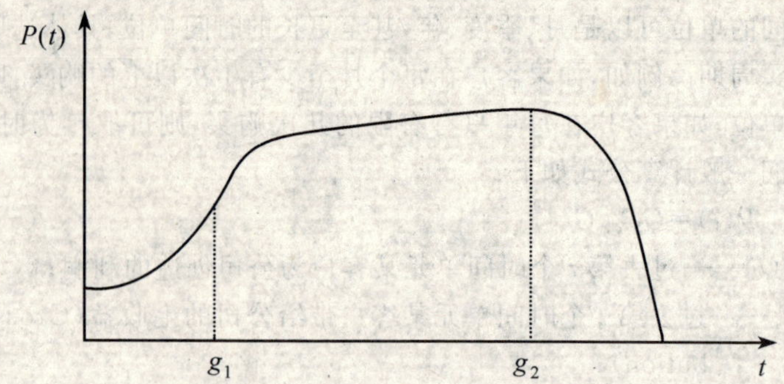

图 5.2 典型客户利润曲线

(4) 确定客户生命周期长度 n

客户生命周期长度 n 的确定也是预测 CLP 的一个难点。影响 n 的因素很多很复杂,包括公司变量、客户变量、环境变量等诸多方面的大量因素。在实际预测时为了简化,n 往往取一个定值,一般取 3 年或 5 年(最大取 5 年,因为环境变化太快,预测更长时间的 CLP 无法保证其精度和可靠性)。所有客户(只要客户关系没有明显恶化的征兆)都取这个值,因此 CLP 预测的是最多 5 年的客户利润,而并不是真正全生命周期的利润。这样做的理由有两点:一是预测 CLP 的目的主要是比较一定时期内不同客户对公司价值的相对差异,以便为相关的决策提供依据,这样取 n 的值是可以达到这一目的;二是 CLP 的预测是一个不断调整的动态监测过程,每过一个时间单元(如月)都要调整一次,如果发现某些客户关系出现倒退且公司无法阻止或无必要阻止(公司觉得其价值不大,愿意放弃)这种关系的倒退,则可以对这些客户的 n 值作相应调整(减小 n 值)。

(5) 预测客户全生命周期利润

确定了客户未来利润模式和客户生命周期长度,根据如下 CLP 的一般计算公式便可容易地预测 CLP。

$$CLP = \sum_{t=1}^{n} P(t)\left(\frac{1}{1+d}\right)^{t} \qquad (5-2)$$

式中:$P(t)$——未来第 t 个时间单元的客户利润,根据客户未来利润模式得出;

t——未来第 t 个时间单元;

d——折现率;

n——客户生命周期长度(从当前时刻算起)。

5.4.2 拟合法的预测模型

如前讨论，一个典型的客户利润曲线形状是一个如图 5.2 所示的倒“U”形，下面主要讨论的就是倒“U”形 CLP 预测模型，对其他形状 CLP 的预测只作概要说明。

1. 拟合函数

客户利润模式，即利润曲线的拟合函数，是预测 CLP 的关键。如图5.2所示，客户利润(指单位时间利润而不是累积利润)随时间的变化分三个阶段：开始阶段以加速度快速增长；在某一时点(g_1)后增长速率开始放慢但继续增长；最后可能由于双方关系恶化并破裂，客户利润从某一时点(g_2)起快速下降直至为0。因此倒“U”形客户曲线可分成三段，需分别用三种函数拟合，可能的拟合函数有多种，下面是一种拟合函数：

$$\begin{cases} P(t)=P_1(t)=h_1t^2+v & t\leqslant g_1 \\ P(t)=P_2(t)=P_1(g_1)+[N(1-\mathrm{e}^{-t+g_1})] & g_1<t\leqslant g_2 \\ P(t)=P_3(t)=-h_2(t-g_2)^2+P_2(g_2) & t>g_2 \end{cases}$$

式中：$P(t)$——客户第 t 个时间单元的客户利润；

$P_1(t)$——二次增函数，表示客户利润以一定的加速度($2h_1$)快速增加；

$P_2(t)$——上渐近线函数，表示客户利润一直增长但增长越来越慢，且始终越不过一个利润最高限，最高限为($P_1(g_1)+N$)；

$P_3(t)$——二次降函数，表示客户利润以一定的加速度($2h_2$)锐减。

参数 v、h_1，h_2，g_1，g_2，N 都是正常数。v 是客户第一次购买带给公司的利润，通常这个值不高，甚至接近 0(未考虑获取成本，如考虑获取成本，v 常为负值)。h_1，h_2 反映了客户利润增长和下降的加速度。g_1，g_2 是利润曲线发生转形的两个时点。N 是 g_1 时点后利润总增幅的极限，($P_1(g_1)+N$)等于客户单位时间利润的上限。

2. CLP 预测模型

历史利润曲线是完整曲线的一个已知部分，本方法的实质就是根据已知的历史利润曲线，预测未知的未来利润曲线。显然已知部分越多，预测越容易，预测精度也越高。图 5.3 示意了如何根据历史利润曲线预测未来利润曲线。图中实线表示历史利润曲线，虚线表示预测的未来曲线。如图5.3所示，历史利润曲线有三种情况：(1)进入了Ⅰ阶段(快速增长阶段)；(2)进

入了Ⅱ阶段(缓慢增长阶段);(3)进入了Ⅲ阶段(快速下降阶段)。

将三种情况分别抽象成三个案例,下面分别讨论三个案例的 CLP 预测数学模型。

案例 1

已有的历史利润数据较好地拟合了 $P_1(t)$(可用最小二乘法判别是否拟合),预计未来利润曲线如图 5.3(a)虚线部分所示,即一部分仍在阶段Ⅰ(对应的函数为 $P_1(t)$),另一部分在阶段Ⅱ(对应的函数为 $P_2(t)$)。约定:只要历史利润没有出现下降趋势(即案例 3 的情况),也没有其他征兆表明客户关系将恶化,则认为未来利润曲线不会进入第Ⅲ阶段,这与前面客户生命周期长度 n 的约定(CLP 预测的是最多 5 年的客户利润,而并不是真正全生命周期的利润)相一致。

对于案例 1 的情况,拟合函数涉及的参数有 h_1, v, g_1 和 N,h_1, v 根据

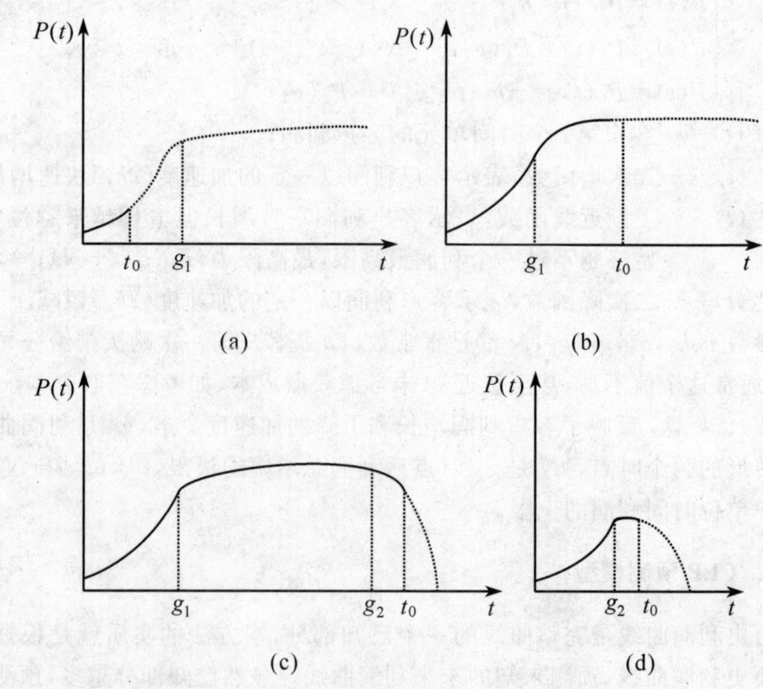

图 5.3　未来客户利润曲线预测

历史利润数据容易确定,需要估计的参数是 g_1 和 N,这两个参数无法仅根据当前客户的已知利润数据导出,一般参照类似客户(这些客户的历史利润

曲线必须已进入Ⅱ阶段)的相关参数给出。g_1 主要与当前客户关系可能的发展进程有关,在给出估计值时需考虑该因素差异的影响。例如,客户A与当前客户最类似,它的第Ⅰ阶段经历了 g_{1A} 个时间单元,如果预计当前客户关系的发展进程比客户A快,则 g_1 比 g_{1A} 小,反之则相反。N 的估计需首先预测当前客户的利润上限,然后通过客户利润上限计算 N。例如,参照类似客户并考虑了当前客户的利润潜力后,预计当前客户的最大(单位时间)利润为 P_{tmax},则 $N=P_{tmax}-P_1(g_1)$。

另外,假设预测至多60个月(5年,假定以月为时间单位)的客户利润,即 n=60(案例2、案例3与此相同,不再说明)。

根据CLP一般计算公式(式(5-2))和拟合函数(式(5-3)),本案例CLP预测的数学模型如下:

$$CLP=\sum_{t=t_0}^{g_1}\{(h_1t^2+v)[1/(1+d)^{t-t_0}]\}+\sum_{t=g_1+1}^{n+t_0-1}\{[(h_1g_1^2+v)+N(1-e^{-t+g_1})][1/(1+d)^{t-t_0}]\} \quad (5-4)$$

式中:d 为折现率;t_0 为 CLP 起始计算时点,$t_0\leqslant g_1$。

算例 设某分销公司一渠道客户与该公司已有18个月的交易历史,历史利润很好地拟合了 $P_1(t)$,参数 $h_1=0.025$,$v=3.40$(据最小二乘法求得),根据与其最类似客户的历史利润数据推测该客户的利润:从第25个月起开始进入缓慢增长期,最大不超过20万元。由此得出该客户利润曲线的拟合函数如下:

$$P(t)=0.025t^2+3.40 \qquad t\leqslant 24$$

$$P(t)=17.80+2.20(1-e^{-t+24}) \qquad t>24$$

其中 $P(24)=17.80$,$N=20.00-17.80=2.20$。设月折现率为1.25%,则该客户从第19个月开始的未来60个月为公司带来的利润为:

$$CLP=\sum_{t=19}^{24}\{(0.025t^2+3.40)[1/(1+0.0125)^{t-19}]\}+\sum_{t=25}^{78}\{[(17.80+2.20)+(1-e^{-t+24})][1/(1+0.0125)^{t-19}]\}=820.80(\text{万元})$$

案例2

已有的历史利润数据较好地拟合了 $P_1(t)$ 和 $P_2(t)$,预计未来利润曲线都在阶段Ⅱ,如图5.3(b)虚线部分所示。

对于案例2的情况,拟合函数涉及的参数有 h_1, v, g_1 和 N,h_1, v, g_1 根据历史利润数据不难确定,需要估计的参数只有 N。N 的估计方法与案例

1相同：首先预测当前客户的利润上限，然后计算 N。与案例1相比，本案例客户利润上限的预测相对容易，因为客户已有部分Ⅱ阶段利润曲线，客户的利润潜力相对看得更清楚。

根据CLP一般计算公式（式(5-2)）和拟合函数（式(5-3)），本案例CLP预测的数学模型如下：

$$CLP=\sum_{t=t_0}^{n+t_0-1}\{[(h_1g_1^2+v)+N(1-e^{-t+g_1})][1/(1+d)^{t-t_0}]\} \tag{5-5}$$

式中：d 为折现率，t_0 为CLP起始计算时点，$t_0>g_1$。

算例 设某分销公司一渠道客户与该公司已有14个月的交易历史，历史利润很好地拟合了 $P_1(t)$ 和 $P_2(t)$，客户利润从第12个月起开始进入缓慢增长期，$P_1(12)=6.80$ 万元，根据与其最类似客户的历史利润数据推测该客户的利润最大不超过10万元，因此 $N=10.00-6.80=3.20$，由此得出该客户利润曲线的拟合函数如下：

$$P(t)=6.80+3.20(1-e^{-t+12}) \qquad t>12$$

设月折现率为1.25%，则该客户从第15个月开始的未来60个月为公司带来的利润为

$$CLP=\sum_{t=15}^{74}\{[6.80+3.20(1-e^{-t+12})][1/(1+0.0125)^{t-15}]\}$$
$$=434.71(\text{万元})$$

案例3

已知客户的历史利润曲线已显示出了下降趋势，且公司无力阻止这种趋势，同时已有的历史利润数据较好地拟合了函数 $P_3(t)$。

案例3客户利润的下降大致分两种情况，第一种是客户利润经过较完整的Ⅰ，Ⅱ阶段后开始下降，第二种是客户利润从Ⅰ阶段就开始下降，两种情况分别如图5.3 (c)，(d)所示。但两种情况下CLP的预测没有区别。

对于案例3的情况，拟合函数涉及的参数除了 h_2，u（即 $P_2(g_2)$），还有 n,h_2,u 根据历史利润数据可以确定，此时 n 不能按60个月计算，根据拟合函数 $P_3(t)$ 易知，n 需按下式求出：

$$-h_2(n+t_0-1-g_2)+u=0 \tag{5-6}$$

根据CLP一般计算公式（式(5-2)）和拟合函数（式(5-3)），本案例CLP预测的数学模型如下：

$$CLP=\sum_{t=t_0}^{n+t_0-1}\{[-h_2(t-g_2)^2+u][1/(1+d)^{t-t_0}]\} \quad (5-7)$$

式中：d 为折现率，t_0 为 CLP 起始计算时点，g_2 为客户利润开始下降的起始时点，$t_0>g_2$，u 为 g_2 时点的客户利润。

算例　设某分销公司一渠道客户与该公司已有 36 个月的交易历史，客户利润从第 34 个月起开始下降（$g_2=34$），该月利润为 12.00 万元（$u=P_2(g_2)=12.00$），参数 $h_2=0.25$（据最小二乘法求得），由此得出该客户利润曲线的拟合函数如下：

$$P(t)=-0.25(t-34)^2+12.00 \qquad t>34$$

公司无力阻止客户利润下降趋势，客户关系破裂已成定势，根据式(5-7)算得 $n=5$，设月折现率为 1.25%，则该客户从第 37 个月开始的未来 5 个月为公司带来的利润为

$$CLP=\sum_{t=37}^{41}\{[-0.25(t-34)^2+12.00][1/(1+0.0125)^{t-371}]\}$$
$$=26.15(万元) \quad (5-4)$$

3. 几种不规范倒"U"形利润曲线的处理

实际上，客户历史利润可能会出现许多不规范的"U"形曲线趋势，这些曲线经过适当处理后仍可用上述模式预测 CLP。

图 5.4 给出了三种可能的情况，可对它们分别作如下处理。

情况一（如图 5.4(a)所示）：客户历史利润在起始阶段，有较长的低水平徘徊期（客户关系在考察期徘徊较久），到 g_0 以后才开始快速增长，这种情况处理很简单，令 $g_0=0$，人为将 g_0 看作第一个时间单元即可，预测模式与案例 1 相同。

情况二（如图 5.4(b)所示）：客户历史利润出现双周期现象，但第二个周期没有快速增长阶段，直接进入缓慢增长阶段，这种情况将第一个周期分离出去，仅着眼第二个周期。第二个周期是一个缺少了第 Ⅰ 阶段的"U"形，CLP 预测与案例 2 相似，预测模式为

$$CLP=\sum_{t=t_0}^{n+t_0-1}\{[v_{g1}+N(1-e^{-t+g_1})][1/(1+d)^{t-t_0}]\} \quad (5-8)$$

式中：v_{g1} 为 g_1 时点的客户历史利润，t_0 为 CLP 起始计算时点，$t_0>g_1$。

两个周期以上的其他多周期现象的处理方法与此类似。

情况三（如图 5.4(c)所示）：已进入缓慢增长期的客户历史利润在某个时点 t_s 突然跃升，出现这种情况可能是由于客户公司的经营规模突然扩

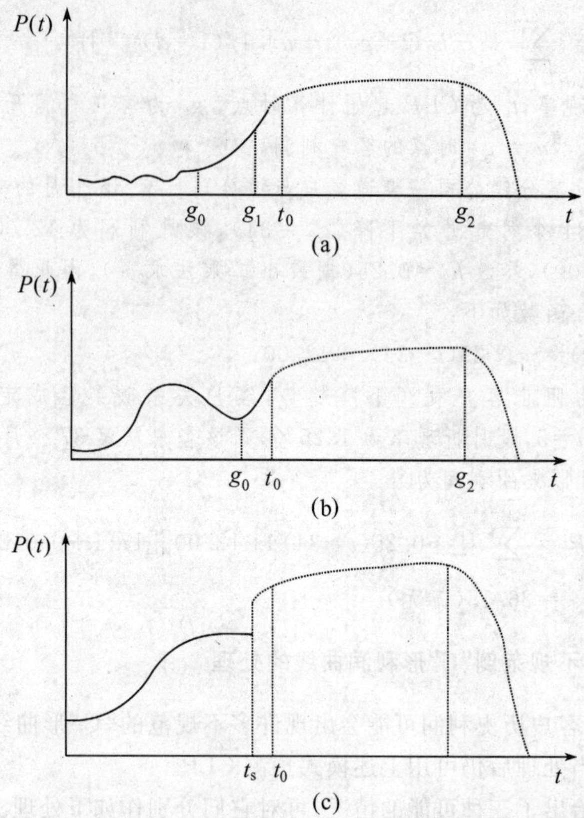

图 5.4 倒"U"形客户利润曲线的几种不规范情况

大，如兼并、新增业务项目等，此时，说明原来预计的客户利润极限被突破，需要调整到一个更高的值，并需根据 t_s 时点的客户利润（设为 v_{ts}）重新构造函数 $P_2(t)$，设调整后的客户利润极限为 $P_{t\max 2}$，则 $N=P_{t\max 2}-V_{ts}$，CLP 预测与案例 2 相似，预测模式：

$$CLP=\sum_{t=t_0}^{n+t_0-1}\{[v_{ts}+N(1-e^{-t+g_1})][1/(1+d)^{t-t_0}]\} \quad (5-9)$$

式中：t_0 为 CLP 起始计算时点，$t_0>g_1$。

4. 其他形状

客户利润曲线除了倒"*U*"形外，可能还有各种其他形状。其他形状 *CLP* 预测的关键是找到合适的客户利润曲线拟合函数。为此公司需要建立一个客户利润曲线拟合函数库，库中存放各种形状实际客户利润曲线的拟合函数。当客户历史利润曲线不符合倒"*U*"形变化规律时，在库中寻找

新的拟合函数。如果库中没有现成的满足要求的拟合函数，则建立新的拟合函数，并加入库中。拟合函数确定后，参照倒"U"形 *CLP* 的预测方法和步骤便不难算出当前客户的 *CLP*。

5.4.3　拟合法预测的基础——客户历史利润计算

1. 一般计算公式

客户历史利润是指某客户在过去某个(第 t 个)时间单元内为公司创造的利润，用 $P(t)$ 表示。$P(t)$ 计算的精度直接影响客户历史利润曲线的形状，决定着客户未来利润模式的预测精度，因此尽可能客观真实地计算 $P(t)$ 有着十分重要的意义。$P(t)$ 的一般计算公式如下：

$$P(t)=GC_{t-1}C_t \qquad (5-10)$$

式中：$P(t)$——第 t 个时间单元某客户为公司创造的利润；

GCt——第 t 个时间单元某客户带给公司的毛收益(Gross Contribution)；

C_t——第 t 个时间单元某客户消耗的公司成本。

2. 历史利润计算的两个难点

P(t)计算的两个难点：

(1) 客户成本的分摊

一个客户在为公司创造收益的同时也在消耗着公司的各种资源，但如何真实地计算客户耗费的资源成本却不容易，因为与收益不同，某个客户为公司带来的收益(此处指直接收益)在账户系统中清晰可查，而成本信息却集成在分类账中，要分摊到单个客户需要作大量的分析和分解工作，故传统会计系统分摊的客户成本往往只包括最明显的销售成本，而不考虑客户获取、客户服务和客户保持等其他成本，这显然不能真实反映客户实际消耗的成本。有学者(Joesph etl. ,2001)的研究显示，直接的销售成本一般还不到客户实际成本的 50%。因此销售成本以外的其他成本必须考虑。

(2) 间接收益的估计

客户带给公司的毛收益包括直接收益和间接收益两个部分，某个客户为公司创造的直接收益在公司财务系统中十分清楚，不好估计的是间接收益，它是由于忠诚客户为公司传递好的"口碑"、推荐新的客户等带来的，一些知名客户形成的"跟随效应"(一些客户在业内知名度很高，这样的客户具

有榜样示范作用，如果拥有这样的客户，其他客户将纷纷仿效跟进）也给公司带来间接收益。“一些客户（特别那些最有价值的客户）将给公司带来可观的间接收益”这一观点已被很多学者认同（Jones & Sasser，1990；Reichheld，1996；Berger，Paul D. & Nada I. Nasr，1998；Joseph etl. ，2001），但关于如何定量估算间接收益的研究尚未见到。

3. 采用ABC解决成本分摊问题

基于活动的成本（Activity-Based Cost，ABC）管理系统能够很好地完成传统成本管理技术无法完成的间接成本的分摊问题（Joseph etl. ，2001；Goebel，1998），可以用来解决客户历史利润计算中成本分摊的难题。

ABC技术认为，发生在企业的各种活动实际上都是用来支持生产、营销、产品和服务传递的。以这种方式看待企业活动可以把企业的支持性成本（如营销、销售、广告和管理等成本）合理地分摊到单个产品、渠道和客户。

在客户历史利润计算中需要向客户分摊的成本有四类：获取成本、销售成本、服务成本、保持成本①。

（1）获取成本

获取成本指客户获取过程中涉及的一切成本。这些成本对于一个具体的获取渠道或一个具体的商业活动是惟一的。客户获取活动有广告、营销、直销邮件、电话销售、标书制作、直销等。理论上这些都是为了吸引新客户的一次性成本。获取成本包括成功获取活动的成本也包括失败获取活动的成本。正因为如此，“获取一个新客户的成本往往是保持一个现有客户成本的5倍”（Joesph etl. ，2001；Richheld，1996）。

（2）销售成本

销售成本是与给客户提供产品（或核心服务）相关的一切成本。对于一个制造商来说，这一成本包括材料成本、人力资源成本，还有一些间接的制造成本。对一个服务公司，这一成本可能包括人力成本和在向客户传递核心服务过程中发生的支持性服务成本。对一个分销公司，这一成本包括产品成本、谈判成本、订单处理成本、开具发票成本、产品传递成本等。

（3）服务成本

服务成本指与服务客户相关的一切成本。引起这类成本的活动有售前服务、售后服务、仓储、快速交货服务、客户热线支持、对账等。这些活动在许多公司已成为很大、很重要的开支。

---

① 此处的销售成本等于产品成本和交易成本之和。

（4）保持成本

保持成本指初次销售后为保持和加强客户关系所发生的一切成本，包括关系建立、交叉销售活动、促销、客户激励等的成本。

应用ABC系统分摊客户成本分的基本原理是根据客户消耗的公司活动数量计算客户成本。图5.5描述了将传统的基于分类账的成本结构转化为基于活动的成本结构，然后将上述四类成本分摊到客户的过程（Joseph etl.，2001）。

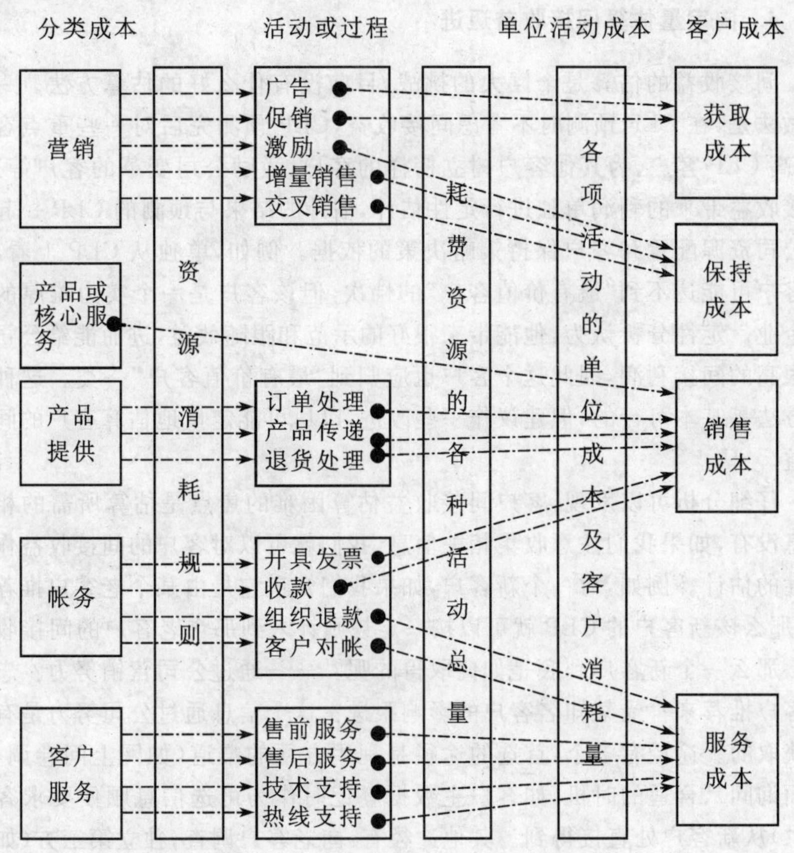

图5.5　传统分类成本摊过程示意图

分摊过程分三步：

第一步，识别与客户相关的活动，并将每项活动的成本从总账中分离出来。

第二步，确定每项活动的单位成本，它等于每项活动耗费的资源总成本

除以活动总量,并确定每个客户消耗的各项活动数量。

第三步,根据单位活动成本和客户消耗的活动数量计算每个客户消耗的公司成本。

需要说明的是上述客户获取成本在计算客户单位时间历史利润时不予考虑,因为获取成本是在客户首次购买以前发生的一次性成本,一般在计算客户累积利润时一次性减去,而不分摊到单位时间利润的计算中(Berger etl.,1998)。

4. 向定量估算间接收益迈进

间接收益的估算是个巨大的挑战,目前没有什么好的估算方法。一般的做法是,在CLP预测时不考虑间接收益,CLP预测完后对一些重点客户(如高CLP客户、为其他客户树立榜样的客户、激励公司变革的客户等)的间接收益带来的利润单独进行定性估计,估计的结果与预测的CLP一起作为公司资源配置和客户保持策略决策的依据。例如,单独从CLP上看,某个客户可能达不到"最有价值客户"的档次,但该客户是一个实力雄厚的知名企业。定性分析认为,他能带来很好的示范和跟随效益,进而能给公司带来很高的间接利润,因此这个客户也应归到"最有价值客户"一类。这种估算方法是基本可行的,但建议作一些改进,以尽可能定量地估算客户的间接收益。

仔细分析可以发现,客户间接收益估算困难的焦点是估算所需的相关信息没有,如果我们注意收集相关信息,我们就可以对客户的间接收益作更理性的估计。例如,对一个新客户,如果我们知道它是由某个老客户推荐来的,那么该新客户的CLP就可以按一定规则计入到那个老客户的间接收益中。那么一个新客户到底是如何取得的呢?——通过公司营销努力?忠诚老客户推荐来?受某知名客户的影响跟进?这个信息通过公司努力是有可能获取的。途径有多个,首选的途径是利用方便的渠道(如网上问卷调查,当面询问)、合适的时机(如客户主数据登记时作为可选信息顺便要求客户提供)从新客户处直接得到。其他途径有:向老客户调查;独立第三方(如调研公司)的信息;通过对客户数据作关联分析得出等等。这个例子说明,如果公司注意收集、储存、分析相关的信息(例如某个客户推荐了哪些客户,受其影响跟进的有哪些客户等),客户间接收益的估算是可以定量或部分定量的,从而使估算更科学、更合理。

随着IT和数据库技术的快速发展以及越来越高级的数据分析工具(如数据挖掘、在线分析)的出现,信息系统的建设、信息的收集与分析会变

得越来越容易，本文认为，如果公司能建立一套先进的信息系统(包括多渠道客户交互系统、同步客户数据库、客户数据集成分析系统等子系统)并不断升级、完善，那么，相关信息的收集、分析问题可以逐步得到解决，进而最终实现客户间接收益定量估算的目标。

5.4.4 拟合法的适用条件

长期客户是预测CLP的默认条件，除此之外，拟合预测法的适用条件只有一个：供应商具备完整的客户交易数据。一般的B2B交易关系都具备这一条件。就某一个具体客户而言，至少具有两个时间单元的历史利润数据以确定参数 v，h_1(见案例1的CLP预测公式)，对于只有第一个时间单元历史利润的客户(只能确定 v 值)，h_1 的确定需要参考类似客户的情况确定①。需要特别指出的是，对于在公司多个部门购买产品或服务的客户，交易数据指的是该客户在整个公司的而非某一部门的交易数据，因为公司资源配置和客户保持策略基于的是客户将为整个公司而非某个部门创造的利润，因此要求公司最好具备集成和同步的客户数据管理系统，否则客户交易数据的合并将耗费较多的精力。

5.4.5 拟合法的特点

(1) 预测的是客户级的CLP。可以就每个客户对公司的价值进行具体评估，为更精确地分配公司资源和制定“一对一”的客户保持策略奠定了坚实的基础。克服了Dwyer法不能在客户级上预测CLP的缺陷。

(2) 预测所用的基础数据可靠。预测依据的基本数据主要是客户交易数据，数据可靠性高，预测的精度容易保证，克服了事件法依赖不确定性数据预测的缺陷。

(3) 预测过程中不需要预测者的主观判断。预测过程简单、程式化，预测结果不依赖于预测者，客观性强，克服了客户事件法预测结果过多依赖于预测者主观判断的缺陷。

---

① 对于完全没有交易数据的潜在客户也可以利用该方法预测CLP：假定该潜在客户的利润随时间的变化遵循典型的“U”形规律，参照最类似客户确定相关参数，用案例1的CLP计算模型预测。但预测精度的不确定性较大，取决于参照客户选择的正确性。

5.5 CLP 的构成

5.5.1 CLP 由当前客户价值和客户增值潜力构成

CLP 是客户可望为公司带来的总的未来利润的现值，可看成由两个部分构成：第一部分为假定客户现行购买行为模式保持不变时，客户未来可望为公司创造的利润总和的现值，这部分是根据客户关系的当前状态作出的对客户未来利润的一种保守估计，称为"客户当前价值"；第二部分为假定公司采用更积极的客户保持策略，使客户购买行为模式向着有利于增大公司利润的方向发展时，客户未来可望为公司增加的利润总和的现值，这部分是对客户增值潜力的一种估计，称为"客户增值潜力"。

设客户当前价值为 CCV，客户增值潜力为 CPV，则

$$CLP = CCV + CPV \tag{5-11}$$

5.5.2 客户当前价值(CCV)

根据其含义不难算出 CCV，其预测公式如下：

$$CCV = \sum_{t=1}^{n} P_0 \left(\frac{1}{1+d}\right) \tag{5-12}$$

式中：P_0 为最近一个时间单元(如月或年)的客户利润；n 为生命周期长度；d 为折现率。

5.5.3 客户增值潜力(CPV)

客户增值潜力取决于客户增量购买、交叉购买和推荐新客户的可能性和大小。

增量购买(up-buying)指的是客户增加已购产品的交易额。增量购买的可能性与大小决定于客户份额、客户关系的水平和客户业务总量。客户份额是客户给予本公司的业务量占其总的业务量的比例。显然客户份额越小，增量购买的可能性越大。如果一个客户已将 100%的业务给了本公司，则已没了增量购买的余地。增量购买的可能性还取决于客户关系的水平，

客户关系水平越高，说明客户对公司的产品和服务越满意，对公司越信任，因而客户加大交易量的可能性越大，反之，客户可能缩小给予本公司的业务份额。客户业务总量决定增量购买的大小，一个业务总量很大的客户，即使客户份额增加一个很小的比例，增加的交易量也很可观，反之则否。

交叉购买(cross-buying)指的是客户购买以前从未买过的产品类型或拓展与公司的业务范围。客户交叉购买的可能性取决于两个因素，一是本公司能提供而客户又有需求的产品数量(当然这些产品是客户以前从未购买过的)，这种产品数量越多客户交叉购买的可能性越大；二是客户关系的水平，客户关系水平越高客户交叉购买的可能性越大。客户保持机理的研究(陈明亮，2001)发现，客户交叉购买行为主要发生在客户关系比较成熟的时期，在此之前客户对公司尚没有形成足够的信任，一般不会采取交叉购买行为。

推荐新客户是指忠诚客户把一些潜在客户推荐给公司，包括为公司传递好的"口碑"。推荐新客户是忠诚客户的一种互惠行为，这些客户对公司非常满意，认为本公司是其最有价值的供应商，因此对公司高度忠诚，愿意与公司建立长期双赢的合作伙伴关系，希望双方共同发展。客户保持机理的研究(陈明亮，2001)发现，推荐新客户是客户关系非常成熟时客户高度忠诚的行为表现。因此推荐新客户的可能性取决于公司能否建立高度客户忠诚。

CPV的直接预测十分困难，但如果预测出了CLP，则利用CCV，CPV，CLP三者之间的关系可方便地求出：

$$CPV = CLP - CCV \tag{5-13}$$

5.6 基于CLP的客户细分方法——客户价值细分

5.6.1 客户价值矩阵

基于CLP的客户细分称为客户价值细分。构成CLP的客户当前价值和客户增值潜力是客户价值细分的两个具体给度，每个维度分成高、低两档，由此可将整个客户群分成四组，细分的结果用一个矩阵表示，称为客户价值矩阵(customer value matrix)，如图5.6所示。

上述四类客户中，Ⅳ类客户对公司最有价值，为公司创造的利润最多，

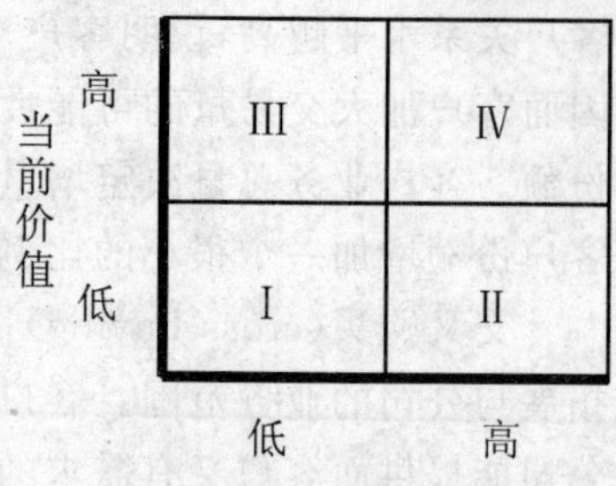

图 5.6　客户价值矩阵

称为“白金客户”；Ⅲ类客户对公司的价值次之，也是公司的利润大户，称为“黄金客户”。根据 Pareto 原理，Ⅳ，Ⅲ两类客户在数量上不大，约占 20%，但为公司创造的利润却要占到公司总利润的大约 80%，常说的“最有价值客户”指的就是这两类客户。Ⅱ类客户属于有潜力的客户，未来有可能转化为Ⅲ类或Ⅳ类客户，但就当前来说带给公司的利润很薄，称为“铁质客户”；Ⅰ类客户对公司价值最小，是公司的微利或无利客户，称为“铅质客户”。Ⅱ，Ⅰ两类客户在数量上占了绝大多数，约占公司客户总数的 80%，但他们为公司创造的利润大约只占公司总利润的 20%。

5.6.2　客户金字塔

四类客户在数量上形成一个正金字塔，Ⅳ类客户最少，在塔顶，Ⅲ类客户在塔肩，Ⅱ类客户在塔身，Ⅰ类客户最多，在塔基。四类客户的利润则相反，刚好形成一个倒金字塔。客户的利润决定了公司的资源配置，因此这四类客户的资源配置大致也是一个倒金字塔。这三个金字塔合称为“客户金字塔”，图 5.7 用三角形描绘了这三个金字塔。如果公司根据客户利润的预测，将相应的四类客户填入图中，则根据客户金字塔图，各类客户的组成、每个客户对公司的贡献、每类客户大致的资源投入比例便可一目了然。因此和客户价值矩阵一样，客户金字塔也是客户关系管理的一个很有用的工具。

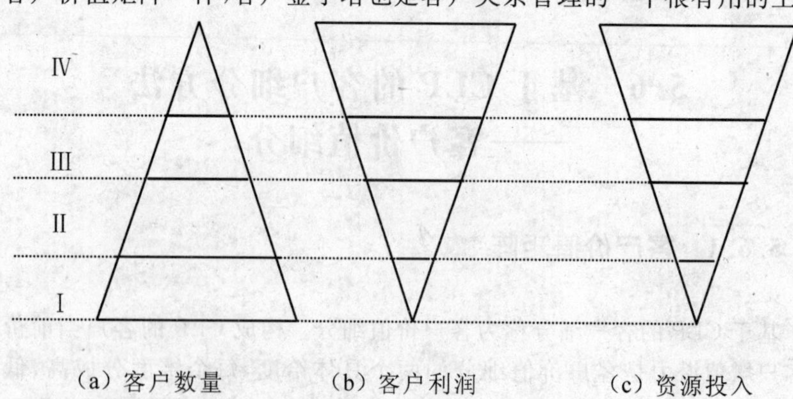

图 5.7　客户金字塔

5.7　基于价值细分的客户资源配置与保持策略

价值细分将公司的客户群分成了四种类型，作为客户价值细分的一种应用，下面探讨每类客户的资源配置与保持策略。

1. Ⅰ类客户（铅质客户）

这是最没有吸引力的一类客户，该类客户的当前价值和增值潜力都很低。如下客户可能属于这一类：偶尔下一些小额订单的客户；经常延期支付甚至不付款的客户（高信用风险客户）；提出苛刻客户服务要求的客户；定制化要求过高的客户。对这类客户，公司不投入任何资源，宜采用“关系解除”策略，比如，高于市场价格的定价策略、拒绝不正当要求等，任其流失，甚至鼓励其转向竞争对手。

2. Ⅱ类客户（铁质客户）

是指低当前价值，但有高增值潜力的一类客户。一个业务总量很大，但本公司目前只能获得其很小业务份额的客户就属于这一类。从客户生命周期的角度看，这类客户与公司的关系可能一直徘徊在考察期或形成期前期，双方没有建立足够的信任和交互依赖关系。如果改善与这些客户的关系的话，在未来这些客户将有潜力为公司创造可观利润。对这类客户，公司应当投入适当的资源再造双方关系。如通过不断向客户提供高质量的产品、有价值的信息、优质服务甚至个性化解决方案等，提高对客户的价值，让客户持续满意，并形成对公司的高度信任，从而促进客户关系顺利越过考察期和形成期，最终进入稳定期，进而获得客户的增量购买、交叉购买和新客户推荐。

3. Ⅲ类客户（黄金客户）

这是有高的当前价值和低的增值潜力的一类客户。从客户生命周期的角度看，这类客户可能是客户关系已进入稳定期的高度忠诚客户，他们几乎已将其业务 100% 地给了本公司，并一直真诚、积极地为本公司推荐新客户，因此未来在增量销售、交叉销售和新客户推荐等方面已没有多少潜力可供进一步挖掘。但是，这类客户对公司十分重要，是仅次于下面第Ⅳ类客户的一类最有价值客户。公司是花了很大代价才使客户关系进入稳定期的，

现在正是公司从他们身上获取回报的黄金季节(根据生命周期经济学的分析结果,稳定期客户创造的单位时间利润是最高的),因此公司应保证足够的资源投入,千方百计地保持这类客户,决不能让他们转向竞争对手。当然要保持住这类客户并非易事,公司必须持续不断地向他们提供超期望价值,让他们始终坚信本公司是他们最好的供应商。

4. Ⅳ类客户(白金客户)

这类客户既有很高的当前价值又有巨大的增值潜力,是最有吸引力的一类客户。和上面第Ⅲ类客户一样,这类客户对公司高度忠诚,已将其当前业务几乎100%地给了本公司。与第Ⅲ类客户不同的是,这类公司本身具有巨大的发展潜力,他们的业务总量在不断增大,因此这类客户未来在增量销售、交叉销售等方面尚有巨大的潜力可挖。Ⅳ类客户是公司利润的基石,如果失去这类客户将伤及公司的元气,因此公司需要将主要资源投入到保持和发展与这类客户的关系上,对每个客户设计和实施一对一的客户保持策略,不遗余力地作出各种努力保持住他们。如充分利用包括网络在内的各种沟通手段不断主动地与这类客户进行有效沟通,真正了解他们的需求,甚至他们的客户的需求,进而不仅为他们优先安排生产、定制化产品/服务、提供灵活的支付条件、安排最好的服务人员,而且为他们提供能为其带来最大增益的全套解决方案。总而言之,公司必须持续不断地向他们提供超期望价值,不仅让他们始终坚信本公司是他们最好的供应商,而且要让他们认识到双方的关系是一种建立在公平基础上的双赢关系。

表5.2总结了四类客户的资源配置和保持策略。

表5.2 四类客户的资源配置和保持策略

客户类型	客户对公司的价值	资源配置策略	客户保持策略
Ⅰ	低当前价值,低增值潜力	不投入	关系解除
Ⅱ	低当前价值,高增值潜力	适当投入	关系再造
Ⅲ	高当前价值,低增值潜力	重点投入	全力维持高水平的客户关系
Ⅳ	高当前价值,高增值潜力	重中之重投入	不遗余力保持、增强客户关系

本章小结

CLP是客户价值的判别标准。识别客户价值,以把最有价值的客户作

为公司合适的保持对象，是成功实施客户保持战略的关键。客户全生命周期利润 CLP 是公认的判别客户价值的标准，但 CLP 预测是一个并没有很好解决的问题。

三种 CLP 预测方法评价。Dwyer 法预测的是一组客户的 CLP，不能在客户级上预测 CLP，因此无法具体评估某个特定客户对公司的价值。客户事件法预测基于的数据不确定性大，预测精度难以保证，另外该方法的预测过程是一个启发式推理过程，需要大量的主观判断，要求预测人员具有专家级水平，一般人员难以掌握，因此难以推广。拟合法根据客户历史利润与已知的典型客户利润曲线的拟合情况，预测客户未来利润模式，然后根据客户未来利润模式估算 CLP。与前两种方法相比，拟合法主要依据客户交易数据进行预测，数据可靠，预测精度容易保证；预测过程简单、程式化，预测结果不依赖于预测者，客观性强；在客户级上预测 CLP，可以评估每个客户对公司的价值，为精确地分配公司资源提供了可靠的依据。

基于 CLP 的客户细分及其客户保持策略。CLP 可分解为客户当前价值和客户增值潜力两个部分，据此可对客户群进行价值细分。根据客户价值细分的结果，公司必须首先确定每类客户的资源配置策略，然后在预算的资源范围内针对每类客户的不同特点，设计和实施不同的客户保持策略。只有这样，才能牢牢留住那部分对公司最有价值的客户，并把那些有潜力的当前低价值客户在未来转化为高价值客户，而对那些不论是现在还是将来都对公司无利可图的客户则鼓励其转向竞争对手，从而最终达到以合理的代价实现最大的公司总体利润。

第6章

客户忠诚理论

学习目标

- 正确理解客户忠诚的内涵
- 了解客户忠诚的度量指标和主要决定因素
- 理解客户忠诚在客户关系发展不同阶段的表现形式和进化机理
- 了解客户关系的修复机理

Oliver(1999)将客户忠诚定义为"高度承诺在未来一贯地重复购买偏好的产品或服务,并因此产生对同一品牌系列产品或服务的重复购买行为,而且不会因为市场态势的变化和竞争性产品营销努力的吸引而产生转移行为"。通俗地讲,客户忠诚就是客户保持与现供应商交易关系的强烈意愿。

6.1　客户忠诚的度量指标

忠诚客户的行为表现有三种:重复购买、交叉购买和新客户推荐。可用重复购买意向、交叉购买意向、客户推荐意向三个心理指标分别度量忠诚客户的这三种行为表现。

重复购买意向(repurchase intention)是指客户向现供应商继续购买以前购买过类型产品的意愿①。

交叉购买意向(cross-buying intention)是指客户向现供应商购买以前从未买过类型产品或拓展业务范围的意愿。

客户推荐意向(customer reference intention)是指客户把一些潜在客户推荐给现供应商的意愿,包括为供应商传递好的"口碑"。

另外,忠诚的客户愿意支付更高的价格(Reichheld,2000),客户忠诚水平越高,支付意愿越高,价格忍耐力反映了忠诚客户支付意愿的极限,是客户忠诚的另一个心理度量指标。

重复购买意向是各种层次客户忠诚的基本行为意向;交叉购买意向和客户推荐意向是客户对供应商高度满意和信任时才会产生的一种行为意图,能很好地反映客户对供应商的态度;价格忍耐力可以帮助进一步判别客户对供应商的态度是积极还是消极的:当重复购买意向、交叉购买意向和推荐意向都高时,价格忍耐力强说明客户对供应商的态度是积极;当交叉购买意向、客户推荐意向低而客户重复购买意向高时,价格忍耐力强说明客户对供应商的态度是消极的,重复购买是迫于高转移成本。

① 这里是狭义,广义的重复购买意向是指客户持续与现供应商交易关系的愿望或倾向。

6.2 客户忠诚的决定因素

6.2.1 客户忠诚的决定因素

现有研究识别出了客户忠诚的主要决定因素为客户认知价值、客户满意、转移成本和客户信任。

客户认知价值指客户对供应商提供的相对价值的主观评价。客户价值取决于产品价值、服务价值、信息价值、人员价值、公司形象价值、客户成本和客户价值比较标准等因素，前面五个因素合称客户总价值。客户价值可分成基本客户价值、期望客户价值、超期望客户价值三个层次。

客户满意指客户对现供应商的总的售后评价。期望差异模式解释了客户到底是如何评价供应商的。客户将把对当前产品/服务的绩效的主观评价与购买前期望的绩效水平相比较，形成一个现实绩效与期望绩效的差异，这个差异的大小和方向决定了客户满意方向和程度(Oliver，1993)，如果是正差异(现实绩效大于期望绩效，包括相等)，客户满意，正差异越大客户满意度越高，如果是负差异(现实绩效小于期望绩效)，客户不满意，负差异越大，客户越不满意。客户满意划分为客户不满意、客户中性、客户满意、客户高度满意和客户完全满意五个层次。

客户信任指客户对可信的交易伙伴的一种依赖意愿，包括可信性和友善性两个维度。客户信任的主要决定因素有(Ganesan，1994；Morgan & Hunt，1994)客户满意、公平(equity)、供应商声望(vendor's reputation)、供应商专有投资(vendor's transaction-specific investment，简称供应商 TSI)、沟通。

转移成本指客户对结束与现供应商的关系和建立新的替代关系所涉及的相关成本的主观认知。转移成本的种类较多，B2B 背景下转移成本主要有：专有投资、风险成本、契约成本、学习与被学习成本、搜索成本等，广义的转移成本还包括可替代供应商的吸引力和人际关系。

以上四个因素中，客户认知价值、客户满意和客户信任全面影响客户忠诚的四个度量指标，转移成本只影响重复购买意向和价格忍耐力，而不影响交叉购买意向和客户推荐意向。

6.2.2　客户忠诚决定因素识别的理论基础

将客户认知价值、客户满意和转移成本识别为客户忠诚决定因素是对属于社会心理学范畴的社会交易理论和投资模型理论的拓展。将客户信任识别为客户忠诚的决定因素则是营销信任理论的研究成果。

1. 社会交易理论

社会交易理论(Thibaut & Kelley,1959)认为,一个人继续一个关系的倾向取决于他(或她)对关系的满意水平和可替代关系的比较水平(the Comparison Level of alternatives,简称 CLalt,可替代关系的吸引力,反映当前关系的相对价值)。

根据 Thibaut 和 Kelley 的解释,一个人对于关系的满意来自于关系产出(收益/成本)与比较水平(Comparison Level,CL)的比较。如果关系产出大于比较水平,则这个人对关系是满意的,反之,他(或她)对关系是不满意。可替代关系的比较水平(CLalt)决定了一个人继续一个关系的最小关系产出水平。CLalt 代表了最好可替代关系的吸引力。如果最好可替代关系的吸引力小于现有关系的吸引力,则这个人趋向于继续保持当前关系,反之,如果最好可替代关系的吸引力大于现有关系的吸引力,则这个人趋向于退出现有关系。因此 CLalt 是一个决定关系持续倾向的外部比较标准(相应地,比较水平是决定关系满意的内部比较标准)。

Thibaut 和 Kelley 认为,满意和可替代关系的吸引力单独都不能决定一个关系的持续,一个关系的持续是两者共同作用的结果。

比较水平和可替代关系比较水平后文将多次用到,下面详细描述这两个概念。

(1) 比较水平(CL)

它是评估现有关系吸引力或满意水平的一个标准(Thibaut & Kelley,1959)。比较水平代表了渴望达到的平均关系产出(收益/成本),其大小受过去经历和相似关系比较的影响。因此可以粗略认为比较水平是已知的、典型的类似关系的关系产出的平均值。Kelley 和 Thibaut(1978)提出,关系满意是关系产出和比较水平之间差异的函数,对关系 A 的满意(SAT_A)可表示为

$$SAT_A = OA - CL \qquad (6-1)$$

式中:SAT_A——对关系 A 的满意水平;

OA——关系 A 的结果，OA 等于关系 A 的收益与关系成本之比；

CL——比较水平。

(2) 可替代关系比较水平(CLalt)

这是指在存在可替代关系的情况下，一个人保持现有关系能够接受的最低关系产出水平。它等于一个人对最好可替代关系产出的主观认知，反映了可替代关系的吸引力。可替代关系比较水平越低，维持现有关系的可能性越大，反之，可替代关系比较水平越高，维持现有关系的可能性越小。Kelley 和 Thibaut(1978)提出，一个人对关系的依赖程度是关系产出与可替代关系比较水平之间差异的函数，对关系 A 的依赖程度(DEPA)可表示为

$$DEP_A = OA - CLalt \qquad (6-2)$$

式中：DEPA——对关系 A 的依赖程度；

OA——关系 A 的产出，OA 等于关系 A 的收益与关系成本之比；

CLalt——可替代关系的比较水平。

2. 投资模型理论

投资模型理论(Rusbult,1980)拓展了社会交易理论，在关系持续倾向的决定因素中，增加了个人在关系中的投资规模这个因素。

Rusbult(1980)通过拓展 Thibaut 和 Kelley 的社会交易理论，形成了评价关系承诺前提与结果的个人关系投资模型。投资模型与社会交易理论的主要区别是在关系持续倾向的决定因素中增加了投资规模这个因素，并用关系承诺描述关系持续倾向。Rusbult 认为，关系承诺不仅是关系满意水平、可替代关系吸引力的函数，也是个人在关系中的投资规模的函数。关系投资由投入在关系中的时间、精力和金钱等组成。根据 Rusbult 的理论，随着关系满意水平的增加、可替代关系吸引力的降低和关系投资规模的提高，关系承诺的水平提高。后来，Rusbult 和他的同事(如 Rusbult & Farrell,1983)在各种人际关系背景下发现了支持这些假设的证据。最近，投资模型在专业服务领域和医患关系背景下也得到了成功应用(Barksdale,Johnson &Suh,1997;Suh,1994)。

客户满意是对"关系满意水平"的直接借用，客户认知价值和转移成本则分别是对"可替代关系比较水平"和"关系投资规模"的拓展。

3. 营销信任理论

营销信任理论认为，信任是忠诚的直接基础，要成功地建立高水平的长

期客户关系必须建立客户信任(Ganesan,1994),客户信任通过三种机制影响客户关系(进而影响客户忠诚)的发展:(1)降低客户对供应商投机行为引起的风险的担忧;(2)增加客户对长期收益的信心;(3)降低交易成本。因此信任也是客户忠诚的一个决定因素。

许多关系营销方面的文献表明了信任的核心作用。Dwyer,Shuur 和 Oh(1987)的基本贡献就是识别出了信任是离散的市场交易向持续的交换关系运动的关键因素。最近的研究表明,信任是客户长期关系意向(Ganesan,1994;Garbarino&Johnson,1999)、关系承诺(Morgan & Hunt,1994;Dwyer, Schurr and Oh, 1987)的重要决定因素,是忠诚的基础(Berry,1993),要成功地建立高水平的长期客户关系必须把焦点放在客户信任而不只是客户满意上(Garbarino & Johnson,1999)。客户满意在客户关系水平较低时起着举足轻重的作用,但是如果客户满意不能转化为客户信任,客户关系就无法向更高水平发展,更无法在高水平上维持。

客户信任被看作是建立和维持长期客户关系最重要的一个前提是因为:(1)客户信任是与客户建立伙伴关系的基础;(2)信任使客户坚信与现供应商的长期关系将给他们带来丰厚的汇报,从而有助于客户抵制竞争对手短期利益的诱惑;(3)信任使客户坚信现供应商不会采取机会主义行为,提高了客户的风险承受能力,有助于鼓励客户进行高潜在风险的关系投资,从而有利于关系的稳定。

关于信任的定义学术界并不统一,被广泛认可的是 Moormam,Zaltman 和 Deshpande(1993)对信任的定义。他们把信任定义为"对有信心的交易伙伴的一种依赖意愿"。这个定义的一个重要方面是把信任看作是对交易伙伴的一种信心(belief)、一种情感(sentiment)或一种期望(expectation,期望交易伙伴可以信赖)的观念。这种信心、情感或期望来自于交易伙伴业务能力、可靠性和意图。

信任的上述定义指出了信任的两个维度:(1)可信性(credibility)。指对交易伙伴有效和可靠地完成工作的能力的相信程度。可信性度量交易伙伴履行承诺的能力和可靠性,这可从胜任能力、责任性、一贯性、稳定性等几个方面衡量。(2)友善性(benevolence)。指对交易伙伴在出现新情况或承诺中没有考虑到的情况时,利他(对方)意图和动机的相信程度。友善性度量交易伙伴在关键时刻是否为对方着想(反过来说也就是度量交易伙伴的机会主义倾向)。友善性可从诚实(honest)、公平、质量、意图和交易伙伴的品质等方面衡量(Dywer & LaGace,1986)。在客户关系中,比之于只关心自己利益的供应商,一个像关心自己的利益一样关心客户利益的供应商将

得到客户更多的信任。需要说明的是第二种信任(基于友善性的信任)在第一种信任(基于可信性的信任)不高时仍可能存在(Lindskold,1978)。

6.3 客户忠诚模型

客户忠诚度量指标与客户忠诚决定因素之间关系的集合称为客户忠诚模型。分阶段考察这种关系的关系集合称为动态客户忠诚模型,不分阶段考察这种关系的关系集合称为静态客户忠诚模型。静态模型是建立动态模型的基础。见图 6.1 内框。

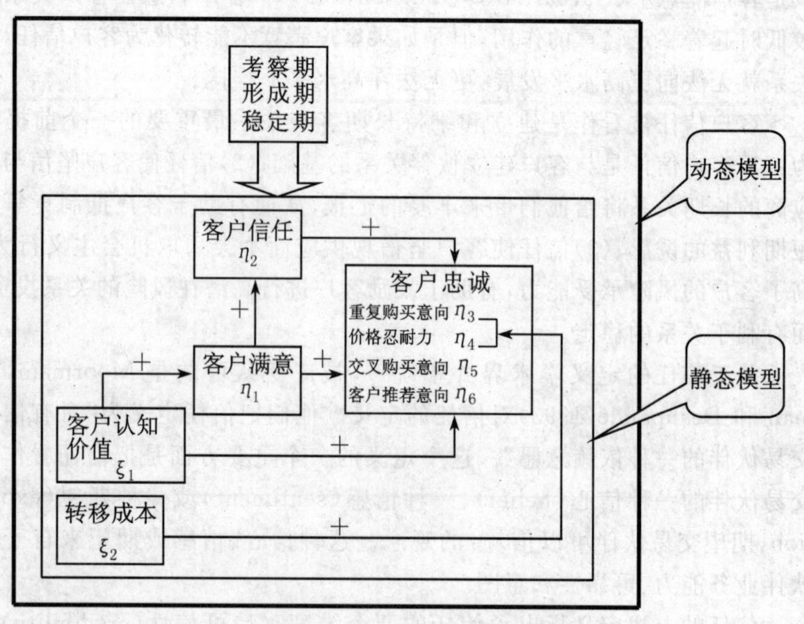

图 6.1 客户忠诚理论模型

静态模型(内框)描述了客户忠诚的四个度量指标与四个决定因素之间,及四个因素本身之间的相互关系。图中用连接两个变量的箭头表示变量之间的因果关系,箭尾处的变量为外生变量(自变量),箭头所指的变量为内生变量(应变量)。外生变量用 ξ 表示,内生变量用 η 表示(既为外生变量又为内生变量的作内生变量处理)。"+"表示两变量之间正相关,图 5.1 内

框假定了18个正相关关系，如“重复购买意向与客户认知价值正相关”、“价格忍耐力与客户认知价值正相关”等。

图6.1外框所示即为客户忠诚动态模型。动态模型与静态模型的不同是分阶段考察了客户忠诚四个度量指标与四个因素之间的关系，即考虑了由于客户忠诚各阶段特征的明显差异而引起的四个度量指标与四个因素之间关系的差异，揭示了客户忠诚的动态特征。

6.4　客户忠诚的表现形式

客户忠诚可以从行为和认知两个维度考察。从行为维度看，表现为以重复购买为主要特征的行为忠诚；从认知维度看，表现为满意、信任、精神忠诚(mental loyalty)等形式。行为忠诚是认知忠诚的结果，但认知忠诚不是行为忠诚的惟一原因，如高的转移成本也可产生行为忠诚。基于高水平双赢伙伴关系的可持续忠诚是客户忠诚的最强形式，是行为忠诚与精神忠诚的和谐统一。精神忠诚、可持续忠诚是忠诚的高级形式，满意、信任是忠诚的低级形式，满意、信任、行为忠诚、精神忠诚和可持续忠诚，代表了不同的客户忠诚水平。

行为忠诚指客户在作重复购买决策时，几乎不考虑市场可替代供应商提供的产品，重复购买在概率上成了一个“确定性事件”。

精神忠诚指客户对对公司、公司人员、公司产品或服务的一种强烈的情感依附。

可持续忠诚(也称极度忠诚)指基于双赢伙伴关系的一种可持续发展的客户忠诚形式。

6.5　客户忠诚的进化机理

客户忠诚的培育需要经历一个从低级向高级不断进化的过程，图6.2所示为一个客户忠诚进化模型，该模型用基本信任、行为忠诚、精神忠诚、可持续忠诚表示客户忠诚发展的四个阶段，它们按一定的顺序出现在客户关系生命周期的不同阶段里：信任在考察期后期初步形成，在形成期进一步加强并在形成期后期进化为行为忠诚，随着信任的不断增强，在稳定期前期开始形成精神忠诚，并在稳定期后期逐渐进化到忠诚的最高境界——可持续忠诚。

模型描述了客户认知价值、客户满意、客户信任三个因素①如何驱动客户忠诚不断发展,并在客户关系生命周期的不同阶段建立不同层次的客户忠诚,展示了客户忠诚形成机理和进化轨迹。具体解释如下。

(1) 基本信任阶段(考察期)

客户认知价值是客户保持的本质决定因素,每次购买后客户都会对供应商提供的价值进行评估,但客户的价值评估标准,即价值期望,随客户关系生命周期阶段的发展而不断提高,根据矛盾冲突解决理论,当客户认知价值达到或大于期望时客户关系向前发展,否则倒退。

在考察期,客户的价值标准是比较水平 CL(客户评估供应商价值的一个内部比较标准,其大小在供应商的平均价值水平到最好供应商的价值水平之间),如果客户认为供应商提供的价值水平达到了 CL,客户就满意。第一次购买的满意驱动了客户不断的重复购买,每一次都以前一次购买的满意为动力,一系列的满意将培育客户对供应商的基本信任,由此,客户关系越过考察期而进入形成期。

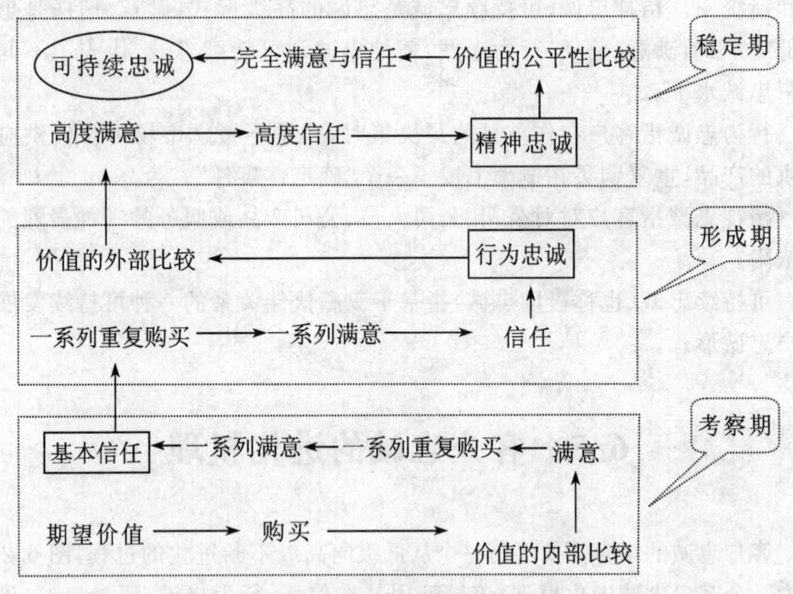

图 6.2　客户忠诚进化模型

(2) 行为忠诚阶段(形成期)

---

① 转移成本不是客户忠诚的主动推进因素,主要起减缓客户忠诚倒退的作用。

从信任的供应商处重复购买将给客户带来认知成本、情感成本和运作成本等交易成本的节约。受成本节约的激励，客户在考察期建立起来的对供应商的信任，导致了形成期从同一供应商处一系列的重复购买，并且形成"信任—重复购买—满意—信任"的良性循环，因此，客户信任不断上升，以至于客户对现供应商的信任高到在作重复购买决策时，几乎不考虑市场可替代供应商提供的产品。重复购买在概率上成了一个"确定性事件"，形成所谓的行为忠诚。行为忠诚的客户不仅具有更高的重复购买意向，而且由于交易成本的降低具有更高的价格忍耐力。

在客户关系的发展过程中，客户始终在不断评估着供应商提供的相对价值，但客户的价值评估标准在不断提高，在考察期和形成期前期为内部比较水平 CL，到了形成期后期，变成了可替代关系比较水平 CLalt（客户评估供应商价值的一个外部比较标准，相当于市场中最好可替代供应商的价值水平），客户将在以前阶段经历的价值与市场最好的可替代供应商的期望价值相比较。当客户认为现供应商是其最好的供应商时，客户关系进入稳定期。

（3）精神忠诚阶段（稳定期前期）

客户关系进入稳定期意味着客户认为现供应商能够提供比其他竞争对手更高的价值，客户对现供应商更加信任，坚信现供应商将来有能力持续不断地提供比竞争对手更高的价值。这一信念也加强了客户的自信，他们相信自己选择的是最好的供应商，由此对公司、公司人员、公司产品或服务的产生一种强烈的情感依附，导致精神忠诚。与行为忠诚的客户相比，精神忠诚客户除具有更高的重复购买意向和价格忍耐力外，客户产生交叉购买意向，同时即使出现一些不利于现供应商的竞争局势，客户仍会继续保持重复购买，因为客户此时不仅有很高的经济转移成本，而且面临很高的心理和精神转移成本。

（4）可持续忠诚（稳定期后期）

精神忠诚不是客户忠诚的最高形式，可持续忠诚才是供应商追求的最高目标，但精神忠诚发展到可持续忠诚必须满足客户对价值公平性的要求。

客户忠诚水平的推进是建立在客户价值评估比较的基础上的，但是到目前为止，客户价值的评估一直是一元的，即评估的都是客户自身从关系中获得的价值，随着对一元价值评估分析的不断深入和客户价值评估能力的提高，客户开始意识到价值的评估应该是二元的，即不仅应评估自身从关系中获得的价值，还应评估供应商从关系中获得的价值，双方从关系中获得的价值必须对等，否则是不公平的。如果客户认为供应商是公平的，则客户相信现供应商是值得信赖的，它（们）在环境发生变化时不会牺牲客户利益来换取自身利益，客户对供应商的信任得到升华，由此，客户不仅对供应商提供价值

的能力坚信不移，而且对供应商的道德水平深信不疑。高水平的信任促进客户忠诚进入理想的可持续忠诚阶段。这种形式的忠诚与精神忠诚最大的不同是客户的互惠与合作态度，和由此态度产生的合作行为。如客户积极或自发地为公司传递好的口碑，推荐新的客户；真诚地向公司提出一些建设性的意见等。

进化模型揭示了客户忠诚的三个基本特征：

(1) 在生命周期不同阶段，四个因素对客户忠诚起着不同的作用

客户认知价值是客户忠诚的本质决定因素，其作用在任何阶段都是至关重要的，但客户对价值的期望随生命周期阶段而不断提高，供应商要成功地建立客户忠诚必须向客户提供越来越高的价值；客户满意和客户信任是派生因素，客户满意的基础是客户价值期望的满足，持续的客户满意产生客户信任，它们在客户关系生命周期的中前期起着重要作用，客户满意和客户信任既是客户忠诚的决定因素，又可看成是客户忠诚的两种低级形式，它们是客户认知价值迈向高级客户忠诚途中的两个里程碑；转移成本是在客户关系发展过程中自然或人为形成的产物，主要在客户关系生命周期的中后期起作用，它不是促进客户忠诚发展的一个主动因素，但当客户关系因为种种原因出现倒退时，转移成本的缓冲作用为供应商修复客户关系赢得了足够的时间，因此，它在客观上起到了保持客户忠诚的作用。

(2) 在生命周期的不同阶段，客户忠诚的表现形式不同

考察期表现为基本信任、形成期表现为行为忠诚、稳定期表现为精神忠诚和可持续忠诚。可持续忠诚是客户忠诚的最高形态，但它是在低级客户忠诚基础上逐渐发展起来的，是客户关系发展到高级阶段的产物。

(3) 在生命周期的不同阶段，客户的行为意向不同

正是由于在生命周期的不同阶段，客户忠诚的表现形式不同，所以客户的行为意向也不同。表 6.1 比较了不同阶段客户四种行为意向的强度。

表 6.1　不同阶段的忠诚形式与客户行为意向强度

	考察期	形成期	稳定期
忠诚形式	满意、信任	行为忠诚	精神忠诚、可持续忠诚
重复购买意向	一般	较强	强
价格忍耐力	小	一般	强
交叉购买意向	无	弱	强
客户推荐意向	无	无或弱	强

6.6 客户关系修复

当客户关系出现倒退时，如何恢复关系的水平也是客户保持十分重要的使命。根据冲突理论(Tuckman，1965)，当关系冲突得到积极解决时客户关系前进，当关系冲突得到消极解决时客户关系倒退。前面客户保持动态模型主要着重了关系冲突积极解决的一面，对消极解决的一面没有详细讨论，即没有明确讨论客户关系的退化问题。引起客户关系倒退的原因可能有多种，但本章前面的讨论告诉我们，关系冲突的焦点是供应商提供的客户价值与客户价值期望的差异，因此引起客户关系倒退的本质原因是客户价值与客户期望的负差异。引起负差异不外乎两种情况：一是供应商提供的客户价值确实低于客户的期望；二是客户对供应商提供的价值认识不足。下面首先讨论关系倒退时客户的行为反映及其影响因素，然后导出不同时期客户关系的退出行为模式，最后根据退出行为模式提出上述两种情况下的客户关系修复方案。

6.6.1 关系问题的反应行为及其与退出倾向的关系

当客户关系出现问题(关系冲突得到消极解决)时，如果客户认为解决关系问题比直接退出关系更理想的话，客户会作出一些行为反应。一些学者(Hirschman，1970；Ping，1997；Rusbult，Zembrodt & Gunn，1982)识别出了三种典型的关系反应行为：忠诚行为(loyal behavior)、抱怨(Voice)、任凭关系恶化(neglect)。这些反应行为在营销背景下得到了证实(如 Andreasen，1985；Ping，1993，1997；Singh，1990)。

1. 忠诚行为

忠诚行为反应指保持沉默，交易一如既往，相信事情会变好(Hirschman，1970；Ping，1993，1997，1999)。客户决定保持忠诚行为基于两点(Hirschman，1970)：(1)相信供应商会采取合适的措施改善局面，使关系的发展回到原来的轨道；(2)认定用这种信任来换取避免替代关系的不确定性风险是值得的。

2. 抱怨

抱怨是一种旨在改变当前不利局势（以改善关系）的建设性行为，包括但不限于向供应商就关系问题发出警告(Ping,1999)。像忠诚行为一样，抱怨也是客户的一种积极的行为反应，是客户与供应商协商解决关系问题的一种沟通手段（而不是发泄不满和传递坏的口碑），目的是维持双方的关系。

3. 任凭关系恶化

这是从情感上首先退出关系的一种行为反应，表现为对关系漠不关心，不作任何努力维护关系，愿意关系恶化。这是当客户打定主意退出关系时常表现的一种行为，具体包括减少接触、减少社会交往（未必减少经济交易）、书面而非电话下单、将接触水平降至低级人员等(Ping,1999)。

4. 退出倾向(exit-propensity)

这里指退出现有关系的意图和趋势。当客户对继续保持现有关系不感兴趣并计划退出关系时，要经历一个退出过程，如考虑退出、搜索可替代供应商、评估可替代供应商、试图退出、物理退出。退出倾向与物理退出之间有很强的正相关关系(Bluedorn,1982)，因此可用退出倾向预测物理退出。

前面的三种反应行为与退出倾向有不同的关系。当客户采取忠诚行为和抱怨作为对关系问题的反应时，客户不大可能退出(Ping,1999)，故退出倾向与忠诚行为和抱怨负相关。当客户准备退出关系时，将会任凭关系恶化(Ping,1993,1999)，故退出倾向与任凭关系恶化正相关。

6.6.2 关系问题反应行为的影响因素

当关系出现问题时，客户采取什么样的反应行为，将受客户满意（关系问题出现之前）、转移成本、可替代供应商吸引力等因素的影响(Hirschman,1970;Ping,1993)。

一个对现行关系满意的客户，当关系出现问题时一般愿意解决问题而不是退出关系。他对问题的反应是积极的，往往首先采取忠诚行为，然后尝试抱怨，抱怨失败才可能任凭关系恶化或退出关系(Hirschman,1970;Ping,1993,1999)。因此满意与忠诚行为和抱怨正相关，与任凭关系恶化负相关。

Ping(1999)将可替代供应商吸引力和转移成本合并，称为退出成本(cost-of-exit)。显然可替代供应商的吸引力越小、转移成本越高。则退出

成本越大。Ping 认为，退出成本越大，客户对供应商的依赖越强，维护关系的欲望越强，当关系出现问题时，越可能采取积极的反应（忠诚行为或抱怨），而越不可能采取消极的反应（任凭关系恶化）。因此退出成本与忠诚行为和抱怨正相关，与任凭关系恶化负相关。

6.6.3　客户生命周期与客户关系退出行为模式

综上所述，当客户关系出现问题时，客户会根据不同的情形采取不同的反应行为。从关系出现问题到关系结束（物理退出）的整个过程中，客户的反应行为序列称为客户关系退出行为模式。在客户生命周期的前三个阶段（考察期、形成期、稳定期）的任一阶段的任一时点都可能出现关系问题，但由于不同阶段的客户满意层次与退出成本不同，客户对关系问题的反应行为不同，因此有不同的退出行为模式。图 6.3 所示为当关系问题出现在不同阶段时，每一阶段最可能的客户关系退出行为模式。

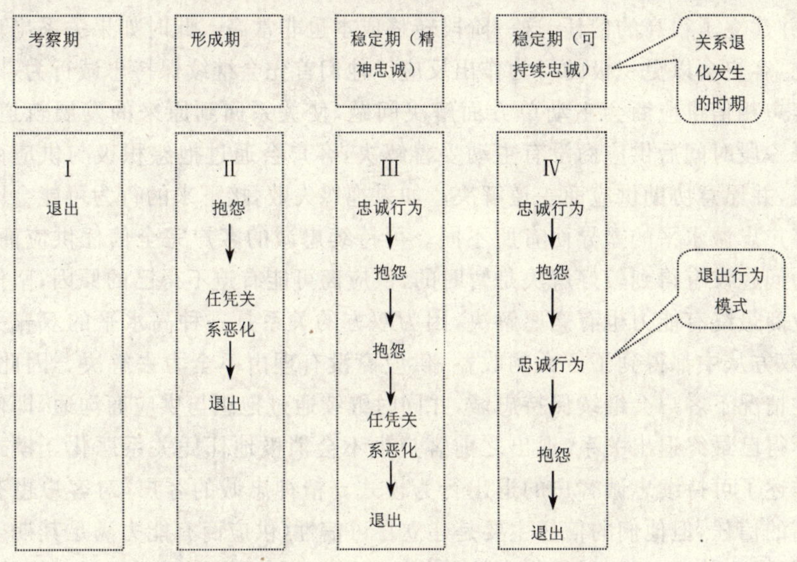

图 6.3　不同时期关系的推出行为模式

下面具体来看不同时期的退出行为模式。

1. 考察期

在这一时期客户满意度相对较低而且满意的经历较少，转移成本尚未形成，客户对供应商的依赖很低，因此双方关系非常脆弱。这一时期一旦出

现关系问题，客户很可能直接退出关系。模式Ⅰ描述了这种退出过程。

2. 形成期

客户关系能进入这一时期，说明客户已经历了一系列的满意，建立了对供应商的基本信任并逐渐巩固，转移成本也开始形成并不断增加。此时如果双方关系出现问题，客户一般愿意与供应商一道解决问题，而不是直接退出。因此会通过抱怨的形式，向供应商报告关系出了问题，希望供应商及时解决。但如果抱怨失败(供应商无动于衷或解决问题不力)，客户则可能不愿再多作努力，而是任凭关系恶化，同时积极寻找替代供应商，时机成熟即退出关系。模式Ⅱ描述这样一个退出过程。

3. 稳定期

客户关系能经过考察期和形成期进入这一时期，表明客户认为该供应商是最好的，它提供的价值令其他竞争对手望尘莫及，客户对供应商高度满意，并建立了很高的信任，这一阶段转移成本也非常高。此时如果关系出现问题，客户会以更积极的行为作出反应。他们首先会继续保持忠诚行为，因为客户相信供应商会主动单方面解决问题，使关系回到原来的发展轨道。如果一段时间后供应商没有主动妥善解决，客户会通过抱怨积极与供应商沟通，并愿意协助供应商一道解决。如果抱怨失败，接下来的行为可能会因为客户忠诚水平的差异而有所不同。可持续忠诚的客户完全信任供应商，认为问题没有得到较好解决是暂时的，供应商可能有迫不得已的原因，坚信供应商最终有能力也有意愿解决，因为双方的关系是一种高水平的双赢关系，双方从中都得到了巨大的收益，供应商没有理由不全力去解决。因此，这种情况下客户会继续保持忠诚，并同时继续通过抱怨与供应商沟通，即使迫不得已最终退出关系，退出之前客户也不会消极地任凭关系恶化。模式Ⅳ描述了可持续忠诚客户的退出行为模式。精神忠诚的客户，对客户也有很高的信任，但他们的信任主要是建立在可信性(供应商有能力满足其期望的可能性)基础上的，对供应商的友善性(关键时刻不损人不利己的可能性)还没有达到深信不疑的地步，抱怨失败(供应商对出现的问题无动于衷或解决不力)后，一方面，他们势必对供应商机会主义行为的动机心存疑虑，信任和满意下降，另一方面，由于关系的重要性和退出成本很高，他们不会立即退出关系。这种情况下他们最可能的一个反应是继续抱怨，以期望问题能得到解决。如果多次抱怨失败，则客户必然准备退出，继而任凭关系恶化，同时积极物色新的供应商。模式Ⅲ描述了精神忠诚客户的退出行为模式。

6.6.4 客户关系的修复

上述四种退出行为模式除模式Ⅰ外，在其余三种模式下供应商都有机会识别客户退出倾向，并有足够的时间尝试关系的修复。Ⅱ，Ⅲ，Ⅳ三种模式的修复概率总的说来是依次增加的，但不管哪种模式，就同一种模式而言，关系问题或客户退出倾向发现得越早，关系修复的可能性越大。因此，如何尽快识别出关系问题或客户的退出倾向是客户关系修复的关键。

1. 退出倾向的识别

客户的关系问题反应行为是识别客户退出倾向的主要依据，因为客户的反应行为本身代表了关系已经出现问题，而且不同的反应行为也代表了关系问题的严重程度和客户对关系修复意愿的不同。在三种客户反应行为中，抱怨对退出倾向的识别起着尤为关键的作用。通过抱怨，客户不但明确地告知供应商双方的关系出现了问题和什么问题，而且表明了愿意与供应商一起解决问题的态度，此时供应商解决关系问题既容易又经济。但如果此时供应商不能妥善处理客户抱怨，关系问题得不到解决，紧接着的往往是客户的一种消极反应行为——任凭关系恶化(见模式Ⅱ,Ⅲ)，一旦客户在多次抱怨后突然表现得“十分安静”，则很可能表明客户已进入这种消极反应状态，此时供应商再想恢复关系将十分困难，因为客户这时已决意退出关系，不再愿意协助供应商，供应商必须单方面解决关系问题。因此供应商应当设计一个良好的客户信息反馈系统，随时监测客户的抱怨，并妥善处理客户的抱怨。在模式Ⅲ,Ⅳ中，忠诚行为是客户对关系问题的第一反应，如能识别客户的这种反应行为，则可将客户的退出倾向扼杀在摇篮之中，但这种反应的识别极其困难，客户完全保持沉默，交易额甚至也没有任何降低，也没有任何先期征兆，惟一的办法是供应商持续与客户保持沟通，激励客户坦率地表达对公司的看法。与忠诚行为相比，任凭关系恶化虽然客户也保持沉默，但这种反应行为的识别要相对容易些，因为之前一般有预兆(客户抱怨)，同时交易额一般会有所下降。

2. 关系的修复

一旦发现关系问题或客户退出倾向，供应商必须立即采取适当的行动修复关系。采取什么样的行动方案修复关系取决于引起关系退化的原因、生命周期阶段、当时客户的反应行为。如前所述，引起客户关系倒退的本质原因是供应商提供的客户价值不能达到客户期望的标准，且分两种情况：一

是供应商提供的客户价值确实低于客户的期望，二是客户对供应商提供的价值认识不足。对于第一种情况，修复行动的焦点是提高客户价值；对于第二种情况，修复行动的焦点是沟通，通过有效的沟通促进客户对公司提供的价值的认可。但同一种情况出现在不同的生命周期阶段中，具体的修复行动是不同的。例如，同是提高客户价值，在形成期（模式Ⅱ）中因对客户了解相对较少宜偏重公共价值的提高，在稳定期（模式Ⅲ，Ⅳ）中因对客户已相当了解，宜偏重个性化价值的提高，而且后者比前者有更充裕的时间完成价值提升过程（满意、信任、转移成本差异所致）。同一种情况出现在同一个阶段，但如当时客户的反应行为不同，则修复行动方案的差异很大。这一点非常明显，正如前述，不同的客户反应行为代表了不同的问题严重程度和不同的客户合作意愿，一个有效的修复方案当然要反映这种不同。

本章小结

客户认知价值、客户满意、客户信任、转移成本是决定客户忠诚的主要因素，重复购买意图、价格忍耐力、交叉购买意向、客户推荐意向是全面度量客户忠诚绩效的四个度量指标。4个绩效度量指标与4个因素之间存在很强的相关关系，但在客户生命周期的不同阶段这些关系是不同的。

在客户生命周期的不同阶段，客户表现出不同的忠诚水平：考察期表现为基本信任、形成期表现为行为忠诚、稳定期表现为精神忠诚和可持续忠诚。

客户认知价值是客户忠诚的核心决定因素，它不仅对客户忠诚有最重要的直接影响，而且决定了客户满意和客户信任，如果供应商提供的价值不能满足客户不断提升的价值期望，将无法建立真正的客户满意和客户信任，更无法建立客户忠诚。因此，企业在实施CRM战略时必须牢固地树立一个理念，即“只有成为客户最有价值的供应商，才能赢得真正的客户忠诚”。

第3篇

软件

第 7 章

现有 CRM 软件的典型功能

学习目标

- 了解当前 CRM 软件的典型功能
- 了解当前 CRM 软件存在的主要不足

7.1 当前业界对 CRM 软件功能的主流认识

图 7.1(该图由 ATM 提供)反映了当前业界对 CRM 软件功能的主流认识。

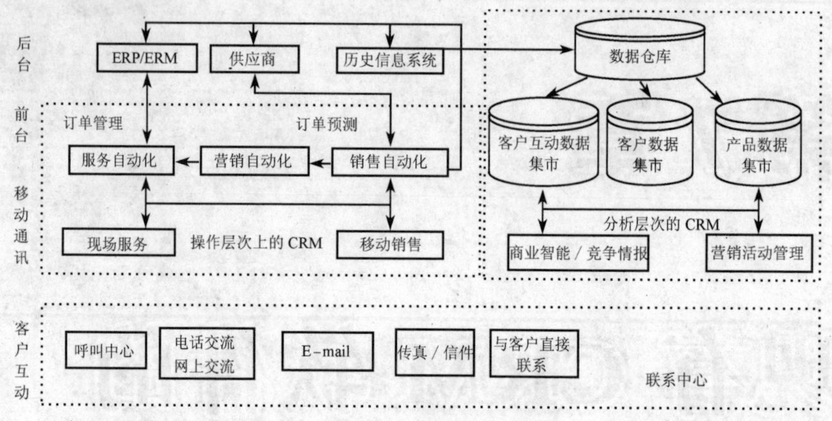

图 7.1 CRM 的功能分布

在图 7.1 中,CRM 的功能可以归纳为三个方面:对销售、营销和客户服务三部分业务流程的信息化(操作型 CRM);与客户进行沟通所需要的手段(如电话、传真、网络、E-mail 等)的集成和自动化处理(协作型 CRM);对上面两部分功能所积累下的信息进行的加工处理,产生客户智能,为企业的战略战术的决策作支持(分析型 CRM)。一般来讲,当前的 CRM 产品所具有的功能都是图 7.1 的子集。

7.2 当前 CRM 软件的典型功能

目前的 CRM 软件一般由客户信息管理(CIM)、销售过程自动化(SFA)、营销自动化(MA)、客户服务与支持(CSS)管理、客户分析(CA)系统 5 大主要功能模块组成。

7.2.1 客户信息管理(CIM)

客户信息的整合是实施 CRM 的基础。如图 7.2 所示,客户信息包括

客户基本信息(名称、地址、联系人、联系方式、网页、所属行业等)、交易数据(如最近一次的交易时间、每次交易额、交易的平均时间间隔、平均价格水平、交叉购买情况等)、信用记录(付款情况)、促销信息(向客户所作的各种促销活动的记录)、服务记录、客户反馈信息(如抱怨、投诉、建议)、客户描述性信息(如客户公司的知名度、发展历史、业务规模、利润额、经营现状、未来走势等)、公司变量(如预计的资源投入、客户保持策略等)、环境变量、第三方信息等。来源部门包括营销、销售、售后服务、技术支持等所有接触部门。来源渠道有销售点、自动应答机、呼叫中心、网络、电话、传真、面对面等。上CRM软件之前客户信息的存储地包括会计系统、订货系统、仓库管理系统、分销系统、财务报告系统、客户服务系统、客户情报系统等。

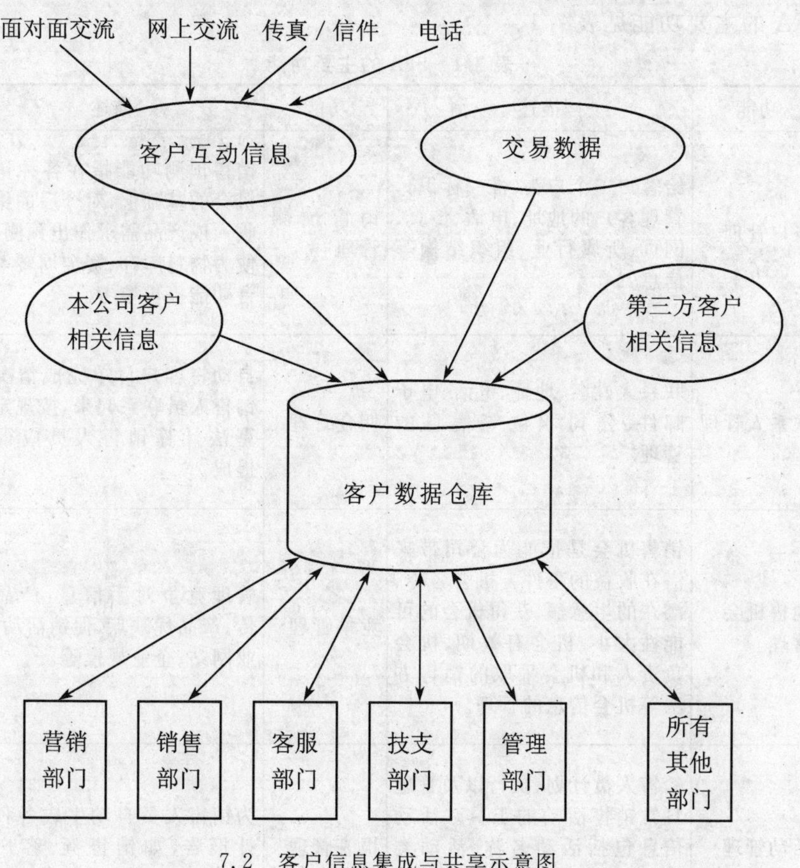

7.2　客户信息集成与共享示意图

7.2.2 销售自动化(SFA)

SFA 就是要把销售人员或销售管理人员每天所从事的各种销售活动尽可能“信息化”、“标准化”以及销售力量的“合理化”。主要目的是打破目前普遍存在于企业的“销售单干”现象,通过对客户信息、后台业务信息的高度共享以及销售流程的规范化提高企业整体的销售业绩。主要是提高专业销售人员大部分活动的自动化程度,并向销售人员提供工具,提高其工作效率。一般包括日历和日程安排、联系和账户管理、佣金管理、商业机会和传递渠道管理、销售预测、建议的产生和管理、定价、领域划分、费用报告等。SFA 的主要功能见表 7.1。

表 7.1 SFA 的主要功能

功能	描述	功能	描述
账户管理	给客户一个户头(惟一标识),管理客户的地址、电话、传真、网页、所属行业、组织结构等信息	销售预测管理	销售预测功能指在各种销售机会的基础上,对今后的销售收入或产品需求作出预测,以便为物料库存、资金周转等后台功能提供参考。
联系人管理	联系人姓名、地址、电话、电子邮件、公司职位等信息的管理.	佣金管理	自动将客户订单完成情况与销售人员联系起来,按规定的算法计算销售人员应得的提成。
销售机会管理	销售机会是指能为公司带来潜在收益的事件。机会名称、潜在的生意额、获得机会的可能性大小、机会有效期、机会负责人和机会采取的销售方法等机会信息的管理。	竞争管理	管理竞争对手信息:产品宣传、产品优缺点、促销活动、企业网站、企业规模等。
活动管理	销售人员计划、执行以及管理日常销售活动的工具。活动信息包括活动名称、活动类型、活动起始日、活动负责人和活动优先级别等。	报表管理	为销售人员自动生成各种统计报告,如销售额、客户名单等。

续表

功能	描述	功能	描述
日历管理	为销售人员提供的一个时间工具。日历管理与活动管理相连,所有分派给销售人员的活动都可以在他的日历里显示出来。	开支报销管理	管理销售人员日常活动的各种开支,包括销售人员提交申请、销售经理审批等步骤。
报价管理	管理报价信息:报价单系列号、销售机会、产品价格表、报价有效期以及销售产品的名称、数量等。		

7.2.3　营销自动化(MA)

MA 是营销人员(包括参与电话直销、邮件直销、展销活动策划与实施、广告、公关及媒体制作等营销活动的工作人员、组长或营销经理)管理促销活动的工具。它为营销提供独特的能力,如营销活动(包括以网络为基础的营销活动或传统的营销活动)计划的编制和执行、计划结果的分析、目标客户清单的产生和管理、预算和预测、营销资料管理、“营销百科全书”(关于产品、定价、竞争信息等的知识库)、对有需求客户的跟踪、分销和管理。MA 的主要功能描述见表 7.2。

表 7.2　MA 的主要功能

功能	描述	功能	描述
促销项目管理	包括促销项目的目标制定,项目的起始日期,定义促销对象,制定促销建议,选用促销渠道,促销预算报批,促销人员分工等。	潜在客户管理	潜在客户的销售机会分析、进一步联系的安排等。
促销活动管理	促销活动的计划、实施的管理工具。	营销建议管理	管理让潜在客户产生购买欲望的营销建议:折扣、礼品及其他刺激措施。

续表

功能	描述	功能	描述
促销活动回应管理	包括回应者管理、回应应答脚本设计、回应跟踪管理、销售机会评估与转发(至销售人员)等。	活动开支管理	预算、申报、使用效果分析等。
促销评估管理	各类回应及实际销售总额统计分析,对所选促销对象的准确率、促销渠道以及促销信息对促销对象的吸引力等方面进行适用性评估。总结经验教训,为今后的促销活动提供借鉴。	价格管理	辅助营销部门制定与调整价格政策,管理相关信息。
营销文本资料管理	统一集中管理各种产品宣传单、广告媒体和价格目录表等营销文本资料,供全公司相关人员使用。	市场细分管理	辅助营销人员根据不同的客户特征(年龄、地域、教育程度、公司规模、所属行业及CLP等)细分客户类型。

7.2.4 客户服务与支持(CSS)管理

CSS主要通过呼叫中心和互联网实现客户服务与支持,并和销售、营销功能比较好地结合起来,为企业提供更多商机,向已有的客户销售更多的产品。客户服务与支持的典型应用包括:客户关怀;纠纷、次货、订单跟踪;现场服务管理;问题及其解决方法的数据库;维修行为安排和调度;客户账号、服务协议和合同管理;服务请求管理;联系活动管理;客户普查管理。

7.2.5 客户分析(CA)系统

CA通过挖掘与分析现有客户信息来预测客户的未来行动,它帮助企业在适当的时机向客户销售适当的产品和服务。CA系统一般包括客户分类分析、市场活动影响分析、客户联系时机优化分析、增量销售与交叉销售分析。客户分类分析使企业能够将更多的精力投放在能为企业带来最大效益的重点客户身上。市场活动影响分析使企业知道客户最需要什么。客户联系时机分析使企业掌握与客户联系的时机,例如多长时间与客户联系一次,通过何种渠道联系为好。增量销售和交叉销售分析可以让企业知道向每一特定客户推销什么样的已购产品和相关产品。

7.3　现有CRM软件功能的不足

识别和保持有价值客户是CRM的两项基本任务。从业务模块的功能看，现有CRM软件无法完整地支持CRM的两项基本任务。具体地说，当前的CRM软件存在如下主要问题：

(1) 没有客户全生命周期利润(CLP)预测系统，无法评估客户对公司的终身价值，因而无法有效地识别有价值客户。

(2) 没有客户生命周期管理系统(客户关系生命周期阶段识别是其关键功能)，因而不能洞察客户关系的动态特征，进而无法很好地把握客户关系的发展走向，因此不能提出针对当前客户关系阶段特征的客户关系管理方案，即不能支持企业实施动态客户关系管理。

(3) 没有客户退出倾向识别系统，因此，不能尽早发现客户的退出行为并及时采取有效措施防止有价值客户流失。

(4) 绝大部分CRM软件不能很好地评估客户的忠诚度，因此无法制定个性化的客户忠诚培育计划。

(5) 没有客户认知价值焦点预测系统，因此，不能很好地洞察客户不断变化的价值需求，进而无法提供令客户满意的增值服务(这是导致有价值客户流失的最主要原因)。

(6) 没有客户转移成本评估系统，因此无法有效地利用转移成本锁定有价值客户。

问题(1)表明现有软件不能很好地支持CRM的第一项任务，问题(2)～(6)表明现有软件不能很好地支持CRM的第二项任务。

本章小结

当前的CRM软件一般由客户信息管理(CIM)、销售过程自动化(SFA)、营销自动化(MA)、客户服务与支持(CSS)管理、客户分析(CA)系统5大主要功能模块组成。

识别和保持有价值客户是CRM的两项基本任务，从业务模块的功能看，现有CRM软件无法完整地支持CRM的两项基本任务，例如：没有客户全生命周期利润(CLP)预测系统，没有客户生命周期管理系统，没有客户退出倾向识别系统，没有客户认知价值焦点预测系统等。

第8章 CRM软件主要供应商及其解决方案

学习目标

- 了解国内市场上 CRM 软件供应商的总体概况
- 了解主要供应商的 CRM 解决方案

8.1 中国 CRM 软件市场供应商概况

国内的 CRM 于 1999 年开始引入概念，2000 年起步，2001 年和 2002 年得到快速发展。其中 2001 年是中国 CRM 领域的“多事之年”。Oracle、SAP 等软件业巨头纷纷把 CRM 作为市场的重点，国外 CRM 软件商纷至沓来，CRM 市场份额占第一位的 Siebel 公司已进入中国，并不断加大开拓中国市场的力度；用友、金蝶、创智等国内知名软件公司也在该年采取了实质性的措施，先后推出了各自的 CRM 产品；联成互动、上海中圣、国能科诺、TurboCRM、易达伟业等一大批中小软件企业也迅速涌进了这个领域，希望能拓展属于自己的市场空间。

到 2002 年，进入国内 CRM 领域的软件企业曾经由 2000 年的三五家猛增到约 500 家，而 2001 年，国内 CRM 软件的年收入总量不过区区 1 亿元人民币不到(赛迪顾问的报告中显示，2001 年中国 CRM 软件市场规模是 9000 万元)。但到目前为止，相对比较活跃的 CRM 软件厂商大概有 50 家，而市场份额主要掌握在约 20 家左右的供应商手里。这与 20 世纪 90 年代初期的美国软件市场极其相似：1993 年，美国拥有超过 400 家 CRM 软件企业，而今天仅有不足 200 家延续下来，收入也基本垄断在 Siebel，Vantive，Onyx 等少数几家企业手中。

表 8.1 所列是国内 CRM 市场上比较活跃的部分供应商的基本信息。

表 8.1　部分 CRM 软件供应商基本信息

Turbo CRM	
目标市场	中小企业
产品名称	Turbo CRM
模块	SFA、促销自动化、CTI 集成、电话服务、统计分析
中国客户	略(见后)
公司网址	www. turbocrm. com
联成互动	
目标市场	中小企业
产品名称	MyCRM
模块	SFA 、统计分析

续表

中国客户	略(见后)
公司网址	www.mycrm.com.cn
星际	
目标市场	中小企业
产品名称	ebanswers CRM
模块	SFA、CTI集成、电话服务、Web集成、统计分析、EAI
中国客户	UT斯达康(中国)、西门子网络通信、北美交流中心、广东步步高集团、上海华能进出口有限公司、宁波方太集团、杭州新利软件公司、浙江金属材料集团公司、浙江物产集团、帅康集团有限公司、南昌齐洛瓦电器集团总公司、上海迪比特实业有限公司等
公司网址	www.ebanswers.com
合力金桥	
目标市场	中小企业
产品名称	HollyCRM
模块	现场服务、SFA、促销自动化、CTI集成、电话服务、业务流程设计、统计分析
中国客户	略(见后)
公司网址	www.HollyCRM.com
用友	
目标市场	大中型企业
产品名称	用友CRM
模块	SFA、营销自动化、服务自动化、现场服务、电话服务、EAI、CTI集成、Web集成、统计分析、数据挖掘
中国客户	略(见后)
公司网址	www.ufsoft.com
东软软件	
目标市场	大中型企业
产品名称	东软CRM定制解决方案
模块	SFA、服务自动化、渠道管理、短信服务、EAI、CTI集成、Web集成、统计分析、数据挖掘
中国客户	略(见后)
公司网址	www.neusoft.com

续表

金碟	
目标市场	大中型企业
产品名称	KINGDEE CRM
模块	SFA、促销自动化、客户在线、商业智能、统计分析、数据挖掘
中国客户	略(见后)
公司网址	www.kingdee.com
创智	
目标市场	大中型企业
产品名称	PowerCRM
模块	现场服务、SFA、促销自动化、CTI集成、Web集成、电话集成、EAI、统计分析、数据挖掘
中国客户	略(见后)
公司网址	www.powercrm.com.cn
彩练	
目标市场	大中型企业
产品名称	PRECOM CRM
模块	现场服务、SFA、促销自动化、CTI集成、电话服务、Web集成、统计分析、业务流程设计、EAI、内容管理
中国客户	中国惠普、中鸿房产地、中兴通讯、恒基伟业、飞虎证券
公司网址	www.precomtech.com
奥捷特	
目标市场	中小企业
产品名称	Ultract eCRM Suite 2001
模块	SFA、CTI集成、电话服务、Web集成、统计分析
中国客户	北京天伦度假、和讯财经、上海欧姆龙、上海华硕
公司网址	www.ultract.com
国能科诺	
目标市场	大中型企业
产品名称	Enterprise@2000
模块	SFA、电话服务、统计分析
中国客户	厦新电子、通化恒瑞药业、海通证券、康佳集团、中国乐凯胶卷、上海广电、中国水利电力物资网

续表

公司网址	www. ges. com. cn
	美国艾克国际
目标市场	大中型企业
产品名称	
模块	SFA、CTI、电话营销、网络营销、Email 营销、数据挖掘、证券经纪人、贵宾理财
中国客户	华夏证券、银河证券、西北证券、民族证券、京华山——国际证券、台证综合证券、宝洁(中国)、台新国际商业银行、中国银行青岛分行、中华开发工业银行、新光人寿、宏泰人寿、新浪网
公司网址	www. akup. com
	中圣
目标市场	中小企业
产品名称	SellWell
模块	市场活动管理、SFA、合同管理、库存管理、采购管理、服务和项目执行管理、企业资源管理
中国客户	惠氏—百宫制药有限公司、万达信息股份有限公司、上海万申信息股份有限公司、成都佳盈(物流)有限公司、北京东区邮政局、上海西门子移动通讯有限公司、TUV 亚太(上海)有限公司、北京直复营销公司
公司网址	www. sellwell. com. cn
	东柏集团
目标市场	大中型企业
产品名称	Michelli CRM
模块	SFA、营销自动化、CTI 集成、客户服务、Web 集成、统计分析与报表
中国客户	和记电讯、香港汇丰银行、香港房屋委员会、运传电讯、KCRC、Hong Kong ESD Life、Chunghwa 电信、SUNDAY、中国光大银行、澳门 CTM、新世界移动公司
公司网址	www. tp-corp. com
	润霖资讯
目标市场	大型企业
产品名称	AutoCRM
模块	呼叫中心、销售模块、服务模块、市场模块
中国客户	国泰君安证券、神龙汽车、一汽大众

续表

公司网址	www. timely-raining. com
Siebel	
目标市场	大型企业
产品名称	Siebel eBusiness
模块	现场服务、SFA、高级 SFA、促销自动化、CTI 集成、电话服务、业务流程设计、EAI、统计分析、数据挖掘、内容管理、伙伴管理、员工关系管理
中国客户	略(见后)
公司网址	www. siebel. com
Oracle	
目标市场	大型企业

续表

产品名称	Oracle CRM
模块	现场服务、SFA、高级 SFA、促销自动化、CTI 集成、电话服务、业务流程设计、EAI、统计分析、数据挖掘
中国客户	略(见后)
公司网址	www. oracle. com
SAP	
目标市场	大型企业
产品名称	MySAP CRM
模块	现场服务、SFA、高级 SFA、促销自动化、CTI 集成、电话服务、Web 集成、统计分析、数据挖掘
中国客户	略(见后)
公司网址	www. mysap. com
PeopleSoft	
目标市场	中高端市场
产品名称	PeopleSoft CRM
模块	CRM 门户、数据仓库、CTI、现场服务、市场营销、移动现场服务、多渠道互动、移动销售、销售、电话销售
中国客户	山东电力
公司网址	www. peoplesoft. com

8.2　2002年和2003年中国CRM软件市场份额结构

据赛迪顾问统计，2000年中国CRM软件市场销售额在0.7亿元人民币，占管理软件市场份额的1.2%；2001年中国CRM软件市场规模仅为9000万元；2002年中国CRM软件市场销售额度为1.46亿元，比2001年增长了62.2%。赛迪预测的2004年CRM软件市场规模是3.5亿元①。

根据赛迪顾问（CCID Consulting ）发布的年度研究报告，2002年和2003年中国CRM软件市场份额结构见表8.2。

表8.2　2002年和2003年度中国CRM软件市场份额排名

2002年度			2003年度		
序号	品牌	市场份额	序号	品牌	市场份额
1	TurboCRM	17.80%	1	TurboCRM	15.20%
2	Siebel	15.80%	2	东软软件	8.40%
3	Oracle	14.40%	3	合力金桥软件	7.90%
4	东软软件	12.30%	4	联成互动	7.30%
5	联成互动	8.20%	5	Oracle	6.70%
6	创智	6.20%	6	创智	6.20%
7	其他	25.30%	7	用友	5.50%
			8	SAP	4.80%
			9	金碟	4.00%
			10	其他	34.20%

从2002年和2003年度中国CRM软件的市场份额结构可以看出如下变化：

(1) 与2002年相比，各主要厂商的市场份额普遍下降，表明市场份额更加分散；

(2) Turbo CRM 连续两年名列市场份额第一；

(3) 2002年名列第二的Siebel在2003年的前9名中消失；

(4) 2002年未进入前六名的合力金桥软件在2003年位列三甲；

(5) 国内最大的管理软件厂商用友、金碟两家和全球最大的管理软件

① 中国CRM市场到底有多大，不同机构的统计和预测相距甚大，如根据计世资讯(CCW Research)的统计，2003年中国CRM软件市场规模就达到了4.8亿元。

厂商 SAP 在 2003 年榜上有名。

8.3　主要 CRM 软件厂商及其解决方案介绍

根据 2002 年度,2003 年度中国 CRM 软件市场的品牌排名,重点介绍 10 家主要 CRM 软件厂商及其解决方案,这 10 家厂商是 Turbo CRM、Siebel、SAP、Oracle、东软软件、合力金桥软件、联成互动、创智、用友、金碟。

8.3.1　TurboCRM

1. 公司简介

TurboCRM 公司是专业从事 CRM(客户关系管理)产品研发、咨询和服务的国际企业,通过软件和网上 ASP 两种方式为用户提供 CRM 的完整解决方案。TurboCRM 中国公司于 2000 年 7 月 8 日在北京正式成立。TurboCRM 信息科技(上海)有限公司成立于 2001 年 2 月 18 日,全面负责华东地区业务。

TurboCRM 2002 年,2003 年连续保持 CRM 软件市场份额第一。

"TurboCRM 客户关系管理系统(中文版)"于 2000 年 12 月 8 日正式在中国发布上市,首家通过了中国软件评测中心(CSTC)、国家质量技术监督局(CMA)及中国国家实验室认可委员会(CNACL)的高级确认测试,并获得了优秀级认证。

2. 中国用户

TurboCRM 的中国用户包括中国网通、中国卫通、央视市场研究股份公司、新闻周刊、清华紫光、清华同方、安泰科技、上海航空、海南航空、中国图书进出口集团、中国经济信息网、东风汽车、神龙汽车、平安保险、鹏华基金等。

3. 解决方案

方案名称:TurboCRM

(1) TurboCRM 功能

TurboCRM 的功能主要包含了客户管理、订单管理、员工管理、分析决策、协同工作和业务智能化,共六个方面。

● 客户管理(见图 8.1)

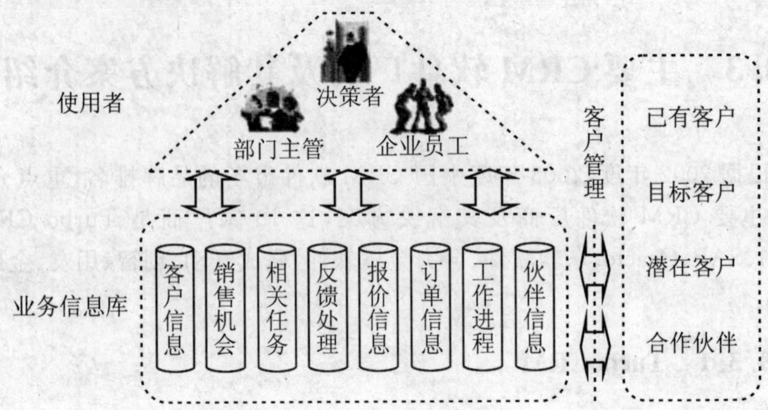

图 8.1 TurboCRM 客户管理示意图

TurboCRM 客户管理功能中不仅有预先设计好的客户属性,同时支持企业根据自身的业务特点自定义一些客户扩展属性,这样使得客户的信息更加丰富,与业务的相关性更加紧密。

● 订单管理(见图 8.2)

TurboCRM 系统支持订单属性的自定义。

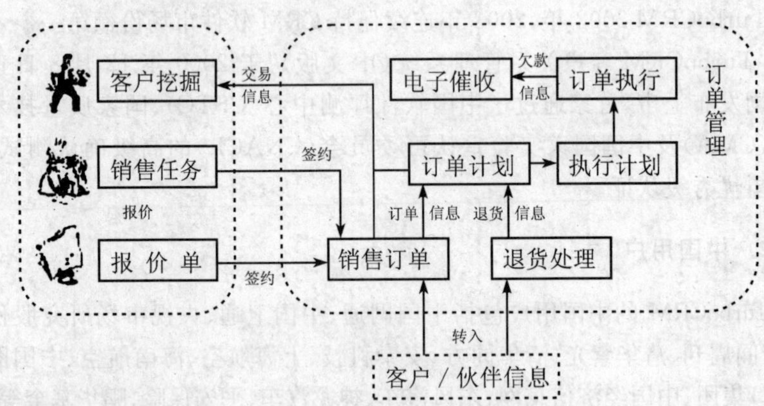

图 8.2 TurboCRM 订单管理示意图

● 员工管理(见图 8.3)

TurboCRM 通过对部门、员工、系统角色和权限的管理,将所有人员的业务工作置于完善有序的“虚拟企业”平台之中。在此基础之上,企业的决策者和部门主管可以通过对相关任务或工作进程的跟踪、统计和分析,及时

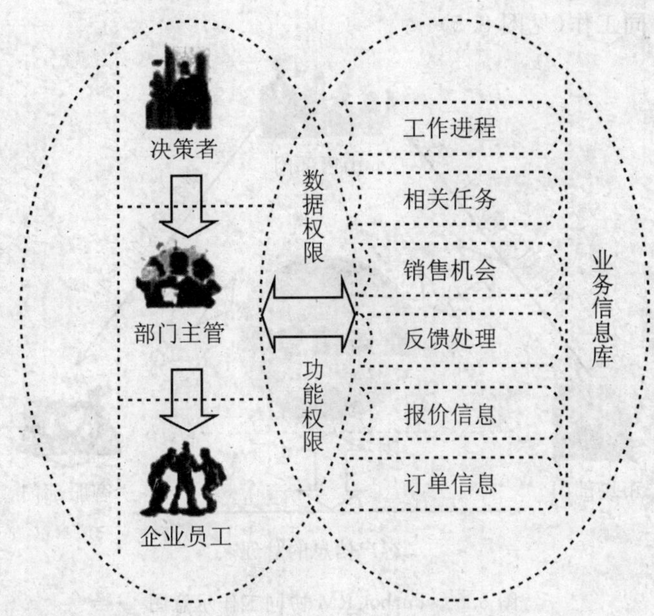

图 8.3　TurboCRM 员工管理示意图

了解企业的业务动态，评价业务进展的状况和员工的工作绩效，从而大大地提高了员工的工作效率。

● 分析决策（见图 8.4）

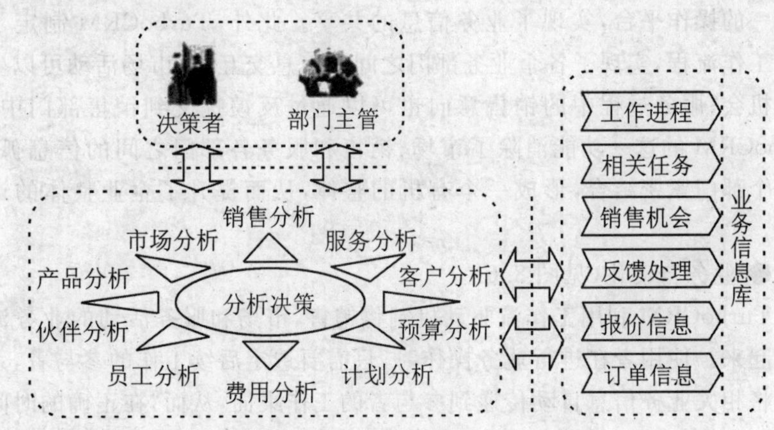

图 8.4　TurboCRM 分析决策示意图

TurboCRM 同时提供了多种分析工具，可以方便地对客户、产品、进程、任务、预算、计划、费用等等信息进行分类统计，用以分析销售、市场和服务业务的运行情况，从而做出科学、正确的决策。

● 协同工作(见图 8.5)

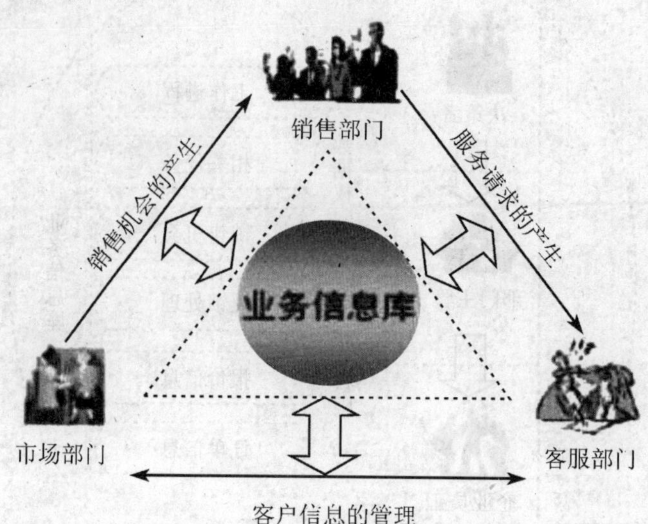

图 8.5 TurboCRM 协同工作示意图

企业的销售、服务和市场业务有一个共同的特点,就是都与客户打交道,都是以"客户为中心"开展业务的。面对共同的客户,需要共享相同的客户信息。与此同时,各部门的业务也不是孤立的,而是在互动的过程中相互促进,共同提升。TurboCRM 系统将销售、市场和服务业务进行整合,提供了统一的操作平台,实现了业务信息的共享。此外,TurboCRM 制定了灵活的工作流程,实现了各个业务部门之间的信息交互:由市场活动可以生成销售机会;服务过程中的销售意向也可以通过反馈提交到销售部门中去。TurboCRM 的这一功能消除了市场、销售和服务各部门之间的信息孤岛,将三个部门紧密结合,形成一个有机的整体,从而提升了企业整体的运营效率。

● 业务自动化(见图 8.6)

TurboCRM 利用工作流驱动机制将销售、市场和服务活动的业务流程串联起来。使用者在进行业务操作时,只需要选定后续工作的参与者,系统就能将相关业务信息自动传递到参与者的工作桌面,从而"在正确的时间把正确的信息传递给需要的人"。这样就大大提高了信息传递的效率,避免了因为交流不及时而造成的延误。

(2) TurboCRM 市场定位

TurboCRM 不只是业务操作的工具,它从业务自动化、协同工作、客户关系提升、"知己知彼"和管理提升五个层面辅助企业全面改善客户关系,这

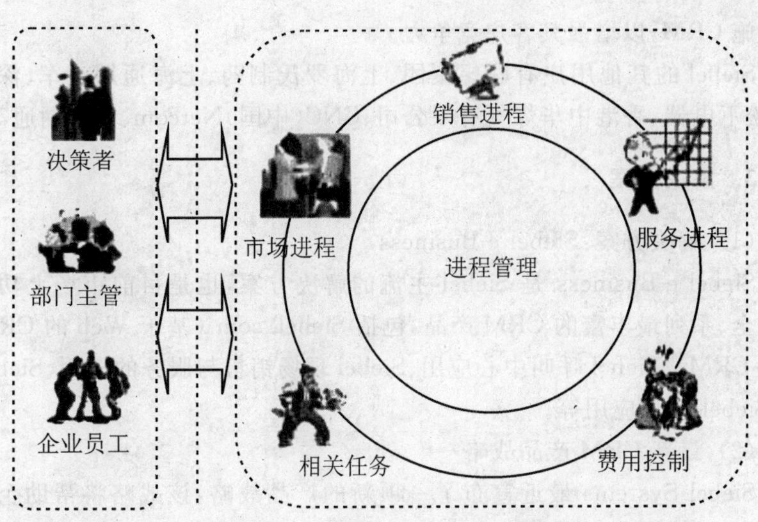

图 8.6 TurboCRM 业务自动化示意图

就是 TurboCRM 的市场定位

8.3.2 Siebel

1. 公司简介

Siebel 是 CRM 专业供应商，公司成立于 1993 年，1995 年推出 CRM 产品。公司由 Tomas M. Siebel 和 Patricia House 两人在美国加利福尼亚的 East Pale Alto 成立。目前公司总部设在加利福尼亚的 San Mateo。公司成立至今，由原有的 12 人快速发展到现有的 8000 余人，在全球 34 个国家设有 136 个分支机构，在 2001 年度财富杂志所发表的全球 100 个发展最快的企业名单上位居第二。

Siebel 在北美占据着将近 68%的市场份额，2000 年的销售业绩达到 18 亿美元，从 1995 年至今公司的营业收入增长了 738 倍，它是 CRM 产业的领导者。

2. 中国用户

IBM 目前是 Siebel 公司最大的客户，公司内部有 1 万人在使用 Siebel 的系统，到 2002 年已有 8.4 万人使用。按照全球部署，IBM 于 2001 年下半年在其设在中国香港的公司实施 CRM，2002 年上半年在其设在内地的公

司实施 CRM，以增强其客户竞争力。

Siebel 的其他用户有联想集团、上海罗氏制药、上海通用汽车、深圳翔龙、松下电器、香港中华煤气有限公司、CNC(中国)Netcom、中国网通等。

3. 解决方案

(1) 解决方案：Siebel e-Business

Siebel e-Business 是 Siebel 主流的解决方案，也是目前市场上功能最为齐全、系列最丰富的 CRM 产品，包括 Siebel.com（基于 Web 的 CRM 应用/e-CRM)、Siebel 呼叫中心应用、Siebel 现场销售与服务的应用、Siebel 营销、Siebel 行业应用等。

(2) 最新 CRM 产品战略

Siebel Systems 最近宣布了一项新的产品战略，该战略将帮助企业快速、轻松地满足所有客户关系管理要求，并且成本更低。新 Siebel 战略——人人可用的 CRM——的目的在于，以最低的总体拥有成本(TCO)提供在整个企业中普遍应用 CRM 所需的范围和深度。

最新 Siebel 产品包括新的行业专用 CRM 产品、新的寄存式 CRM 产品、新的分析应用软件和平台，以及新的商业集成解决方案。

新的行业专用 CRM 产品 Siebel 7.7 是公司的企业 CRM 套件的下一发行版本。该版本具有上百个新的行业专用功能，多项可用性改进，重大的 TCO 附加改进，双向存储—转发无线支持，以及其他一些新功能，如供分支银行使用的新的金融服务客户关系控制台和新的客户忠诚度应用软件。

Siebel Systems 已经迅速成为客户分析领域里的全球市场领先企业，而随着新的 Siebel Analytics 的推出，目前迫在眉睫的更广阔商业智能市场需求也得到了满足。

新的寄存式 CRM 产品 Siebel CRM OnDemand 是业界第一款，也是惟一一款能够以任何方式将寄存式和必需供给模型进行组合的 CRM 产品。Siebel Systems 和 IBM 两家公司将携手开发、推广、销售、配送这一新产品，并提供与之配套的服务。产品定位于中小企业，这些公司难以支付 Siebel 传统应用昂贵的咨询费用及许可费用。为那些只需要基础功能，并且要更快速见到商业成效的中小企业提供迅捷、简单、经济的按需供给型 CRM 解决方案。公司和个人用户均可以在 http://www.crmondemand.com/上，以单位用户每月 70 美元的价格预订 Siebel CRM OnDemand。在 Siebel CRM OnDemand 的帮助下，公司和个人用户可以管理联系信息、销售机遇、产品、价格、竞争对手数据、事件、市场活动以及客户服务请求。

8.3.3　SAP

1. 公司简介

SAP 公司成立于 1972 年，总部位于德国沃尔多夫市，是全球最大的企业管理和协同化商务解决方案供应商，全球第三大独立软件供应商。目前，全球有 120 个国家的超过 19300 家用户正在运行着 60100 多套 SAP 软件。财富 500 强 80%以上的企业都正在从 SAP 的管理方案中获益。SAP 在全球 50 多个国家拥有分支机构，并在多家证券交易所上市，包括法兰克福和纽约证交所。

SAP 早在 20 世纪 80 年代就同中国的国营企业合作并取得了成功经验。1994 年底，SAP 在北京建立了代表机构，1995 年正式成立 SAP 中国公司，1996 年、1997 年陆续设立上海和广州分公司。SAP 在中国还有众多的合作伙伴，包括 IBM、HP、Sun、埃森哲、普华永道、德勤、安永咨询、欧雅联盟、汉思、东软、高维信诚、联想汉普、神州数码等。SAP 在众多的项目中与这些伙伴密切合作，将先进的管理理念变为现实。

SAP 在中国 ERP 市场占居绝对的领导地位，但其在 CRM 的市场上的战绩远没有那么骄人，这可能与 SAP 的战略选择有关。

2. 中国用户

SAP 在中国的用户有一汽大众、上广电(SVA)、上海电信 EDI 公司、国通电讯、海天机械有限公司、福建安装等。

3. 解决方案

方案名称：mySAP 客户关系管理(mySAP CRM)

(1) 方案概述

mySAP 客户关系管理(mySAP CRM)是一个完整的“以客户为中心”的电子商务解决方案。

mySAP 客户关系管理行业解决方案包括“mySAP CRM 保险业客户关系管理”、“mySAP CRM 电信业客户关系管理”、“mySAP CRM 消费品行业客户关系管理”、“mySAP CRM 制药业客户关系管理”、“mySAP CRM 专业服务提供商客户关系管理”(下载地址：http://www.sapchina.com/china/solutions/crm/pdf)。

资料:mySAP 客户关系管理说明书与白皮书

"mySAP CRM 服务解决方案"

"mySAP CRM 交互中心"

"mySAP CRM 销售解决方案"

"mySAP CRM 移动服务"

"mySAP CRM 移动销售"

"mySAP CRM 营销解决方案"

"mySAP CRM 电子销售"

(下载地址:http://www.sapchina.com/china/solutions/crm/pdf)

(2) 主要功能

mySAP CRM 提供了覆盖整个客户交互周期的核心功能,包括客户接触、业务交易、履行实现和客户服务。

● 客户接触

在客户交互周期中的客户接触参与阶段,mySAP 客户关系管理(mySAP CRM)支持以下功能。

营销分析:包含市场调查、营销计划、领导分析以及活动计划和最优化,并提供市场洞察力和客户特征,使营销过程更具计划性,达到最优化。

活动管理:保证完整营销活动的传送,包括计划、内容发展、客户界定、市场分工和联络。

电话营销:通过各种渠道推动潜在客户产生。包括名单目录管理,支持一个企业多联系人。

电子营销:保证互联网上个性化的实时大量的营销活动的实施和执行。始于确切、有吸引力的目标组,通过为顾客定制的内容和产品进行进一步的交互。

潜在客户管理:通过潜在客户资格以及从销售机会到机会管理的跟踪和传递准许对潜在客户的发展。

● 业务交易

在客户交互周期中的业务交易阶段,mySAP 客户关系管理(mySAP CRM)支持以下功能。

销售分析:包含销售和利润计划、预期和销售指标分析、销售周期分析、销售组织分析,实现销售过程的最优化。

客户和联系人管理:能够监督、跟踪客户和业务合作伙伴的所有相关信息。

机会管理:提供销售跟踪,销售预测,识别主要的决定人,估计潜在购买和潜在结束日期。

电话销售：利用交互中心来管理接入和输出的电话、支持电话销售活动。掌握大量的电话记录，集成从企业系统到产品信息到在线目录的销售信息。

现场销售：将主要的客户和前景信息传递到现场销售人员，促进销售活动的计划和维护，提供活动报告，形成报价，获得订单。

移动销售：通过移动设备加强现场销售力度。

手提销售：提高无绳设备的有效使用。

电子销售：为因特网上产品销售和服务提供全面的功能。支持销售周期的所有阶段，以及复杂的产品挑选、多媒体产品目录、先进的个性体现、网上产品配置、便捷的购物篮管理、安全的实施、全面的定购情况检查、付款处理和实行。包含合同完成、智能网络分析和灵活的网站设计。

网上定价与配置：允许用户网上配置产品，通过目录和市场比较价格，包含购物篮的功能 。

订单定购：通过产品建议、价格、税收决定和有效性检查保证订单定购与订单入账的过程。

● 履行实现

客户交互周期中的履行实现阶段，mySAP 客户关系管理（mySAP CRM）支持以下功能。

实现分析：包括供给能力分析和财务营收分析，使实现过程得到更好的理解和最优化。

后勤管理：随订单管理、生产、分派和服务过程全方位跟踪订单，事先积极地通报客户更正以免影响前端资源配置的传送，包括实时获取货存等级、生产性能、网络配送需求。

信贷管理：运用支付历史和信贷风险分析的信息提供信贷检查。

支付：提供客户合同、折扣、支付状况和账目的信息。

● 客户服务

客户交互周期中的客户服务阶段，mySAP 客户关系管理（mySAP CRM）支持以下功能。

服务分析：包括服务状况和过程分析，以及服务成本，收益率分析达到服务和支持过程的计划和最优化。

客户关怀和桌面帮助：通过增加和工作流程处理，支持解决各种问题、抱怨、反馈，以及以专用服务水准协议为基础的活动。

合同和基础安装管理：掌握客户安装和合同的历史记录和细节，包括服务水准协议，担保处理和质量监督。

企业智能:通过复杂的调查运算和智能代理支持引导、交互式的问题决议。

现场服务与分派:为现场服务人员传递、跟踪客户和账目信息,保证快速准确的客户服务,提供服务计划、预告、行程安排、以实现系统综合为基础的分派。

移动服务:通过移动设备支持现场服务

手提服务:有效使用无绳设备。

电子服务:为客户以及业务伙伴提供获取专用信息的途径,如产品目录、内容、价格和解决方案。实现网上自我服务功能,例如订单入账和跟踪请求。

(3) 方案特点

● 全方位获取持久信息

mySAP CRM 交互中心可以使您通过任何方式(电话、传真、E-mail 或网站)与客户保持联系。可以通过移动设备如便携式电脑、手机和 PAD 使用 mySAP CRM。而且,mySAP CRM 给员工提供各方面途径获取市场数据、分析数据以及应用程序等。因此销售、营销、客户服务和管理的员工可获取他们需要的信息来建立客户关系。

● 可操作、可分析、可协作的 CRM

可操作的 CRM 管理客户交互,并在销售、营销、服务过程中与客户交互保持同步。可分析的 CRM 帮助企业优化信息来源以便更好地了解客户动向。可协作的 CRM 让企业协同供应商、合作伙伴和客户一起合作来完善生产过程,满足客户需求。

8.3.4 Oracle

1. 公司简介

Oracle 公司是全球最大的信息管理软件及服务供应商,全球第二大独立软件公司,成立于 1977 年,总部位于美国加州 Redwood shore。2000 财年(1999 年 6 月到 2000 年 5 月)其营业额达 101 亿美元。在全世界 145 个国家为客户提供数据库系统、工具、应用产品以及相关的咨询、培训和支持服务,Orade 是第一家可开发和交付 100%的基于互联网的数据库、企业业务应用、应用开发和决策支持工具等企业级软件的公司,Oracle 也是惟一一家可全面完整地实施从前台办公的客户关系管理应用到后台办公管理应

用及平台基础结构，为用户提供最完整先进的电子商务解决方案的公司。

2. 中国用户

Oracle在中国的用户有上海日立、北京朗讯、光明乳业、青岛国人集团、天津泰达经济技术开发区、实达计算机、佳都国际、方正电子、MOTOROLA、GE MEDICAL、深圳伊莱克斯。

3. 解决方案

方案名称：Oracle CRM 11i

(1) 方案概述

Oracle CRM解决方案包含于Oracle电子商务套件中。该套件包括人力资源、高级计划与排程、商务智能、电子商务、制造、合同管理、财务管理、交互中心、市场营销、采购、销售、服务支持、项目管理、学习管理、理财等产品。其中CRM相关的产品主要包括销售、市场营销、服务支持、商务智能。各产品的构成见表8.3，其中黑体字表示的为CRM的主要模块。

表8.3 Oracle电子商务套件中CRM相关产品的模块组成

产品名称	产品构成
市场营销	**Oracle CRMFoundation** 11**i** **ORACLE MARKETING ONLINE** 11**i** Oracle Trade Management 11 i
销售	**ORACLE CUSTOMERS ONLINE** 11**i** **Oracle Field Sales Laptop** 11**i** ORACLE iPAYMENT 11i Oracle Incentive Compensation 11i ORACLE PARTNERS ONLINE 11i Oracle Quoting 11i ORACLE SALES ONLINE 11i ORACLE WIRELESS OPTION FOR SALES 11i ORACLE TELESERVICE 11i
服务	DEPOT REPAIR 11i Oracle Advanced Scheduler 11i ORACLE CONTRACTS 11i ORACLE FIELE SERVICE-MOBILE PRODUCTS 11i ORACLE QUALITY ONLINE 11i **ORACLE_SERVICE_ONLINE_11i** SPARES MANAGEMENT 11i **SERVICE INTELLIGENCE** 11**i**

续表

商务智能	Activity Based Management Balanced Scorecard Business Intelligence System Clickstream Intelligence **Customer Intelligence** Discrete Manufacturing Intelligence Financial Analyzer Financial Intelligence Human Resources Intelligence Interaction Center Intelligence Manufacturing Intelligence **Marketing Intelligence** Performance Analyzer Process Manufacturing Intelligence Product Development Intelligence Project Intelligence Purchasing Intelligence Sales Analyzer Sales Intelligence **Service Intelligence** Supply Chain Intelligence

(2) 主要功能

这里仅介绍 CRM 相关产品中的主要模块。

● 市场营销

Oracle CRM Foundation 跨越所有的客户交互渠道，为所有的客户交互活动提供了一个单一的、集中式的存储库。它将来自诸如任务、通知单、订单执行以及区域领域的各种活动整合到一起。此后，这些信息将为 Oracle 全部的客户应用产品套件所使用。无论信息通过何种渠道（电话、移动设备、互联网还是电子邮件）而来，每一个产品系列的应用都利用 CRM Foundation 存储并访问客户交互活动信息。

Oracle Marketing Online 使企业能够获得一个“单一的营销事实”——企业有能力计划与执行“从营销活动到订单再到现金”的营销计划。Oracle Marketing Online 通过独一无二的“贸易社区基础结构”支持“单一客户事实”，“贸易社区基础结构”在一个单一的存储库中存储所有客户、合作伙伴、潜在客户和其他相关信息以在所有渠道中提供一致的消息和报价。Oracle Marketing Online 包括营销活动管理 、事件计划与管理、产品和定价管理、分区与列表管理、客户和合作伙伴管理、消息发送和并行管理、贸易管理、预算管理和营销分析等子模块。

Oracle Trade Management 为解决大多数 B2B 行业的三个主要难点提供了必须的工具——促销规划、资金与预算管理及一个强大的索赔与扣除系统。这三个主要功能使企业能够在整个贸易管理需求链中，包括从厂商到批发商，再到零售商，最后到终端用户，全面支持并优化其营销和贸易促进活动。Oracle Trade Management 提供所需工具，通过闭环规划、执行与分析，显著地提高了在合作伙伴投资上的 B2B 回报。Oracle Trade Management 包括贸易规划、索赔管理、资金管理等子模块。

● 销售

Oracle Customers Online（OCO） 实现客户数据管理的 3 个"C"——客户数据统一(Consolidation)、客户数据清理(Cleanliness)、客户数据完整(Completeness)。OCO 在推动任何企业转变为真正的电子商务企业的过程中具有极其重要的作用，使企业能够 360 度透视、了解客户和客户关系，使企业能够基于已知的准确、及时和完整的客户数据做出实时的决策。

Oracle Field Sales/Laptop(OFS/Laptop) 向现场销售专业人员提供关键销售数据的移动性。通过在手头具有可用的重要客户信息，销售组织能够优化他们的现场销售时间。这将增强与客户之间的长期关系，并且促进公司的赢利。OFS/Laptop 与 Oracle Customer Relationship Management (CRM)的销售系列应用软件集成在一起，它是为了在移动环境下最大限度地提高销售效率而设计的。

● 服务

Oracle Service Online 将现场服务组织的功能从严格限制在提供服务，扩展到更加强调整体关系管理的水平上。在这方面，服务组织可以通过管理售后交互活动为客户提供更优质的服务，从而使客户受益；为公司提供寻求交叉销售和向上销售机会所需的信息，从而使公司受益。Oracle Service Online 是为现场服务组织提供的用于企业范围内的全面自动化解决方案。该方案包括这样的一些功能，例如账户管理、呼叫路由、客户支持、分派、备件管理、报告以及为客户开具账单。该应用程序是一套完整的解决方案，可实现从与客户初始交互到成功完成服务提供的现场服务过程自动化。Oracle Service Online 可通过多种通讯渠道(例如网站、电子邮件和电话)确保一致性的客户服务，并支持移动通讯设备，从而使现场服务代表可实时访问信息。用户可以选择使用 Oracle Service Online 中的 Oracle Advanced Scheduler 选项来有效指派到客户场地的现场服务人员，或作为一种服务派遣中心的辅助工具。

Oracle Service Intelligence 是专门为企业高层管理人员、中层管理人

员、业务分析人员以及前线服务人员设计的应用软件，它向上述人员提供相关服务对象的各类信息。用户可以利用这些信息做出关于其服务的有效战略性业务决策，并支持组织的需求和活动。Oracle Service Intelligence 是 Oracle CRM 应用软件的组成部分。Oracle Service Intelligence 也是 Oracle 商务智能解决方案(Oracle Business Intelligence Solutions，BIS)的组成部分。

● 商务智能

按照管理领域划分，可为 CRM 提供表 8.4 中的多种商务智能分析报告。

表 8.4　各种 CRM 商务智能报告要点

营销智能报告
· 管理——创建、组织、评论和调整市场营销信息
· 监督——确定目标并对管理控制和监督提供支持
· 报告——对各种结果进行汇总和分析
· 分析——对市场营销业绩进行深入分析
销售智能报告
· 销售队伍的业绩表现
· 销售效率
· 收入管理
· 客户分析
· 账目分析
· 产品分析
· 销售渠道分析
· 管道分析
客户智能(Customer Intelligence)报告
· 客户获得分析
· 客户保持分析
· 客户产品毛利率分析
· 客户满意度分析
服务智能(Service Intelligence)报告
· 每日提供的服务要求
· 升级的服务要求
· 每日完结的服务要求

续表

· 再次提供的服务要求 · 每项服务要求的处理完成时间 · 每项服务要求的响应时间 · 代理人的使用期限 · 代理人的工作负荷 交互中心的智能报告 · 客户放弃呼叫统计报告 · 业务活动、传递和业务处理报告 · 可用性、占用率和使用率报告 · 回复的和未回复的呼叫情况报告 · 生产率报告 · 服务水平和回复速度报告 · 汇总报告 · 时间报告

(3) 方案特点

①综合性。Oracle 的 CRM 产品功能全面，可满足大多数组织的客户服务、销售和营销自动化功能的要求。

②集成性。它不仅集成 CRM 套件的所有应用软件，而且集成 Oracle 的其他后端应用产品，尤其是供应链管理、制造和财务应用。而服务应用软件与前端、后端应用软件的集成可实现全企业一致的数据共享。

③内含于电子商务。为了与基于互联网的体系结构以及使各组织在自助式服务的业务环境中运作的战略保持一致，Oracle 开发出了一整套电子商务产品，CRM 是其中十分重要的一个组成部分。

8.3.5　东软软件

1. 公司简介

东软集团于 1991 年在东北大学创立，总部位于中国沈阳，是一家集软件研究、设计、开发、制造、销售、培训与服务为一体化的解决方案提供商。

东软的主营业务包括三个方面：面向企业与政府的信息化解决方案(E-G Solution)；数字化医院解决方案(E-H Solution)；IT 教育与培训解决方案(E-T Solution)。CRM 是其企业信息化解决方案的一个重要组成部分。

2. 中国用户

电信客户包括联通总部结算中心、辽宁联通、河南联通、海南联通、河北联通、安徽联通、江西联通、山西联通；制造业客户包括海尔集团顾客服务中心信息管理系统(Haier CSS)、海信集团海信空调顾客服务系统、美的集团美的顾客服务系统、上海通用汽车上海通用汽车顾客服务系统、厦新电子股份有限公司厦新电子顾客服务系统；电力客户包括辽宁电力公司、黑龙江电力公司、大连市供电公司、贵阳市南供电局、沈阳市供电公司。

3. 解决方案

方案名称：东软 CRM 定制解决方案。

(1) 方案概述

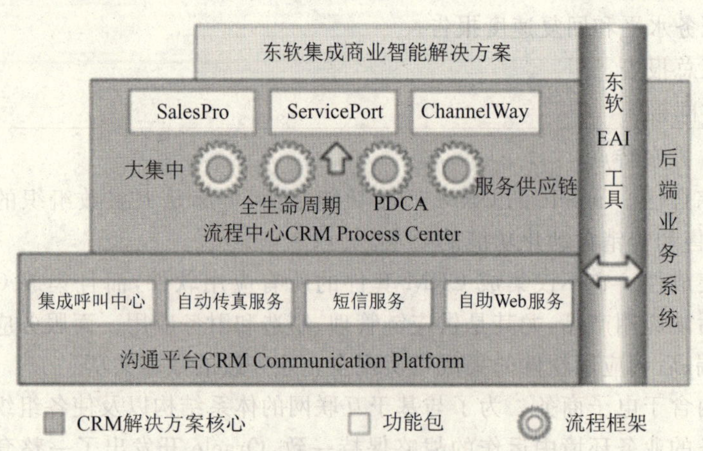

图 8.7 东软 CRM 解决方案应用结构

如图 8.7 所示，东软 CRM 定制解决方案按照三个层次来划分，第一层是沟通平台(Neusoft e-Business Communication Platform)，使用 UniNet 消息组件机制，保证与客户多渠道的交互具备共享、协同、统一的业务特性；第二层是流程中心，在沟通平台基础上，为企业提供行业性的业务流程框架(BPF)和几个方案包。方案包实现企业面向客户的销售、服务、渠道支持等环节的具体业务功能，如 ServicePort 面向客户服务，SalesPro 把握销售业务，ChannelWay 处理渠道客户关系；业务流程框架则总结出一些行业 CRM 的核心管理思想，它将指导 CRM 业务系统的开发。第三层是集成商业智能，东软通过全面的集成商业智能解决方案，针对 CRM 流程及企业其他业务，挖掘与建设企业数据仓库，为企业决策服务。

东软 CRM 解决方案适用以下行业：家用电器、厨房设施；汽车制造、零配件和汽车专用设备、发动机、摩托车；工业制造（机械、电子产品、医疗器械等）；高科技如电脑、软件、计算机外设、通信交换机、网络、移动电话等。

（2） 主要功能

● SALESPRO

这是东软 CRM 解决方案核心包之一。它是一个销售管理系统，功能有客户与联系人管理、销售机会管理、销售活动管理、销售时间表管理、销售任务管理、销售流程定制、自动分派与待办事宜、产品配置与报价、销售渠道管理、销售合同管理、网上定购销售、预测与报表、客户信息与消费分析、竞争对手跟踪。

● ServicePort

ServicePort 的功能有客户服务、备用机管理、备件管理、服务结算、条码管理、服务商管理等。它的业务流程框架包含服务请求全生命周期管理（如图 8.8 所示）和服务供应链等。服务请求周期的运行机制是客户触发、计划引导、过程控制。

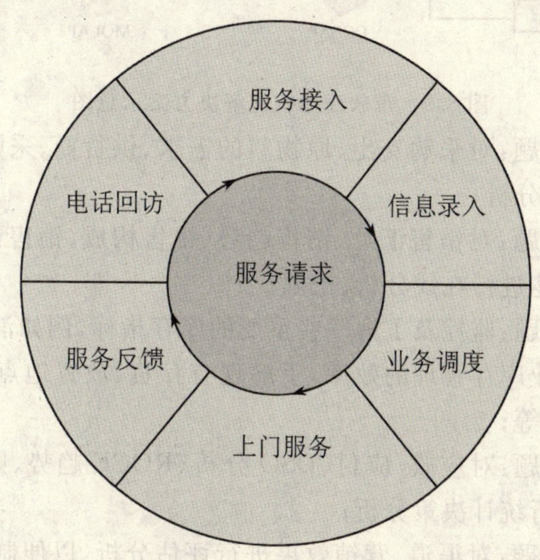

图 8.8 服务请求全生命周期管理主要流程图

● ChannelWay——渠道管家

ChannelWay 可以帮助企业及时了解渠道成员如分销商、办事处销售等的各种信息；了解竞争对手信息、产品竞争力状况、消费者的需求；随时随地向渠道成员下达工作指令、发布公司简报、奖惩公告；有效地对渠道成员如分销商、办事处等进行监控、评价，防止窜货、低价倾销、销售区域交叉或

重叠、广告费用另作他用等恶性事件；通过网上招商寻找新的渠道伙伴；指定销售、回款目标，并将总体目标层层分解、细化。

● SE——企业商务智能解决方案

SE(Smart Enterprise)是东软推出的企业商务智能解决方案，其面向的主题包括采购、销售、库存、客户关系、财务、营销、人力资源等(如图 8.9 所示)。

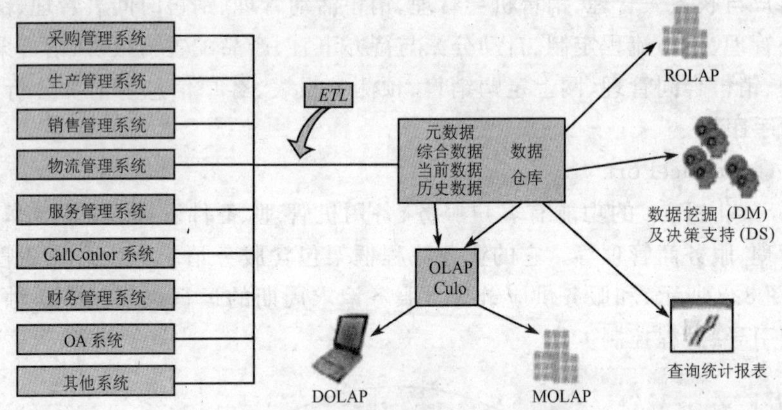

图 8.9　东软商务智能解决方案示意图

基于采购主题：对采购支出、原物料的需求、供货商、采购流程的效能、组织的效能进行分析；

基于销售主题：对销售汇总、销售趋势、销售构成、销售预测、市场占有率、销售资金回笼进行在线分析、挖掘；

基于库存主题：监控及了解一些重要的库存指标，例如消耗品、回转率、退货率，分析企业库存管理的效率，了解现有存货、放置地点以及这些库存占用了多少资金等；

基于财务主题：对应收/应付、DSO 分析、ROCE 趋势、财务绩效、投入产出、成本等进行统计决策分析；

基于营销主题：对渠道、营销效果进行评估分析，以便制定更为有力的营销策略和设计更为有效的销售渠道；

基于人力资源主题：对员工满意度、人才能力、360 度考核、薪资与成本模型等进行分析，帮助企业更好地识别人才、留住人才、用好人才。

(3) 方案特点

东软 CRM 解决方案具有如下特征：

· 定制与整合的结合；

- CRM 与 SCM 的结合；
- 大集中管理控制模式；
- 客户全生命周期管理；
- 服务供应链四流集成；
- PDCA 闭环管理机制。

8.3.6　联成互动

1. 公司简介

联成互动由北京用友软件股份有限公司、香港泛华集团投资创立，专业从事 CRM 软件产品研发、咨询和实施。

联成互动 2000 年发布的 MyCRM 软件产品，是国内第一套拥有自主版权的 CRM 软件，并首家通过 CSTC（中国软件评测中心）的“优秀级”认证；2001 年入选微软（中国）公司 Windows 2000 Server 十大经典应用；2002 年成为惟一进入国家 863 计划项目的 CRM 软件。

2. 中国用户

联成互动在中国的用户有太平洋保险北京公司、中关村软件、德国 BITZER（中国）公司、山东正大福瑞达、山东力诺集团、北京握奇数据公司、高伟达、时代集团、长春热缩股份、上海达芬奇、霍普光通信股份、上海亚瑞电器、网通宁波分公司、长江航运集团等。

3. MyCRM 应用案例入选清华大学 MBA 案例库

2003 年 1 月，由联成互动负责实施的高伟达 CRM 系统应用、握奇数据 CRM 系统应用、太平洋保险 CRM 系统应用三案例经过严格筛选，凭借 MyCRM 专业完善的实施流程、良好的应用效果入选“中国工商管理案例库”，该案例库由教育部和清华大学经济管理学院共同创建，是国内最权威的 MBA 教学研究案例库。

4. 解决方案

方案名称：MyCRM

（1）方案概述

根据企业的营销形态，提供客户发展型，项目销售型、产品分销型三种

CRM 应用方案。

客户发展型。又称一般销售，或称独立销售员模式，是指直销模式下的简单销售。当产品具有标准化程度高，产品价值中等，需要售前产品介绍和服务承诺等业务特征时，会选用这种模式，如办公设备、机电设备、配套设备等。

项目销售型。又称复杂销售。如果产品的标准化程度不高，产品价值高，一般来讲都需要为客户定制，因此在销售过程中，需要多方面专业人员组成项目团队，从了解客户需求，到定制开发，到交付实施等来协同工作，如专用设备与服务、成套设备、系统集成等。

产品分销型。又称渠道销售或代理销售。一般产品价值较低，标准化程度高，通常会通过分销商来形成区域渗透，而区域销售商（零售商）往往非独占渠道，因此零售商的忠诚度和销售能力，就直接影响区域销售，如制药、生化、家化、食品、家电、消费类电子等。

（2）客户发展型的 CRM 应用解决方案

● MyCRM FOR SFA 是联成互动专为客户发展型的业务模式设计的 CRM 软件，包括如下功能：

1）客户资源管理

以客户为管理对象，收集相关业务信息，建立客户共享和转移规则，实现客户资源的企业化管理，以支持业务决策和业务工作。

①完整的客户信息管理。完整的客户信息包括客户联系信息、联系人与联系人关系信息、联系历史、业务记录、交易历史、相关文档等等。

②客户线索的统一管理。无论客户线索的来源是 call in，FAX，E-mail、网站、客户上门、销售员开发等，通过客户线索认定进入系统，统一管理（支持跨区域等）。

③共享级别管理。上级拥有下级的全部权限，实现组织和业务上客户信息共享（支持跨区域、跨行业、跨部门），同级、关联业务的限制性共享，以保障业务协同等。

④客户分配和工作代理。客户分配可以按规则自动进行，也可以由上级随时调整和分配，以根据客户状况来安排不同的人员和部门。对于业务人员工作变动（请假、调离、离任等）可以设置工作代理。

2）销售业务的自动化和智能化

基于销售管线的原理和目标——行动管理的思想来量化业务，按业务目标来协同资源，形成计划，并且落实到行动上。

①业务阶段的量化。对线索阶段、机会阶段、合同与订单执行阶段都可按

业务特征来分阶段管理，并可设置每个阶段的关键工作和工作要求。如机会阶段可分为机会认定、需求调研、方案评估、商务确认等阶段，机会认定阶段的关键工作是目标客户识别和客户购买动机判别，目标客户的判别是客户的产品、客户的客户、客户的销售组织、客户的业务规模等指标等。

②落实到行动的销售计划。利用销售管线，获得销售周期和各阶段的销售转化率，根据业务目标，制定基于各阶段任务要求和落实到客户和产品的销售计划。

③基于行动来源的日程管理。销售员的行动来源为客户推进计划产生的行动、上级的委派、业务的协同、客户关怀的周期性行动等。制定日程就是将这些行动落实到时间上，并且对关键行动安排提醒和预警等。

3）建立企业的营销平台

MyCRM for SFA 为企业提供了从客户线索的产生、培育、升迁到销售机会、销售订单、订单交付的完整管理平台。一方面支持营销决策，如根据客户的状况、销售的分布、关联销售、销售费用、人员的绩效、销售的管线来决策；另一方面支持人员的业务工作，如日程、提醒、管线、客户信息、知识库等。

（3）项目型销售的 CRM 应用解决方案

MyCRM 的项目销售管理解决方案主要包括售前项目管理、项目实施管理和营销服务平台等模块。

1）售前项目管理

①客户项目分析和评估。通过对客户项目信息的分析，帮助企业在行动之前准确了解客户项目状况，特别是客户项目的决策树状况，以及决策树对项目和公司的看法，支持售前项目的立项。

②量化的竞争分析。通过引入客户关系、公司声誉、整体实力、解决方案、性能价格、过去合作等指标，为客户项目打分，并根据不同企业的业务特征，设定各指标的权重。实现客户对自身和竞争对手的综合评价，找到相应策略。

③引入“问题—任务—行动”业务模式，基于业务目标来保障任务和行动的有效性，实现对项目售前工作的有效推动。

④客户项目的文档管理。在项目的售前工作过程中，涉及不同项目人员，通过对业务文档的管理，提高项目沟通和项目协同的有效性。

2）项目实施管理

①项目计划。基于项目、阶段、任务、里程碑来落实行动和资源。

②项目组织管理。按项目来建立项目团队，并建立团队间的业务路由和信息共享规则。

③项目预算和收益分析。按阶段、任务、行动来计划预算，通过任务和行动的汇报来掌握费用执行情况，从而实现对项目的收益分析。

3）建立企业的营销业务平台

提供从项目线索来源、项目分析、立项、售前项目推动、合同与订单到项目实施的完整管理平台。一方面支持项目决策（如项目分析、竞争分析、立项等），另一方面提供项目推进的业务工作支持（如文档管理、知识管理、信息共享与消息机制、业务规范与行动管理等）。

8.3.7 合力金桥软件

1. 公司介绍

HollyCRM（合力金桥软件）是致力于提供专业化应用软件和服务的厂商。

HollyCRM 保持着多个第一的纪录：

· 承建中国第一个电信级呼叫中心——北京电信 189 客户服务中心；

· 中国最早建立“第四代呼叫中心”试验室的厂商；

· 承建中国第一个电信级虚拟分布式呼叫中心——北京通信 10060 客户服务中心；

· 承建中国网通第一个大客户关系管理（CRM）平台——中国网通集团大客户信息管理分析系统；

· 连续多年中国电信行业 CRM 市场占有率第一（2003 年总的 CRM 软件市场份额排名第三）。

2. 中国用户

合力金桥软件的中国用户有北京电信 189 客户服务中心、国家 Y2K 信息支持网络系统、中国联通总部客服中心、中国联通北京分公司客户服务中心、中国联通浙江分公司客户服务中心、北京电报局客户服务中心、浙江移动杭州（温州、宁波、舟山、湖州、嘉兴）客户服务中心、海南移动客户服务中心、九五信息客户服务中心、北京珠穆朗玛电子商务有限公司客户服务中心。

3. 解决方案

方案名称：HollyCRM

(1) 方案概况

HollyCRM(合力金桥软件)公司推出的 HollyCRM 是全面集成的客户关系管理解决方案,覆盖协作型 CRM、运营型 CRM 和分析型 CRM 的全部范畴。HollyCRM 通过 Telephone,E-mail,Fax,WAP,Web,PDA,Face to Face 等各种各样渠道与客户互动,通过市场营销(Marketing)、销售(Sales)和服务(Service)等业务流程的管理,将客户的各种背景信息、偏好、行为习惯、交易数据、信用状况等信息收集并整合在一起,再将这些运营数据和外来的市场数据经过整合和变换,装载进数据仓库(Data Warehouse)后,运用 OLAP 和数据挖掘(Data Mining)等技术来从数据中分析和提取相关规律、模型和趋势,把有关客户信息和知识在整个企业内得到有效的流转和共享,并进一步转化为企业的战略规划和科学决策,用于提高在所有渠道上同客户交互的有效性和针对性,把合适的产品和服务,通过合适的渠道,在适当的时候,提供给适当的客户,从而实现利润的最大化。

(2) 主要功能

HollyCRM 系统包括 HollyCRM 核心平台、HollyCRM 门户、HollyCRM 市场营销管理分系统、HollyCRM 销售管理分系统、HollyCRM 服务管理分系统、HollyCRM 决策支持系统和"一站式服务"业务处理系统七大部分。其中"一站式服务"业务处理系统是专门为电信行业开发的后台系统,与前台系统紧密集成。

系统构成如图 8.10 所示。

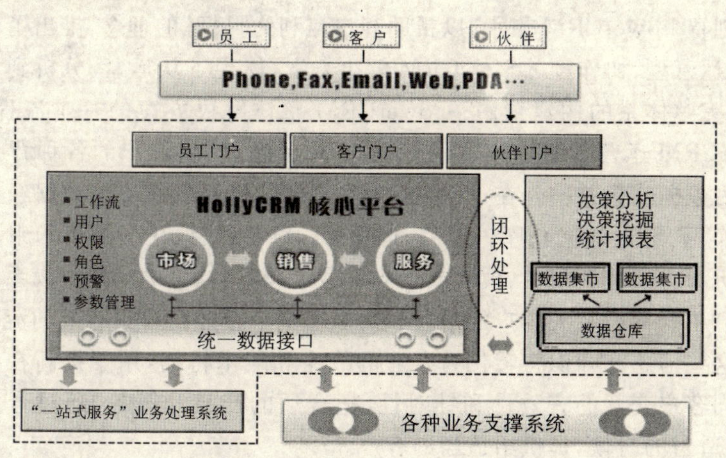

图 8.10 HollyCRM 结构示意图

(3) 方案特点

具有高扩展性、高可管理性、高智能性、高安全性、高可用性、高灵活性

等特点。

8.3.8 创智

1. 公司简介

创智成立于1994年,是一家以软件开发和技术服务为核心,主要以提供应用软件和服务、IT系统集成和服务、软件出口、电子商务和信息服务的高科技上市公司(股票代码:00787);是国家火炬计划首批的四大软件基地之一。

创智集团CRM事业部是创智集团最重要的事业部之一,长期以来致力于CRM(客户关系管理)产品的研发、咨询和服务事业。基于先进的项目管理和知识管理模式,为客户提供房地产、医药、证券、银行、电信等行业CRM的完整解决方案。

2. 中国用户

创智的中国用户有国泰君安证券营业部、维奥生物科技、中行温州分行、招商地产、温州商业银行、深圳中海地产。

3. 解决方案

方案名称:PowerCRM

(1) 方案概况

创智PowerCRM秉承"以帮助客户赢利为目标"的理念,推出了包括分析型、运营型、协作型的整体CRM解决方案,体现了从运营、分析到协作的CRM完整体系的构建精髓。PowerCRM整体解决方案的基本流程如下:PowerCRM运营型的软件从客户的各种"接触点"将客户的各种背景数据和行为数据收集并整合在一起,这些运营数据和外来的市场数据经过整合和变换,装载进数据仓库。然后,运用OLAP和数据挖掘等技术来从数据中分析和提取相关规律、模式或趋势。最后,利用精美的动态报表系统和企业信息系统等把有关客户的信息和知识在整个企业内得到有效的流转和共享。这些信息和知识将转化为企业的战略和战术行动,用于提高在所有渠道上同客户交互的有效性和针对性,把合适的产品和服务,通过合适的渠道,在适当的时候,提供给适当的客户。

整体解决方案框架如图8.11所示。

(2) 主要功能

● 运营型CRM(Operational CRM)

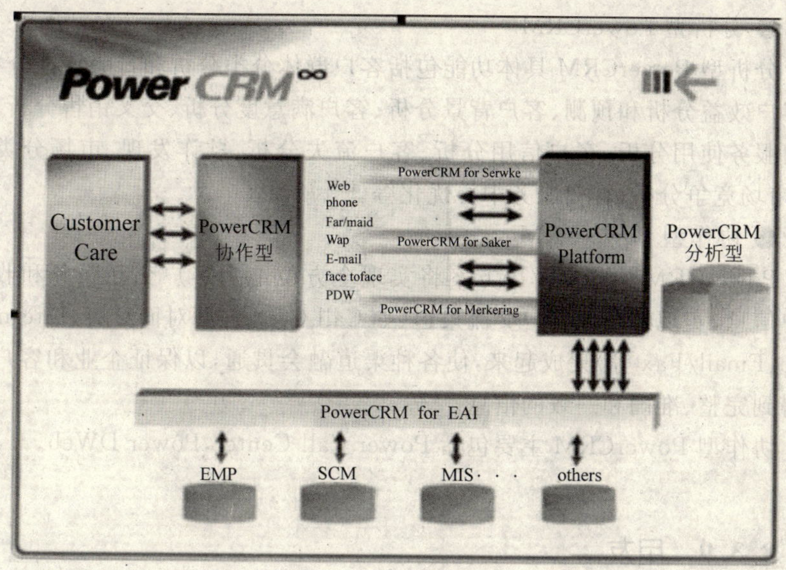

图 8.11　PowerCRM 框架示意图

主要包括以下五方面的应用：PowerCRM 销售套件、PowerCRM 市场营销套件、PowerCRM 服务套件、PowerCRM 电子商务套件、PowerCRM 平台。

销售套件的具体功能包括客户与联系人管理、销售机会管理、销售活动管理、销售时间表管理、销售任务管理、销售流程定制、自动分派与待办事宜、产品配置与报价、销售渠道管理、销售合同管理、网上定购销售、预测与报表、客户信息与消费分析、竞争对手跟踪等。

市场营销套件的具体功能包括市场预算与收入跟踪管理、市场活动管理、回应管理、促销内容管理、市场宣传资料、工作流自动化、任务管理、市场衡量指标、时间表管理、电话促销管理、邮件促销管理、Web 促销管理等。

服务套件的具体功能包括客户和联系人信息、统一标准答案与解决方案管理、服务跟踪与外勤服务、服务订单、产品维修、服务条款担保书以及服务合同管理、服务时间表管理、待办事宜与工作流、产品投诉跟踪、客户建议与提案、Web 资料库与客户自助、服务分析等。

电子商务套件的具体功能包括网上订单、渠道关系管理、Web 资料库与自助服务、Call Center、E-mail Center、Web Center、Up-selling & Cross-selling 等。

PowerCRM 平台的具体功能包括组织机构与人员管理、安全管理、工作流管理、系统配置组件管理、许可权管理、扩展字段、系统外部接口、数据备份与恢复、日志管理等。

● 分析型 PowerCRM

分析型 PowerCRM 具体功能包括客户群体分类分析和行为特征分析、大客户效益分析和预测、客户背景分析、客户满意度分析、交叉销售分析、产品及服务使用分析、客户信用分析、客户流失分析、欺诈发现、市场分类分析、市场竞争分析、客户服务中心优化等。

● 协作型 PowerCRM

PowerCRM 协作型解决方案将实现全方位地为客户交互服务和收集客户信息，实现将多种客户交流渠道(如 Call Center、面对面交流、Internet/Web、Email/Fax 等)集成起来，使各种渠道融会贯通，以保证企业和客户都能得到完整、准确和一致的信息。

协作型 PowerCRM 主要包括 Power Call-Center，Power DWeb。

8.3.9 用友

1. 公司简介

用友软件股份有限公司(以下简称“用友公司”)成立于 1988 年，长期致力于提供具有自主知识产权的企业应用软件、电子政务管理软件的产品、服务与解决方案。2001 年 5 月，用友公司股票在上海证券交易所挂牌上市(股票简称：用友软件；股票代码：600588)。

用友公司是中国最大的管理软件、ERP 软件和财务软件供应商。用友公司的企业应用软件产品线非常丰富，涉及 ERP(企业资源计划)、SCM(供应链管理)、CRM(客户关系管理)、HR(人力资源管理)、EAM(企业资产管理)、OA(办公自动化)和行业管理软件等诸多领域。其中 CRM 软件是用友公司的主要产品之一。

2. 中国用户

用友公司的中国用户有上海融氏企业集团、东风旅行车股份公司、河南建业(住宅)集团、深圳红彤汽车股份公司、江门制漆厂、湖南江滨机械厂、深圳美欧电子公司、徐州广通贸易公司、浙江鸿康设备股份公司。

3. 解决方案

方案名称：用友 CRM

(1) 方案概况

用友CRM的最新版本为2.1。

用友CRM 2.1系统功能是在CRM 2.0基础上进一步完善的升级版本，是基于B/S架构的，技术先进、应用完整的新一代客户关系管理软件。主要功能包括系统管理、基础数据、客户管理、销售管理、服务管理、市场管理和数据交换平台管理模块。

系统管理：基于UAP的统一系统管理平台，包含CRM系统中的分级多层的公司目录、用户管理、权限管理、预警管理、编码规则和地理信息设置等内容。

基础数据：基于UAP的统一基础数据平台，包括组织机构、产品管理、审批流程的设置、评估模板设置和销售模式设置等。基础数据与系统管理是CRM系统所有业务模块的基础，这两部分基于UAP的统一平台，为CRM与ERP，HR等其他系统无缝链接提供了底层的技术性基础。

客户管理：实时的、完整的管理不断更新的客户档案信息，包括联系人管理、客户信息录入、客户分配、客户变更、客户合并、客户共享等业务，以及在此基础上的客户价值分析，帮助企业发现和管理20%左右的最有价值的客户群。

销售管理：管理与跟踪从发现销售线索开始到销售成交的全过程；销售管理是用友CRM的核心业务之一，主要功能包括商机管理、项目管理、业务活动管理、日历管理、销售预测管理、订单管理、销售分析管理等。

服务管理：以提高客户满意度和提高服务能力为中心的服务管理，主要包括服务请求管理、客户投诉管理、服务知识库管理、服务人员管理和调查表管理。其中服务请求管理以服务问题为主线，跟踪问题的解决处理过程，主要包括服务请求录入、服务请求派发、现场服务管理、服务请求核销和服务请求回访，在请求处理过程中灵活运用服务知识库，从而提高服务能力；客户投诉管理以客户投诉问题为主线，按照严格规范的投诉处理流程，主要包括客户投诉录入、投诉分配、投诉处理和投诉回访，从而提高客户满意度。此外，CRM2.1还提供强大的服务统计分析功能，从服务请求和服务收入两个方面考核服务业绩。

市场管理：主要包括竞争对手管理、合作伙伴管理和市场信息管理。市场管理以信息搜集与分类为主，帮助企业在千变万化的市场环境中，发挥自己的优势，抓住市场机遇，同时规避风险，提高企业竞争能力。

数据交换平台：CRM 2.1版本提供与用友U8的数据接口，将CRM业务与ERP业务很好的整合，为客户提供一体化解决方案。

8.3.10 金蝶

1. 公司简介

金蝶国际软件集团有限公司总部位于中国深圳,始创于1993年8月,于2001年2月在香港联合交易所挂牌上市,股票代码为8133。金蝶集团附属公司有专注于中国大陆市场的金蝶软件(中国)有限公司、专注于除中国大陆以外的亚太地区市场的金蝶国际软件集团(香港)有限公司,专注于全球客户化开发和软件外包业务的金蝶软件技术(上海)有限公司,专注于物流软件及电子商务软件市场的新亚赛邦(香港)有限公司。金蝶是中国最大的管理软件供应商之一,CRM软件是其主要产品。

2. 中国用户

金蝶的中国用户有羊城晚报报业集团、三九药业集团、沈阳汽车贸易公司、深圳赛格股份有限公司、湖南航天磁电有限公司、华南自控技术有限公司、华工医药有限公司、北京中太数据有限公司等。

3. 解决方案

方案名称:KINGDEE CRM

(1) 方案概况

金蝶CRM整体定位于为成长型企业提供完整的客户关系管理解决方案。金蝶CRM的产品市场定位于优先满足中小企业CRM复杂应用和大中型企业CRM的中端应用,逐步向部分行业的高端应用渗透。金蝶CRM产品应用定位于主要适合项目进程型、客户管理型的各类企业。金蝶CRM侧重于运营型、分析型CRM,并可以和协作型CRM良好地集成运作。

金蝶CRM支持以上两大类型的应用需求,可通过数据仓库将CRM数据进行深度分析,并可与其他业务模块的信息进行集成,支持战略制定及建模预测。如图8.12所示,CRM是金蝶企业信息化整体解决方案的一个重要组成部分。

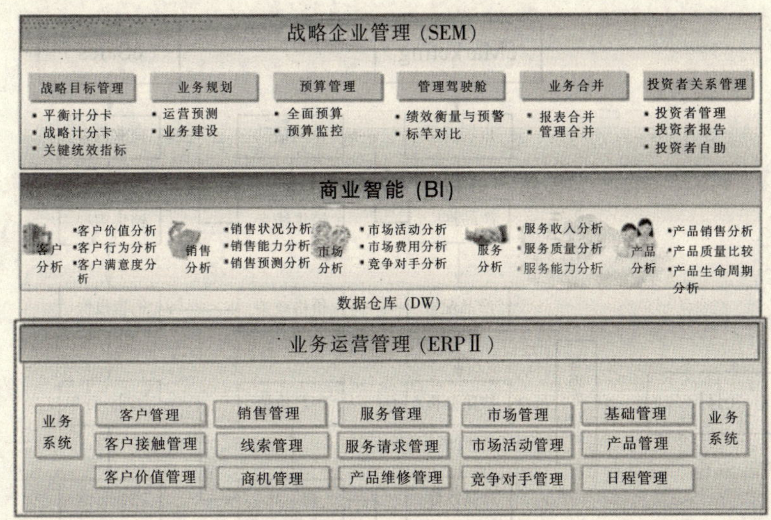

图 8.12　金蝶企业信息化整体解决方案示意图

(2) 主要功能

金蝶 CRM 主要业务功能由客户管理、销售管理、服务管理、市场管理、商业智能分析、客户在线、离线应用等模块组成。下面将以图示方式对金蝶客户关系系统应用的几大主要功能进行介绍(见图 8.13)。

● 客户管理(见图 8.14)

客户管理包括客户基本信息、客户接触信息、客户交易信息和客户价值分析以及客户全生命周期的管理。

● 销售管理(见图 8.15)

销售管理在对客户信息全面管理的基础上,实现了从线索→商业机会→销售阶段→产品→合同→订单→合同订单执行→收款等销售业务全过程的管理。

● 服务管理(见图 8.16)

服务管理可以共享销售管理的客户/联系人、商品、合同/订单等信息,具有客户关怀、客户满意度、项目服务、服务请求、客户投诉、产品维修、产品缺陷等功能。

● 市场管理(见图 8.17)

市场管理功能包括营销战役的策划、执行和分析;客户需求反馈的收集和管理;市场活动的预算和预测;产品市场定价、竞争对手信息、市场情报、媒体宣传的汇总;对线索客户的搜寻、市场自动化的着眼目标是通过提供设计、执行和评估市场营销行动和其他与营销有关活动的全面框架,赋予营销

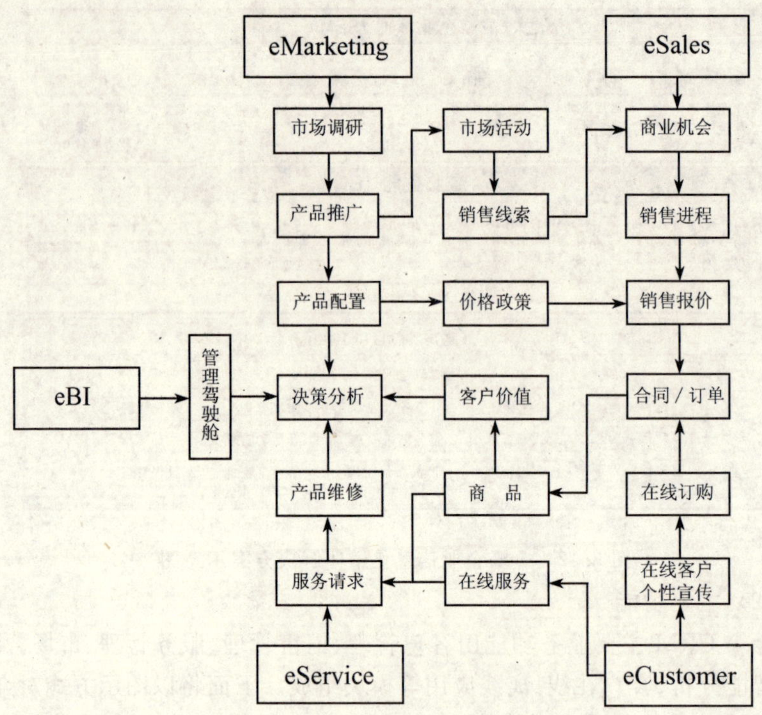

图 8.13　金蝶 CRM 业务功能模块示意图

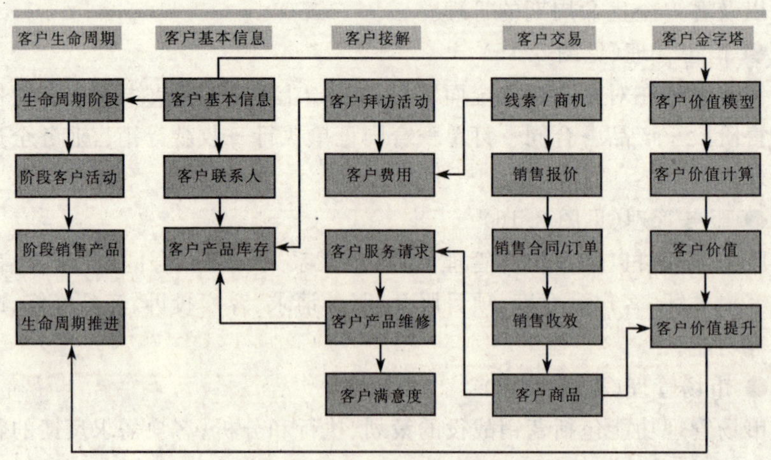

图 8.14　金蝶 CRM 客户管理模块功能示意图

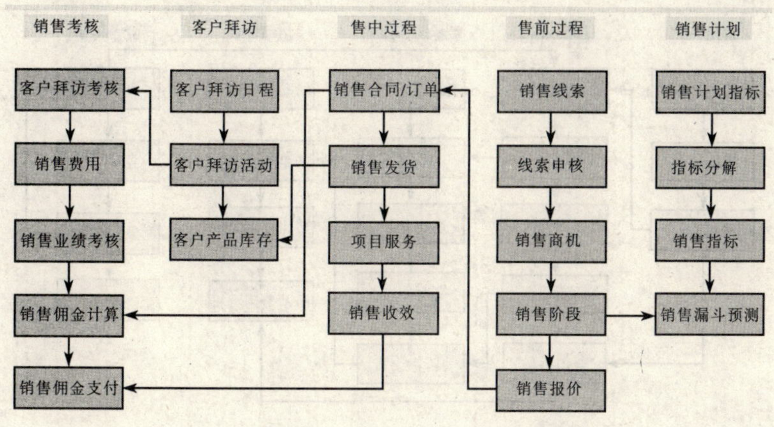

图 8.15　金蝶 CRM 销售管理模块功能示意图

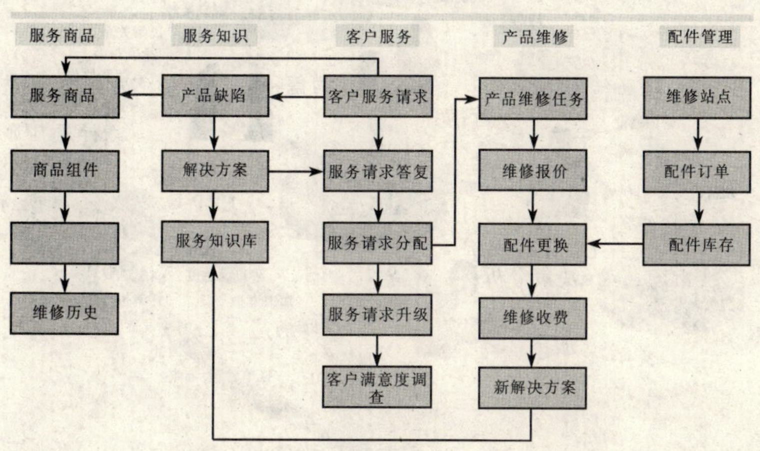

图 8.16　金蝶 CRM 服务管理模块功能示意图

专业人员以更强大的能力。

（3）方案特点

● 与金蝶 ERP 紧密集成，提供市场、销售和服务全面解决方案（见图 8.18）。

● 功能强大

全面支持柔性定制、集团权限管理、消息传递和协同工作等功能。

● 技术先进，贴身应用

基于 J2EE，客户端纯浏览器操作；支持多平台、多数据库、多语言；支持

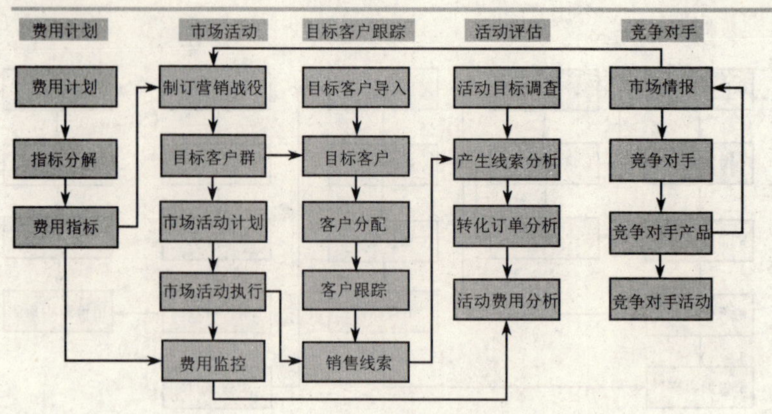

图 8.17　金蝶 CRM 市场管理模块示意图

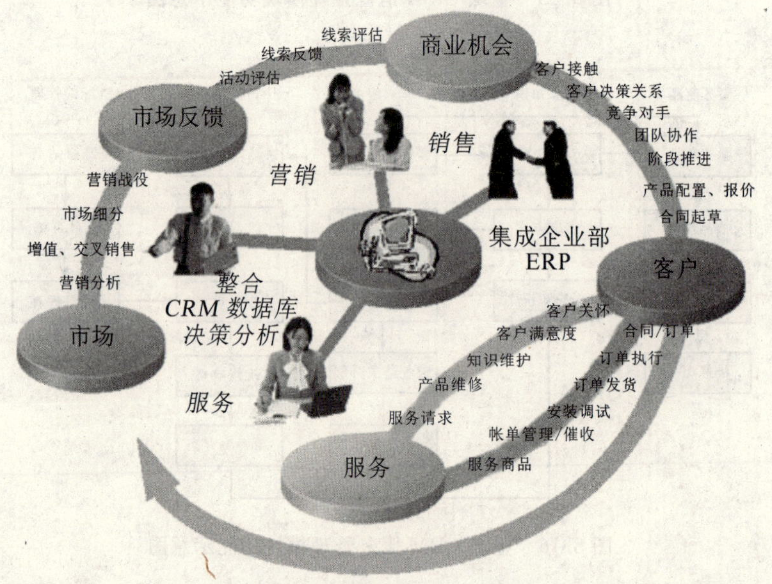

图 8.18　金蝶 CRM 整合与集成情况示意图

离线、无线应用。

● 能满足成长型企业不同阶段的应用需求

如图 8.19 所示，金蝶 CRM 全面支持数据操作层、管理控制层和决策分析层面的管理需求。

● 能实现客户资源的集中和统一管理

客户的全部信息在企业级上集成与管理，销售、服务、营销人员可以共享客户信息，节省了客户信息搜索时间，提高了工作效率。

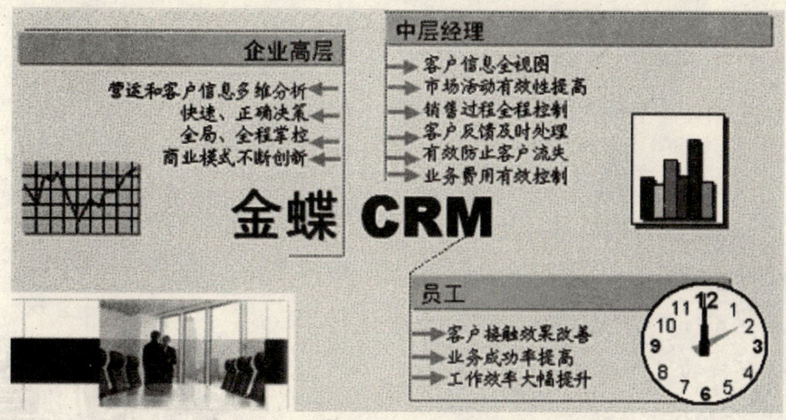

图 8.19　金蝶 CRM 对不同层次管理需求的支持情况示意图

本章小结

国内的 CRM 于 1999 年开始引入概念，2000 年起步，2001 年和 2002 年得到快速发展。到 2002 年，进入国内 CRM 领域的软件企业曾经由 2000 年的三五家猛增到约五百家。但到目前为止，相对比较活跃的 CRM 厂商大概不到 50 家，主要的市场份额掌握在约 20 家左右的供应商手里。

根据 2002—2003 年度中国 CRM 软件市场的品牌排名，本章重点介绍了 10 家主要 CRM 软件厂商及其解决方案，这 10 家厂商是 Turbo CRM，Siebel，SAP，Oracle，东软软件，合力金桥软件，联成互动，创智，用友，金碟。

第9章

CRM 行业解决方案

学习目标

- 正确理解 CRM 行业解决方案的内涵
- 通过若干有代表性的 CRM 行业解决方案案例，认识目前各供应商提出的行业解决方案的局限性

CRM在各个行业得到了广泛应用，各供应商在自己擅长的行业里都纷纷推出了相应的CRM行业解决方案。这里介绍CRM应用前景最为广阔的一些行业解决方案。

9.1　保险行业CRM解决方案

9.1.1　保险行业背景和特点

中国保险业是一个高速发展的行业。中国保险业保费收入2001年突破2000亿元大关；2002年达到3053.1亿元，增幅高达44.7%；2003年再创新高，达3880.4亿元，增幅达27.1%。作为我国金融市场中成长最为迅速的行业，保险业对于整个金融和经济运行有着重要的影响。

保险行业的业务具有以下几方面的特征：

第一，购买行为的可持续性。对于购买保险的客户来说，购买行为并非一次性的，它是一个持续过程。因为从现有的情况来看，客户购买保险是阶段性的，客户对到期的保险险别有权进行续保、退保、转换投保机构等。但无论如何，在没有特殊情况下，客户购买的险种是具有持续性的。

第二，后续服务的复杂性。保险的后续服务是比较复杂的，它不但是服务到期时对客户进行是否续保及其他提醒咨询服务，同时在理赔时有时还需要其他的专业机构来协助完成。

第三，产品的特殊性。保险险种作为一种产品，不像其他有形产品那样具有明显的技术门槛、产品质量和外观上的特征，它是以承担风险来获得利润的一种承诺服务。客户关心的是经营者的品牌、信誉度及经营者本身的理赔能力和服务的反应速度，它与产品(险种)没有必然的联系。

第四，经营对象的风险性。当保险责任事故发生后，根据保险商品的约定进行经济补偿或赔付时，保险人赔付给客户的都会是保费的几十、上百倍的金额。同时保险经营者还担负着逆向选择和保险欺诈的风险。一些投保人以骗取保险金为目的，虚构保险标的，编造保险事故，超额、重复投保，伪造夸大损失程度，甚至故意制造保险事故等，致使保险人陷入错误认识而向其支付保险金。

第五，成本的不可确定性。从经营对象的逆选择风险可以看出保险成本的不可确定也是必然现象，除此之外业务人员的费用投入与保险收入也很难确认其比例关系,客户投保后造成事故理赔的概率也是不可确定的因素等。

第六,价格的受监控性。为了促进保险业的公平竞争,规范市场运作,保障各会员单位的合法权益,我国制定了一系列有效的监管制度来确保保险行业的有效运作。在保险行业的竞争中,由于价格是国家统一制定的,任何一家保险公司都不具有价格优势,因此竞争焦点集中在客户服务质量的高低上。

保险公司作为一家"经营风险"的金融企业,不仅要管理好各类风险,也要选用最佳手段化解自身的风险。业内人士普遍认识到,借助信息化工具,提升对客户关系的把握能力,有助于健全现代保险企业的风险管理机制。据 2003 年末的一份调研,目前接近 1/5 的中国保险公司拥有客户关系管理系统,并且有近六成的保险公司计划在近期内实施 CRM;另一份调查则显示中国保险业过去 3 年的 IT 投入平均达到 9.36 亿元,几乎所有的保险公司都在从不同侧面开展 CRM 建设。

9.1.2 保险行业 CRM 解决方案的需求分析

那么保险业到底需要一个什么样的 CRM 解决方案呢?

和所有其他行业一样,这自然要取决于保险行业的业务需求。从业务需求上看,作为典型的金融服务企业,保险公司的主要业务集中在保险产品销售、风险控制、财务管理和投资管理上。在业务系统的处理中,目前的保险公司业务系统分为三个层级:核心业务处理系统、财务投资管理系统和风险管理系统。核心业务处理主要包括保险产品销售、保单处理、审核、出单、保全(批改)以及理陪、赔付等,体现了传统保险业务的主要流程;财务和投资管理主要涉及财务核算、资金管理、以保值增值为目标的投资管理、进入基金、债券市场的相应业务管理等;风险管理系统则包括风险控制、绩效考核、再保险等内容。

面对保险业务的多层级需求,CRM 应用也必须从多个层次着手。首先要以客户为中心;第二,要以集成管理客户信息为突破点,做好关键客户的管理工作,从而稳定和发展优质客户;第三,要能够集成数据,实时分析业务发展情况,及时调整营销策略;第四,要通过分析数据、指标和模型来加强风险控制,做好绩效考核;第五,要借助 CRM 系统,分析客户需求以开发新产品,提高保险公司的决策支持和商业智能水平。

9.1.3　供应商行业解决方案举例——SAP 保险业 CRM 解决方案

SAP 是保险行业 CRM 解决方案最优秀的供应商，它与世界著名保险公司联合开发的保险业 CRM 解决方案——SAP IS-CRM 系统，能为保险企业提供从业务拓展、销售、服务到客户关怀的全方位支持。该系统由业务信息仓库、活动与联络管理、保单概要生成、销售点与服务点支持、业务合作伙伴管理、业务拓展支持平台、客户联系渠道等业务模块组成。各模块的功能如下：

1. 业务信息仓库

业务信息仓库(SAP BW)是一种开放式架构的独立数据仓库，是一种采集不同信息资源的独立应用环境，它可以记录客户的特征、承保金额和行为等信息，可以在任何时候，根据任何需求汇总、选择并显示相关查询、评估和分析的结果。业务信息仓库由关联 OLAP 处理器、自动数据采集工具、预配置的元数据档案库、含有竞争报告和分析能力的用户友好前端(业务资源管理器)及管理员工作台组成。

采用配置好的信息模型、评估模型和自动数据采集程序，业务信息仓库可以满足客户关系管理中相关人员所有的信息需求。

2. 活动与联络管理

记录与客户的所有联络过程，不论这种联络是通过何种渠道(如呼叫中心代理、外勤人员、互联网)进行的，从而使所有相关人员全面掌握已发生过的任何一种联系。利用这些联系记录可以分析了解客户偏好的联系渠道，跟踪客户情况，安排关于客户的活动日程等。

3. 保单概要创建

为了使工作人员能够给予客户最周到的关怀，需要了解客户保单、索赔和业务活动等方面的完整信息。只有这样，才能保证客户获得最佳建议。为此，要为客户关系管理创建客户现有保单全部险种的概要，以提供信息和信息指引。

4. 销售点与服务点支持

这是为保险销售点和服务点提供支持的一个功能组件，该组件使得销

售点和服务点业务人员通过互联网可以获得后台系统的信息和业务支持。例如,为销售点提供价目单与投保单的生成与管理,为服务点提供理赔结案所需的数据支持和报告生成等。

5. 业务合作伙伴管理

业务合作伙伴(Business Partner)管理是SAP与非SAP应用系统的理想集成工具,已与其集成的其他组件有收款/付款管理(IS-CD),SAP承保管理(IS-CS)和SAP理赔管理(IS-CM)等。利用该工具可以管理各种业务伙伴(如潜在客户、投保人、见证人、索赔人、理算师、医生、供应商等)的主数据,以及不同业务伙伴之间的关系。

6. 业务拓展支持平台

为了帮助相关业务人员最大限度地扩大交叉销售与增量销售的能力,该平台支持销售或业务拓展活动的各个环节:计划市场推广活动(预算、任务规划、渠道等);选择目标客户群并定义特征;业务拓展活动(电话、信函、E-mail等)管理;监控(及时监控影响活动成功的关键因素);起草市场活动分析报告等。

7. 客户联系渠道

为客户提供多种与保险公司联系的渠道,同一个客户可以根据具体情况使用不同的渠道。例如,他们可能通过呼叫中心提出个人财产索赔;使用机场售卖机购买旅行人身保险;在网上为机动车上保险;通过电话与理赔部门联系了解自行车事故承保的进展状况。

9.1.4 保险行业CRM解决方案评析

保险业是CRM最具潜力的应用行业,巨大的需求催生出了市场上各类保险行业CRM解决方案。然而,尽管它们都号称"保险行业CRM解决方案",实际上真正能体现保险行业背景和特征的解决方案是少之又少。但SAP IS-CRM可以称得上是一个真正的保险行业CRM解决方案。

9.2 医药行业CRM解决方案

9.2.1 医药行业背景和特点

20世纪90年代以来，随着中国医疗体制改革的逐渐深入以及中国加入WTO，中国医药行业面临着前所未有的竞争压力。为了提高竞争能力，我国医药企业必须加快转变经营理念，从"生产观念"、"产品观念"、"推销观念"向"营销观念"过渡，构筑以客户为中心、以市场为导向的新价值观。通过实施客户关系管理，深度把握最终消费者，把握客户和渠道成员，深化服务内涵，改进服务手段。

医药行业是个十分特殊的行业，其企业类型较多，大致可分为医药制造企业、医药保健品及消费品生产企业、医疗设备生产企业、医药商业企业、医疗机构等等。尽管各类企业在经营模式上各有特点，在生产和销售模式上也不尽相同，但医药行业的市场营销具有如下一些共同的特点。

(1) 医药产品的同质性

随着我国医疗体制改革的不断深化和医药产品市场竞争的加剧，具有相同或类似功能的医药产品越来越多。但客户在获得更大产品选择余地的同时，也面临着用错药、用假药、高成本的风险，因而对医药营销服务的针对性提出了更高的要求。

(2) 医药服务的同步性

基于以上原因，客户在购买医药产品的同时可能需要为其提供药品购买和使用的咨询服务，产品的购买和伴随的购买/使用指导和咨询具有时间、地点上的同步性。

(3) 医药服务的超前性

在医药服务行业，最为普遍的就是个性化需求表现得特别突出，同样的需求在不同的客户身上体现出来的个性化特征尤为明显。在产品上市之前的市场调查、客户需求调研、以及把握客户的消费心理，满足客户的人性化消费意识等服务性工作非常重要。这就体现出了医药服务的超前性。

(4) 医药营销赢利的不合理性

目前我国医药营销的高利润，销售方式和机构的垄断性，从一定意义上对提高客户满意度构成了较大的阻碍。因此如何通过与客户的交流过程理

解和把握消费者，使产品的价格与客户的满意度之间建立起合理的互动关系，将成为医药企业盈利的关键。

9.2.2 医药行业CRM解决方案的需求分析

目前医药行业在客户关系管理方面普遍存的一些问题包括：(1)客户资料不能及时收集，信息难以共享，甚至造成客户信息流失；(2)客户历史交易数据记录不详细，难以进行客户交易分析；(3)难以对客户进行有效分类和筛选，以致无法进行有针对性的客户关怀活动；(4)投诉信息传递不畅，导致客户投诉处理不及时，严重影响同客户的关系；(5)分销体系(商业客户)管理不完善，信息反馈不及时，极易导致分销体系出现漏洞；(6)药品质量跟踪不到最终客户，导致质量投诉与质量反查处理不及时，造成公司声誉的损害；(7)市场营销活动不统一，无法有效树立品牌形象，营销效果难以准确评估，造成资源浪费；(8)销售流程烦琐、不规范，人为因素影响管理效率，造成管理上的漏洞，系统管理不完善，造成管理人员成为救火队员；(9)销售合同签订不规范，执行情况和状态无法及时了解和跟踪；(10)销售队伍管理不完善，无法准确地对销售员进行客观、及时的绩效考核，导致销售队伍不稳定。

CRM系统的引入有助于解决医药行业存在的上述问题，一般来说，医药行业CRM解决方案需要具备如下核心业务功能。

1. 客户信息资源管理和利用

动态收集和整合从不同渠道、不同地区收集的客户信息，建立一个统一的客户信息资源库。使医药销售代表能够及时了解客户现在及以往的信息记录，从而使客户拜访变得更为有效，同时使销售和市场营销人员对客户关系、产品、销售与市场等方面进行评估，从而针对目标创建更准确的客户档案。

同时，医药企业还希望CRM系统能对客户数据进行挖掘，抽象出医药行业的消费者信息元和商业数据模型，进行决策分析和预测，从而提升销售队伍的效率与业绩。

2. 销售渠道管理

医药行业的渠道管理主要是管理销售渠道的药品货物流动。在这方面对CRM提出的需求主要包括：监控药品出厂后通过各级环节的物流方向，及时掌握系统中各级分销商的销售库存情况；跟踪一级分销商进货及回款；

分配销售指标，核算大区、小区及销售代表的销售业绩；核算各级分销商及不同类别零售商的进销货情况等。同时，渠道管理应为考核渠道中分销商或零售商的增长情况建立渠道规模指标，包含拜访覆盖、城市覆盖、铺货率、分销网络建设等。

3. 销售过程管理

销售过程管理是医药企业管理和控制市场的重要环节，也应该是CRM系统的核心功能之一，主要包括市场开发、策划及实施的管理，开发促销费用的控制，市场操作人员的工作量化及考核，客户分类及客户资信的确定实施等等。

通过对销售工作的过程进行细化分解、有效控制，实现控制销售费用、提高销售收入。医药渠道的各级分销商销售、库存、回款等的管理历来比较困难，对应收账款的管理要有不同的应对策略，主要体现为加强客户信用等级评估与客户信誉额度管理，并加强分销商的销售明细管理。针对GSP规范和批次号与有效期管理，还有药品流通中的退货等问题，需要加强库存管理，并能够提供需求预测，提供客户预期需求，作为渠道经销商订货量的参考。连锁药店与零售终端是药品销售的重要通路和市场终端，兼具直效营销、社区营销、店内营销等多种营销优势，通过CRM系统加强连锁药店与零售终端的管理，加速供应商的周转率，保持销售额的稳定增长。

4. 产品管理

医药行业产品管理异常严格，尤其是GSP，GLP，GMP等认证制度的要求，CRM系统对此要有一个全面的管理。

5. 价格管理

医药行业的价格最为复杂，既要符合国家有关法令，又要顾及客户，同时要考虑企业本身的市场情况，所以，CRM系统需要提供灵活价格设置。

9.2.3 供应商行业解决方案举例——创智医药行业CRM解决方案

在多年行业经验积累的基础上，创智提出了PowerCRM医药行业解决方案，图9.1是该方案的基本构架。

该方案的核心思想是帮助医药企业提高营销和销售能力，以IT手段

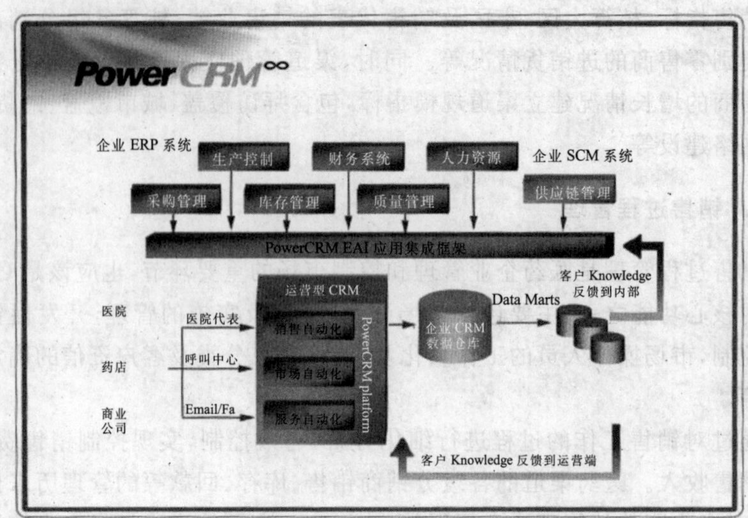

图 9.1　PowerCRM 医药行业解决方案

固化先进的管理理念。方案的主要功能集中在信息集成、营销和分销体系管理、销售力量管理等业务前端，是一个以关注营销为特色的方案。基本功能介绍如下。

1. 客户管理

通过 PowerCRM 中的客户管理功能模块，企业能够及时有效地收集客户信息、联系人信息，合理分配并及时共享信息资源，避免企业医药代表或销售代表掌握的客户信息无法集成，杜绝信息流失的隐患。

2. 渠道管理

通过 PowerCRM 中的渠道管理功能模块，企业能够及时有效地管理其分布在外地的分支机构，掌控其在各地的销售渠道(商业客户)，及时了解、汇总分销信息及区域覆盖情况，从而获取较为完整的最终客户信息，分析、预测分销体系的销售潜力，合理进行资源配置，增加企业赢利。

3. 营销管理

药品的品牌效应在当前医药市场的竞争中至关重要，医药企业可以通过 PowerCRM 系统提供的营销管理功能套件进行符合企业 VI 企业形象宣传规范的、多层面的、有针对性的市场营销活动。

对于分支机构众多、分销体系较为复杂的医药企业，如何保证其下属机

构、分销商、代理商及时了解企业当前的营销政策、宣传重点，并开展规范的市场营销活动，从而确保品牌宣传活动的统一性、规范性、及时性和有效性，单凭传统的手段是难以管理的。PowerCRM可以根据企业的要求，定制活动方案及活动模板，并通过基于Web的现代信息传递手段及时向下属机构传达相关信息和指令，通过各机构的反馈了解活动情况并进行管理和监控。

PowerCRM还可以对市场活动预算、媒体、促销方式、广告、宣传资料进行统一管理。医药企业的市场宣传活动一般有电视媒体广告、平面媒体广告、投递广告促销、联合门诊促销、专家研讨会或讲座促销、药品推广会、专家义诊等形式，针对每次促销活动，制定效果评估指标，根据客观数据，对市场活动进行较为准确的效果评估，为下一步市场计划的制定提供参考依据，从而有效控制市场活动的投入并增强宣传活动的针对性。

4. 销售管理

PowerCRM可以根据企业现有的销售业务流程，并结合国内、国际可借鉴的先进管理经验，通过统一定制的销售流程和个性化的工作流程，规范销售过程中各个环节，并根据制定的工作流自动传递各个环节的信息，使信息及时共享，如销售机会的产生、销售机会的分派、客户跟踪情况、销售工作计划制订、销售合同以及分销协议的规范及管理等等。

销售活动、市场活动以及服务根据制定的工作流程生成待办事宜，随时提醒相关岗位人员及时处理，并及时反馈处理结果。

5. 产品管理

通过PowerCRM系统提供的产品管理及药品批号管理，实时进行药品的批号跟踪，记录药品流通渠道中的药品流向，可帮助企业在发生药品质量事故时，及时找到原因并按照药品流向将该批药品追回，以免造成更大的损失。另外，批号跟踪有助于避免药品流通过程中出现的“换货、串货”现象，规范药品市场。

6. 绩效考核

通过对销售数据的及时收集、共享，以及对销售员日常工作计划的管理，对不同岗位的人员制定不同的绩效考核机制，对销售团队、销售人员、市场人员以及渠道人员进行客观的绩效考核，并且保证考核结果的公平、合理，为公司选拔优秀人才、形成梯队奠定基础，从而保证销售队伍的进取精神和稳定性。

9.2.4 对供应商行业解决方案的评述

面对医药行业这个大市场，各 IT 厂商也出现了群雄争霸的局面，纷纷推出了自己的医药行业 CRM 解决方案。根据 GCCRM（中国客户关系管理研究中心）的《中国医药业 CRM 应用研究报告（2003）》，登卓国际、英克、创智、宏软 PharmaCRM、用友、TurboCRM 等是国内医药行业 CRM 解决方案供应商中的佼佼者。它们提供的解决方案各具特色，一些业内人士认为：创智 CRM 注重挖掘潜在客户，用友 CRM 侧重规范业务流程，TurboCRM 实现精细营销，宏软 CRM 强化销售管理，英克 CRM 则强调全方位的销售管理。虽然目前的这些解决方案离一个能全面体现行业特征的、成熟的医药行业 CRM 解决方案还有一段不短的距离，但我们坚信，随着供应商对行业背景理解的不断深入，一些更加成熟、更加优秀的医药行业 CRM 解决方案将会不断涌现。

9.3 汽车贸易行业 CRM 解决方案

9.3.1 汽车贸易行业背景与特点

汽车贸易行业是指以汽车整车销售（Sale）、配件供应（Spare part）、售后服务（Service）、信息反馈（Survey），又称 4S，为业务核心的行业。行业的主要特点是 4S（四位一体）的营销模式。激烈的市场竞争已经使汽车产业的利润向服务领域转移，在整个汽车获利过程中，整车销售、配件、维修的利润比例结构为 2∶1∶4。维修服务获利是汽车获利的主要部分，对汽车贸易企业的重要性也是显而易见的。因此，汽贸企业在保证整车销售的过程中，特别注重售后服务和客户信息的反馈。

4S 营销模式实质上就是一套完善的汽车营销服务体系，具体业务描述如下：

整车销售是汽车贸易企业的核心业务之一，其销售对象包括私人客户和企业、政府大客户，并以私人客户为主，私人购车占全部交易量的 80%～90%。在销售过程中，除了向客户推介整车外，一般销售顾问还要向客户推荐购买车险、车饰品，进行联带销售。

售后服务指各类汽车维修业务。维修业务是汽贸企业重要的核心业务，扩大维修业务量、保有维修客户资源是汽贸企业最重要的收益点。车辆保养维修服务方式以服务站现场服务为主，还包括外出救援拖车、对集团大客户的上门保养维修服务等。维修业务类别一般分为修理、索赔、事故修理、年审、内部修理、返修。

配件供应主要是做维修领用（可视同销售），一般不直接对客户销售。通常不允许汽贸企业直接向供应商采购配件，而是由整车企业集中配件采购，再供应给服务站。

信息反馈主要是指汽贸企业和整车制造商之间进行关键业务信息的反馈，如销售顾客信息、销售预测信息、客户定车信息、维修信息、索赔业务信息、客户投诉信息、客户满意度信息等，目的是汽贸企业与整车企业建立面向客户的敏捷的供应链体系，保持营销服务网络的核心竞争优势。

4S 营销模式已经成为当前汽车流通领域的主流和发展方向。短短几年内，这种模式在国内迅速得到了广泛普及和推广，国内的各品牌汽车制造厂商，如上海通用、广州本田、一汽大众、上汽大众、神龙富康等基本都已经建立起覆盖全国的 4S 型营销网络。据统计，目前国内以轿车为代表的 4S 销售服务店的数量已达 1 万多家，且处于快速增长中。传统的汽车交易方式也都在向 4S 模式快速转型。

9.3.2　汽车贸易行业 CRM 解决方案的需求分析

4S 营销模式是世界汽车工业几十年探索出来的成功的营销模式，4S 的生命力在于真正体现了以客户为中心的经营理念，能够维系密切的客户关系。

但 4S 企业客户关系的维系需要以 CRM 系统为核心的信息化管理手段的支撑。一方面，汽车作为价值比较高的消费品，车主服务的要求比较高，个性化服务需求强烈。因此，为了提高客户满意度，提高客户服务能力，4S 企业迫切需要信息化管理手段的支撑。另一方面，作为 4S 型企业，因整车企业对其经营管理能力有严格的要求和评估，迫于竞争的压力，4S 企业也迫切需要信息化管理手段的支撑，提升竞争力。

然而，目前 4S 企业的管理系统中，主要是以单店的财务系统和配件的进销存系统为主，辅助一些小公司开发的汽修汽配系统。这样的系统从功能上、技术上已经不能满足现代 4S 企业的管理要求。作为 4S 企业，迫切需要一套全面体现 4S 营销理念（“以客户为中心”是它的核心理念）的 CRM

系统,从而达到提高销售、降低成本、提升营销管理水平的目的。

根据汽车贸易行业的特点,该行业 CRM 系统必须具备如下业务功能:

(1) 统一的客户资源管理

客户资源的管理要解决两个基本问题:一是如何及时准确把握客户的需求,进行准确的市场定位,二是如何根据客户需求及变化,以正确的时间、正确的地点、正确的渠道提供正确的产品和服务。而当前的汽车贸易企业都在客户信息资源描述的完整性、统一性、共享性和信息的有效利用等方面都存在一定的问题。

(2) 销售资源与队伍的分析管理

包括销售计划的管理、销售机会的管理、销售网点的管理、销售人员的跟踪管理、以及销售的统计分析、交叉销售的管理等。

(3) 市场营销分析管理

包括产品和目标的定位、费用与活动的计划、人员的安排、竞争对手与相关产业政策的分析、活动的评估、销售线索的挖掘管理等。而目前的汽车贸易行业对消费缺乏系统性管理,在市场分析,目标客户锁定,竞争策略,活动计划的制定、调整和执行,效果评估等方面缺乏有效的管理工具。

(4) 快速、有效的客户服务管理

包括服务的分类管理、服务的请求管理、人员的调度安排管理、服务费用管理、客户满意度管理等。

(5) 快捷、畅通的物流管理

物流业务主要指整车、饰品、配件的采购、库存、销售业务。其根本目的是快速有效的响应市场需求,防止产生需求产品库存短缺而市场不需求产品库存积压现象。使其随时能准确快速掌握可用库存量,提高销售效率。同时也为采购计划、出库与发货计划等提供有力的决策依据。

(6) 业务知识管理。企业经过多年的业务经营管理,有相应的销售知识、服务知识等相关业务知识的积累。如何提高这些知识的利用率和防止由于人员的流动而导致知识的流失是当前汽车贸易所需解决的一大问题。

9.3.3 供应商行业解决方案举例——用友汽贸行业 CRM 解决方案

针对汽车贸易行业的特点,用友推出了针对汽车贸易行业应用的、前后台业务整合的 CRM 解决方案。该解决方案是一个企业级 B/S 结构、能够同时满足 4S 汽贸企业总部及各分店使用的,实现总部对下属各分店的集中

管理，同时又能够保证各分店分布式应用的解决方案，能够帮助企业利用 Internet 技术建立一个统一的、集成的、共享的客户资源管理平台、销售平台和服务平台，能够满足企业集团应用的管理要求。其应用模式如图 9.2 所示。

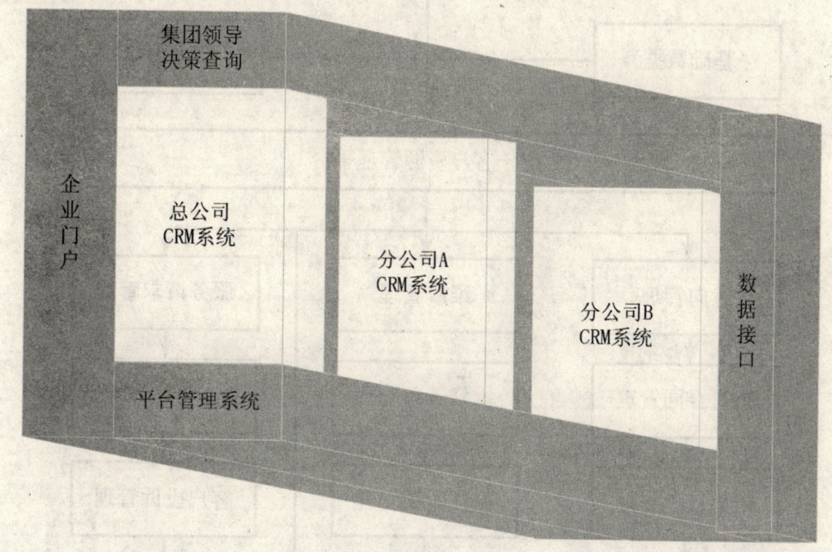

图 9.2　用友汽贸 CRM 应用模式图

各部分的功能介绍如下。

1. 平台管理

CRM 系统级的管理，主要包括账套管理、用户管理、角色管理、功能数据权限管理和各种基础数据的定义。平台管理主要是系统管理员和主管人员使用。

2. 单位 CRM 系统

面向汽贸企业集团相关单位各级营销服务人员的 CRM 系统，称为用友 CRM 汽贸行业专版。功能模块主要包括系统管理、基础数据管理、客户管理、活动管理、销售过程管理、客户服务管理和知识库管理。销售过程管理包括销售合同管理、销售订单管理、客户催款管理、销售发票管理、整车库存管理；服务管理包括维修管理、客户回访管理、客户投诉管理。用友汽贸行业专版的功能模块及各模块之间的关系如图 9.3 所示。至于各模块的详细功能列表见用友公司网站上相应的资料。

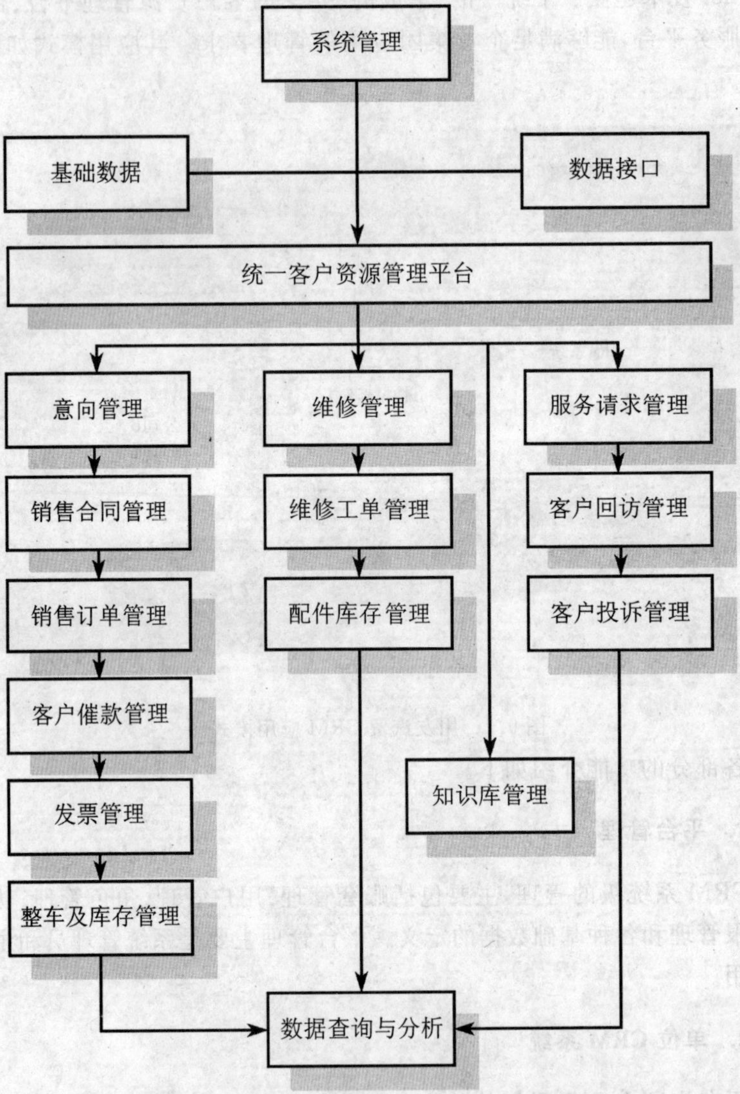

图 9.3　用友 CRM 汽贸行业专版功能图

3. 企业门户

企业面向客户、合作伙伴和供应商的信息交换平台，包括 Web 方式、E-mail方式、Call Center 方式等。

4. 决策支持

主要是利用 BI 分析工具对各种数据进行整理、统计、分析，以图表的形式提供企业领导层对系统统计分析数据的综合查询，辅助领导决策。

5. 数据交换

利用标准的 XML 数据交换平台，与企业后台应用如物流、财务系统等进行数据交换。由于 CRM 是企业应用的最前端，需要 CRM 系统向其他系统提供客户业务数据。

9.3.4 对供应商行业解决方案的评述

用友作为国内最大的管理软件提供商，在国内 CRM 市场刚刚启动的情况下，就及时推出了自己的 CRM 解决方案与产品，汽车贸易行业 CRM 解决方案是其众多的行业 CRM 解决方案中的一个。该解决方案较好地体现了对汽车贸易行业 4S 营销模式的支持，尤其突出了对汽车销售企业维修服务管理、配件管理等重点业务的支持。由于市场潜力巨大，金碟等其他供应商也纷纷推出了相应的解决方案。但是，一个行业 CRM 解决方案的成熟需要一个过程，要透彻地理解这个行业并将其对行业的理解完整地体现在相应的解决方案之中，不论是用友还是其他供应商都还有漫长的路要走。

本章小结

CRM 在各个行业得到了广泛应用，各供应商在自己擅长的行业也都纷纷推出了相应的 CRM 行业解决方案。本章介绍了 CRM 应用前景非常广阔的保险、医药、汽车贸易三个行业中有代表性的 CRM 解决方案——SAP 保险业 CRM 解决方案、创智医药行业 CRM 解决方案、用友汽贸行业 CRM 解决方案。

基本印象是：除 SAP 等少数厂商外，大多数厂商推出的所谓 CRM 行业解决方案没有很好地体现行业背景和特点，难以反映行业对 CRM 的真正需求。

第 10 章

CRM 系统设计基础

学习目标

- 了解一些核心业务模块的详细功能
- 理解 CRM 软件涉及的销售、营销和客户服务三大业务的基本业务流程
- 了解客户数据库中的一些基本数据表的设计

系统的设计有两种方法：结构化设计方法和面向对象的设计方法。前者的设计结果包括系统总体功能结构图、各模块功能图及一整套数据流图(DFD)和实体关系图(ERD)；后者的设计结果一般是一套 UML 模型，包括用例图、活动图、顺序图和类图等。本章采用结构化设计方法对 CRM 系统进行基本设计，主要包括 CRM 系统基本模块详细功能设计、主要业务流程描述和部分数据表设计。

10.1 CRM 系统功能模块设计

国内外都有大量企业涉足 CRM 产品领域，各家的概念、产品、标准、接口都不相同，带给客户的印象自然也是林林总总。就系统功能而言，将会因为供应商、行业和用户企业等的不同而呈现出较大的差异。图 10.1 是一个具有一定代表性的 CRM 系统的功能模块组成图，共有 10 个模块，其中包括了 CRM 系统的 5 大典型功能。

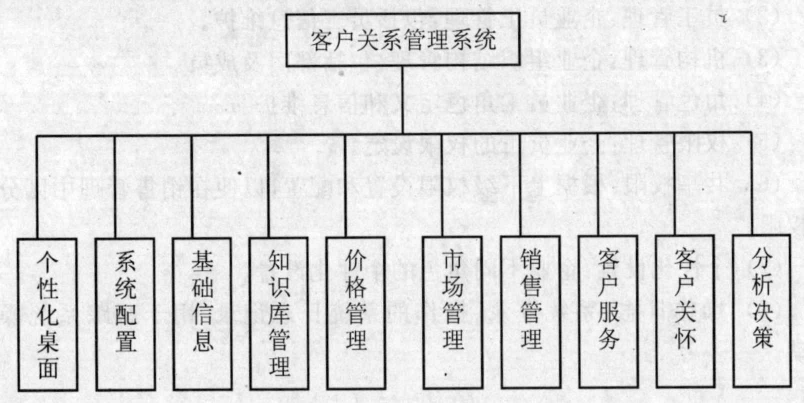

图 10.1 CRM 功能模块

10.1.1 个性化桌面

个性化桌面为系统管理人员提供具有自己个性的工作平台，主要包括以下模块。

(1) 我的桌面：与自己相关的所有工作，提供个性化桌面。

(2) 我的收藏：我的收藏夹，提供自定义的收藏夹。

(3) 日程安排：我的日程安排，系统具有提醒功能。

(4) 我的任务:我的工作任务,上级指派的工作任务。

(5) 我的进程:属于我或由我参与的销售工作进程。

(6) 我的订单:我的销售订单,可浏览订单执行状态和执行情况,客户收款情况,电子催付任务等信息,并可自动提醒。

(7) 我的费用:我的销售工作成本费用及明细。

(8) 我的通讯录:我的个性化通讯录,可以是客户、朋友等,可分组。

(9) 客户信息:提供我的客户信息查询。

(10) 高级搜索:提供全面的个性化搜索功能。

10.1.2 系统配置

系统配置提供系统相应的基础设置、系统设置和系统管理相关信息。

(1) 基础设置:配置系统元数据信息,包括类型定义、状态定义、动作定义、进程定义及其他相关数据定义。该部分数据可以由用户根据实际应用情况进行重新定义,以适应不同行业、不同类型用户的应用。

(2) 员工管理:企业员工管理,包括员工信息维护。

(3) 机构管理:企业组织结构管理,包括部门及成员。

(4) 角色管理:企业员工角色定义和信息维护。

(5) 权限管理:企业员工的权限设定。

(6) 共享权限:根据上下级权限设置和配置,以便在销售管理中区分共享权限。

(7) 个性化设置:企业不同角色的个性化设置。

(8) 操作日志:系统登录、操作的系统日志记录,用于跟踪系统操作活动。

10.1.3 基础信息

基础信息包括系统最基本的信息,主要包括以下基础信息。

(1) 产品信息:所有产品相关信息,包括基本信息、特定信息、扩展信息等。

(2) 库存信息:所有产品的库存信息,包括数量、有效期等。

(3) 客户信息:所有客户(包括现有客户和潜在客户)相关信息,包括基本信息、特定信息、扩展信息及联系人信息等。

(4) 合作伙伴信息:所有合作伙伴信息,包括基本信息、负责人信息、联

系人信息等。

(5) 代理商信息：所有代理商信息库，包括基本信息、负责人信息、联系人信息等。

10.1.4　知识库管理

知识库管理主要包括以下方面的信息。

(1) 竞争对手：竞争对手信息，包括基本信息、优势弱势、影响力、业务擅长等。

(2) 竞争比较：与竞争对手的各个指标竞争比较分析。

(3) 对手动态：竞争对手动态信息，包括市场、销售等。

(4) 产品比较：公司产品与竞争对手产品比较信息。

(5) 同类产品：同类产品相关信息，供销售人员参考。

(6) 销售分析：销售丢单原因的分析(如竞争对手太强、跟踪不及时、客户关系不好等)以及销售成功的经验总结。

(7) 销售案例：提供成功的销售案例详细信息以供参考。

(8) 标准文档：销售相关的标准文档，包括产品、报价、方案、配置、说明资料等。

(9) 关怀信息：用于客户关怀的节日信息，以便提醒，以及用于客户关怀的相关信息，如短信、祝贺语、电子贺卡等。

(10) 销售论坛：企业内部销售论坛，提供销售人员市场、销售、服务的沟通和交流平台，同时也提供销售人员一个经验交流的平台。

10.1.5　价格管理

价格管理主要包括与产品价格有关的信息，如产品定价、销量定价、客户定价、伙伴定价、员工定价、现金定价、现金折扣和促销价格等。

(1) 产品定价：所有产品的标准定价，包括零售价和批发价。

(2) 销量定价：制定基于一定销量的价格体系。

(3) 客户定价：针对特定客户的定价，如大客户、长期客户，可在一定范围内以特殊价格销售。

(4) 伙伴定价：针对合作伙伴的特定价格。

(5) 员工定价：员工定价的权限规定和设定。

(6) 现金定价：提供以现金付款及数量为指标的价格定额。

(7) 现金折扣:提供现金折扣,可以根据付款、数量等相关指标提供折扣。

(8) 促销价格:指定促销期间的优惠价格。

10.1.6 市场管理

市场管理使营销人员彻底地分析客户和市场信息,获取潜在客户,策划营销活动和行动步骤,制订灵活、准确的市场发展计划,更加有效地拓展市场。

(1) 市场活动管理:市场活动信息的录入、维护和查询,市场活动预算和费用管理,销售机会管理。

(2) 合作伙伴管理:提供合作伙伴的权限设置、信息存取、销售信息共享的设定,提供一定时期针对合作伙伴的定额销售管理,包括定额制定、维护、查询等。

(3) 工作进程管理:提供特定市场活动的工作进程管理,提供工作任务指派及跟踪信息。

(4) 分销管理:提供分销商的信息管理,并提供分销级别设定及价格管理。根据销售基础信息和客户基础信息等,提供综合的分销信息,为制定分销策略服务。提供市场促销活动的后续分析,并根据销售情况智能化提供促销建议。

10.1.7 销售管理

销售管理模块管理商业机会,账户信息及销售渠道等方面。它支持多种销售方式,确保销售队伍总能把握最新的销售信息,实现销售管理自动化。

1. 销售机会

(1) 线索管理:记录、整理、分析市场活动反馈的各种销售线索,寻找销售线索向销售机会升迁的途径。

(2) 机会挖掘:通过各种方式挖掘销售机会,如挖掘已有客户的二次销售机会、通过电话联系获取销售机会、通过电子推销获取销售机会等。

(3) 机会管理:机会名称、潜在的生意额、获得机会的可能性大小、机会有效期、机会负责人和机会采取的销售方法等机会信息的管理。

2. 销售管理

(1) 销售团队:销售经理或销售人员根据特定销售机会申请建立临时

销售工作组。

(2) 客户分配:根据客户或销售机会的特定情况,将客户分配给销售人员。

(3) 客户转移:根据客户或销售机会的特定情况,将客户从一个销售人员转移到另一个销售人员。

(4) 工作代理:销售人员由于特殊情况离职时,可以指定工作代理,并且代理人员将继承一切原销售人员的客户、销售任务及相关权限。

(5) 指标管理:将销售管理层确定的总体销售营业额、销售利润等销售指标,分解落实到每个销售人员。

(6) 销售预测:销售代表或销售人员根据已跟踪或联系的客户进行预测分析,并产生预测报表,管理层也可以清楚地了解各销售人员跟踪的客户和客户情况。

(7) 销售佣金:销售管理人员创建和管理销售队伍的奖励和佣金计划,并生成各销售代表的销售业绩报表。

(8) 费用管理:根据指标等销售要素,确定各销售人员的预算费用支出。

(9) 费用监控:根据对预算销售费用和实际支持费用的比较,分析各销售代表的费用使用及与销售成效的比较进行监控。

3. 销售进程

(1) 进程定义:定义各种不同的销售机会的销售进程阶段和步骤,如项目型销售包括初次接触、需求确定、提交方案、项目报价、意向确定、商务谈判、合同签订等。

(2) 销售进程:所有由销售机会确定的销售进程。

(3) 销售活动:根据销售进程及任务确定的销售活动。

(4) 销售任务:各销售进程中不同的销售任务,包括自动产生的或上级分派的等。

(5) 任务分配:销售经理根据实际情况将销售任务分派给指定的销售代表或销售人员。

(6) 销售费用:销售进程中各销售活动的销售费用的汇总和统计。

(7) 日程管理:销售经理或销售人员制定的销售日程安排,包括每天、每周及每月等。如销售约会、电话、拜访、洽谈、邮件、传真等。如果是团队工作组,则可以看到团队中其他人员的安排及整体任务表。

(8) 竞争分析:针对销售进程的竞争分析,从客户关系、公司声誉、整体

实力、解决方案、性价比、过去合作等指标信息进行竞争对手的优劣势分析。

(9) 决策树管理:根据所了解的客户的不同层次和不同性质的决策人进行分析,确定加权,并结合竞争分析,列出决策树分析结果。

(10) 报价管理:根据客户相关信息、项目相关信息、竞争对手分析、价格体系等确定报价,并根据实际情况通过 Fax,E-mail 等方式传递给客户。

4. 订单管理

(1) 订单处理:根据销售工作进程产生并下达订单,记录订单信息。

(2) 订单跟踪:跟踪已产生的订单执行情况,如查询执行状态、付款情况等。

(3) 退货处理:处理退货情况,记录退货订单信息。

(4) 电子催收:根据订单付款情况,进行电子催收。

5. 财务相关

(1) 收付管理:财务处理,帮助企业对客户进行预收、销售收款以及销售退款等。

(2) 账户查询:帮助企业快速地查询企业与客户之间的资金往来,包括账户余额、账户明细和收付查询。

(3) 销售毛利:查询已发生订单及相应的客户、订单金额和利润信息。

(4) 信用管理:根据客户的账务情况查询客户的账户余额和信用额度。

6. 销售分析

(1) 销售漏斗:根据不同的销售状态形成销售漏斗,分析不同的销售状况。

(2) 销售管线:根据销售机会的统计和升迁变化,分析销售机会的把握、利用和执行情况。

(3) 销售预测:根据各不同的销售进程预测汇总所有的销售汇总预测及明细。

(4) 销售报表:根据特定的销售分析指标统计分析销售情况,如地区、年度、季度等。

(5) 业绩报表:各销售代表的销售统计报表,按月、季度、年等。

(6) 销售利润:提供已执行订单的销售利润分析报表,按各销售代表汇总。

(7) 成效分析:根据销售机会、销售进程、销售订单及销售利润等,分析

特定的销售代表、地区、时间段的销售成效。

（8）费用分析：根据销售预算费用及实际支出费用，统计和分析费用，按各销售代表并汇总。

10.1.8　客户服务

客户服务可以使客户服务代表如综合部门电话征订人员、客户投诉受理人等有效地提高服务质量，增强服务能力，从而更加容易捕捉和跟踪服务中出现的问题，迅速准确地根据客户需求分解整个企业业务流程各个环节中的问题，延长客户的生命周期。服务人员通过分解客户服务的需求，并向客户建议更多、更适合的产品和服务，来增强和完善对每一个客户的解决方案，全面提高客户满意度和忠诚度。

（1）服务请求：对客户提出的服务请求及时服务。

（2）服务进程：制定客户服务的工作进程，并记录相应信息。

（3）服务任务：制订服务任务，并分派给相应的服务人员。

（4）客户反馈：及时记录客户对服务的反馈信息、反馈处理状态及信息。

（5）客户投诉：对客户投诉进行记录和及时处理。

（6）问题解答：客户提出的问题解答，可以通过知识库方式自动解答或人工解答。

（7）自助服务：为客户自助服务提供专用信息，如产品目录、说明书、解决方案等信息。

（8）移动服务：通过移动设备支持现场服务，如为服务人员提供手机直接转发短消息等。

（9）现场服务：为现场服务人员传递、跟踪客户和账目信息，保证快速准确的客户服务，提供服务计划、预告、行程安排等。

（10）服务分析：包括有“请求分析”和“任务分析”，按时间、类型等。

10.1.9　客户关怀

客户关怀贯彻了市场营销的所有环节，其目的是使客户能够重复购买公司的产品或服务。客户关怀包括如下几个的方面。

（1）关怀建议：根据客户对企业的价值、客户待解决的问题等生成客户关怀建议。

(2) 建议管理:关怀建议信息管理和维护。

(3) 特别关怀:对特定客户的特别关怀,如生日关怀、节日关怀等。

(4) 工作进程:客户关怀工作进程管理。

(5) 关怀任务:特定关怀工作进程的关怀任务执行记录。

10.1.10 决策分析

决策分析主要包括针对销售、市场和服务等情况进行分析,以便为以后的决策提供相应的支持。其主要包括以下几个方面。

1. 销售分析

(1) 销售状况:企业一定时间范围内的客户、合作伙伴和产品产生的销售额、销售量和利润,利用不同的分析方法得出企业销售的趋势和构成分布情况。

(2) 销售构成:企业一定时间范围内的每个客户、合作伙伴和产品产生的销售额和利润分别占企业所有客户、所有合作伙伴和所有产品产生的总销售额和利润的绝对数和相对数分析,得出企业销售的来源构成情况。

(3) 前期比较:通过对企业当前销售业绩与上期或去年同期销售业绩的比较分析,协助企业分析销售业绩变化的内部构成原因。

(4) 丢单分析:通过对一定时间范围内的销售任务失败的原因构成分析,协助企业寻找销售丢单的主要因素,从而针对性地提高竞争能力。

2. 市场分析

(1) 市场活动分析:一定时间范围内的所有市场活动带来的销售额、利润以及相关的预算、费用支出金额的统计分析,帮助企业寻找成功和失败的市场活动的经验教训,提高市场部门的运营效益。

(2) 竞争分析:一定时间范围内的竞争对手成功和失败的次数,协助企业采取措施增强市场竞争能力,为进一步扩大销售提供可能。

3. 服务分析

(1) 客户满意度分析:一定时间范围内的反馈信息中反馈类型为“表扬”、反馈对象为“服务”的反馈单出现的比例,客观评价企业的客户满意程度,提高企业的各个管理运营效益。

(2) 客户投诉率分析:一定时间范围内的反馈信息中反馈类型为“投

诉”、反馈对象为“服务”的反馈单出现的比例，客观评价企业的客户投诉程度，总结教训提高企业的各个管理运营效益。

4. 产品分析

（1）产品价值分析

1）销售额排行：按照一定时间范围内每个产品发生的订单金额来统计产品累计销售额，并按照销售额的多少进行降序分析，为企业寻找价值产品提供依据。

2）销售量排行：按照一定时间范围内每个产品发生的销售订单产品数量来统计产品累计销售量，并按照订单产品数量的多少进行降序分析，为企业寻找价值产品提供依据。

3）利润额排行：按照一定时间范围内每个产品发生的订单产品利润来统计产品累计利润额，并按照利润额的多少进行降序分析，为企业寻找价值产品提供依据。

（2）产品问题分析

1）投诉排行：一定时间范围内每个产品涉及的反馈类型为“投诉”的反馈单张数统计，并按照投诉单张数的多少进行降序分析，为企业寻找问题产品提供依据。

2）退货排行：一定时间范围内每个产品发生的累计退货额，并按照退货金额的多少进行降序分析，为企业改进产品质量，寻找优先考虑的问题产品提供依据。

（3）产品特征分析：一定时间范围内，统计不同产品属性的产品销售额和利润情况，找出销售情况良好或不理想的产品特性，为企业的产品选型提供依据。

5. 客户/伙伴分析

（1）价值客户/伙伴分析

1）交易次数排行：一定时间范围内每个客户/伙伴同企业签订的销售订单张数的统计，并按照订单数量的多少进行降序分析，为企业寻找价值客户/伙伴提供依据。

2）销售额排行：按照一定时间范围内每个客户/伙伴同企业发生的订单金额来统计累计销售额，并按照销售额的多少进行降序分析，为企业寻找价值客户/伙伴提供依据。

3）利润额排行：按照一定时间范围内每个客户/伙伴同企业发生的订

单利润来统计累计利润额，并按照利润额的多少进行降序分析，为企业寻找价值客户/伙伴提供依据。

(2) 问题客户/伙伴分析

1) 退货排行：按照一定时间范围内每个客户/伙伴对企业产品填列的退货单的金额来统计累计退货额，并按照退货金额的多少进行降序分析，为企业改进产品质量，寻找优先考虑的问题客户/伙伴提供依据。

2) 投诉排行：对一定时间范围内每个客户/伙伴的反馈类型为“投诉”的反馈单张数进行统计，并按照投诉单张数的多少进行降序分析，为企业寻找问题客户/伙伴提供依据。

3) 欠款排行：对一定时间范围内每个客户/伙伴的欠款金额进行统计，并按照欠款金额的多少进行降序分析。

(3) 友善客户/伙伴分析

1) 表扬排行：对一定时间范围内每个客户/伙伴的反馈类型为“表扬”的反馈单张数进行统计，并按照表扬单张数的多少进行降序分析，为企业寻找样板客户/伙伴提供依据。

2) 建议排行：对一定时间范围内每个客户/伙伴的反馈类型为“建议”的反馈单张数进行统计，并按照建议单张数的多少进行降序分析，为企业寻找关心企业发展的友好客户/伙伴提供依据。

3) 联络分析：统计一定时间范围内对每一个客户的联系情况。

(4) 客户/伙伴特征分析

一定时间范围内，统计不同客户/伙伴属性的客户/伙伴销售额和利润情况分析，找出销售情况良好或不理想的客户/伙伴特性，为企业的客户/伙伴选型提供市场销售依据。

6. 员工分析

(1) 销售额排行：按照一定时间范围内每个员工拿到的销售订单金额来统计员工累计销售额，并按照销售额的多少进行降序分析，为企业寻找业绩优秀员工提供依据。

(2) 利润额排行：按照一定时间范围内每个员工拿到的订单利润来统计累计员工利润额，并按照利润额的多少进行降序分析，为企业寻找业绩优秀员工提供依据。

(3) 成功率排行：一定时间范围内每个员工负责或参与的销售任务以“成功”或“失败”状态关闭次数的统计，并按照“成功次数/总次数”之商百分比数值的多少进行降序分析，为企业寻找业绩优秀员工提供依据。

(4) 表扬排行:对一定时间范围内每个员工涉及的反馈类型为"表扬"的反馈单张数进行统计,并按照表扬单张数的多少进行升序分析,为企业寻找业绩最佳员工提供依据。

(5) 投诉排行:对一定时间范围内每个员工涉及的反馈类型为"投诉"的反馈单张数进行统计,并按照投诉单张数的多少进行降序分析,为企业寻找业绩不佳员工提供依据。

(6) 欠款排行:对一定时间范围内每个员工的欠款金额进行统计,并按照欠款金额的多少进行降序分析。

7. 费用分析

(1) 员工费用趋势:一定时间范围内的指定员工的费用产生时间分布情况的分析,帮助企业寻找员工费用发生的规律,为企业合理安排运营资金,制订资金计划提供依据。

(2) 部门费用趋势:一定时间范围内的指定部门的费用产生时间分布情况的分析,帮助企业寻找部门费用发生的规律,为企业合理安排运营资金,制订资金计划提供依据。

(3) 任务费用分析:对一定时间范围内的每种类型任务发生的费用进行分析,得出在不同时间段内费用的发生分布情况,协助企业有针对性的制定各项费用开支预算和监控。

(4) 费用执行分析:对一定时间范围内每种类型的各个任务发生的费用与任务预算进行比较分析,得出不同任务的预算执行情况,协助企业考核预算执行结果,针对差异寻找原因和解决途径,协助企业提高预算编制的准确度和费用控制的力度和手段。

8. 计划分析

一定时间范围内的指定部门或员工的月计划、月完成、月完成比率、合计计划、合计完成、合计完成比率情况的分析,帮助企业寻找计划完成比的规律,为企业合理安排运营资金,制订资金计划提供依据。

9. 预算分析

通过对企业一定时间范围内的指定部门或员工的预算和实际花费情况的分析,帮助企业寻找预算和实际花费之比的规律,为企业合理安排运营资金,制定资金计划提供依据。

10.2 CRM系统主要业务流程

CRM业务过程主要包括客户销售、市场营销、客户支持与服务管理三个方面。

10.2.1 销售业务流程

销售业务流程涉及寻找客户、签订合同(协议)、订单跟踪、收账检查、用户回访及反馈各个环节,其业务流程如图10.2所示。

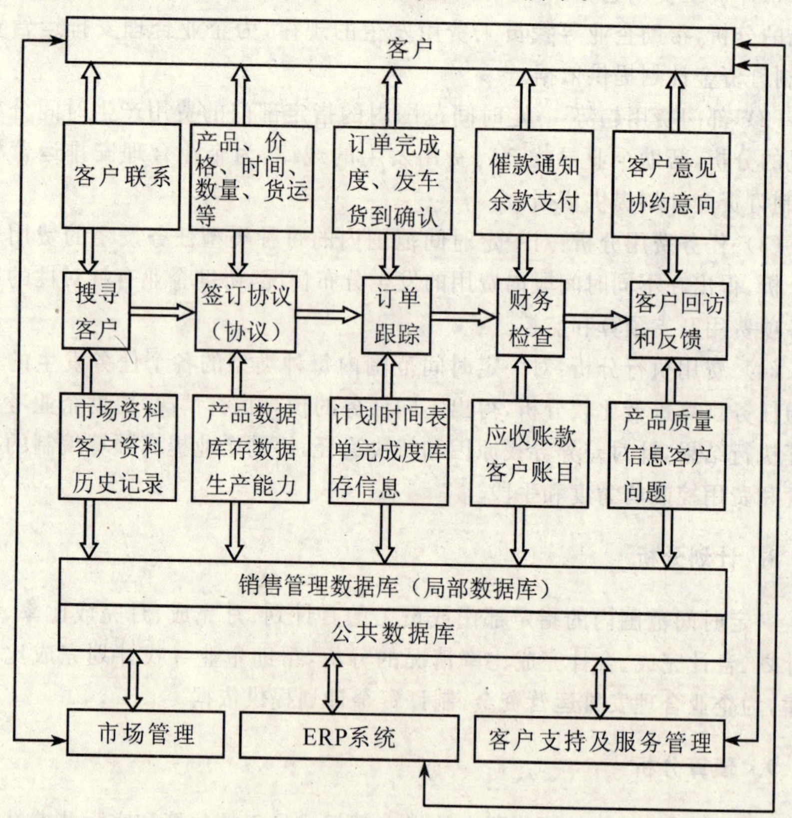

图10.2 销售业务流程

寻找客户主要是根据已有的客户资料及潜在客户信息来发现客户、联系客户,所要获取的信息包括当前市场资料、客户基本资料、客户历史记录

等；签订合同（协议）是通过销售人员与客户达成协议后进行合同的制定及订单的创建，所要获取的信息包括产品数据、库存数据、生产能力等；订单跟踪涉及从传送订单至生产部门、制定订单计划时间表、开票、发车等整个订单完成过程。财务检查、用户回访及反馈则是整个客户销售业务流程的结尾工作，主要是检查订单账款的回收情况，拜访客户，了解客户对订单执行的满意程度，并开始新一轮的业务。

10.2.2　市场营销业务流程

市场营销业务过程主要涉及市场信息处理、竞争对手调研、客户信息跟踪、潜在客户分析、营销活动管理等环节，其业务流程如图 10.3 所示。

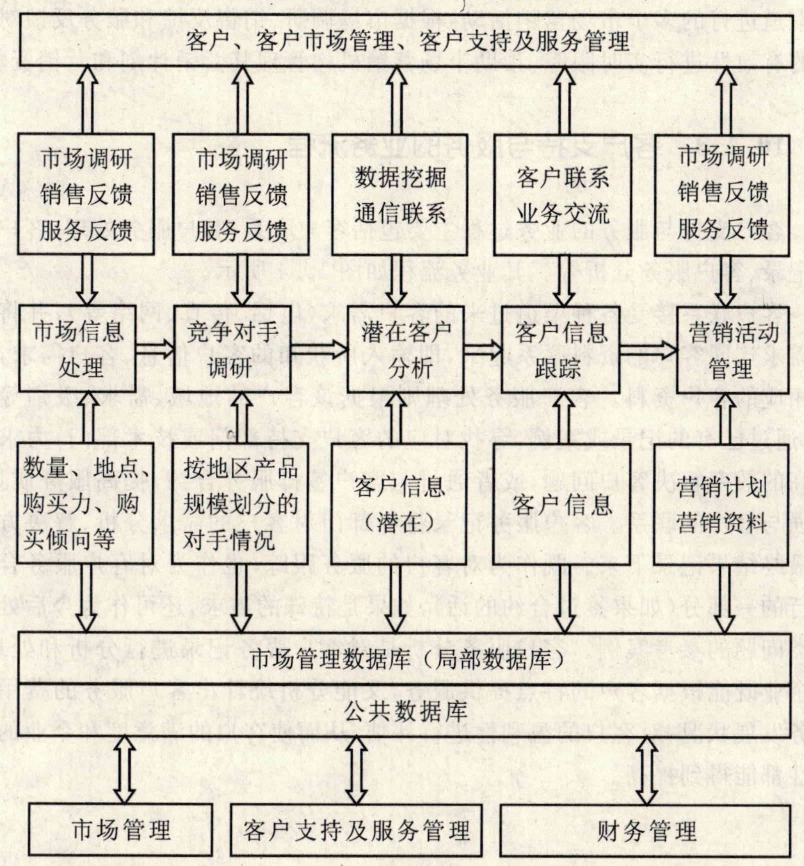

图 10.3　市场营销售业务流程

市场信息处理通过市场调研、销售及服务反馈等渠道获取关于区域、类型、容量、喜好、趋势等市场信息，并对这些信息加以管理分析，为企业决策、销售及服务提供帮助。其存取的数据包括数量、地点、购买力、购买倾向或其他用户自定义的标准。竞争对手调研则是通过类似的方式来获得关于竞争对手的情报，并在此基础上对自己的市场推广、销售、支持与服务、乃至整个企业的战略决策进行调整，以提高自己的竞争力。客户信息跟踪则对所有已发生业务关系的客户保持同他们的联系，及时更新客户数据，同其他部门一起保持同客户的良好关系。潜在客户分析是利用信息分析工具及通信联系手段，在从市场、销售、服务和其他途径获得的数据的基础上，挖掘可能存在的潜在客户，并通过营销管理或销售管理与之联系，从而扩大企业市场份额，增加企业利润。营销活动管理，使市场营销部门有能力执行和管理多种渠道进行的多个市场营销活动，根据市场调研、销售反馈和服务反馈对活动的有效性进行实时跟踪，帮助市场营销机构管理其营销计划和营销资料。

10.2.3 客户支持与服务的业务流程

客户支持与服务的业务过程主要包括客户联系、客户服务处理、客户服务记录、客户服务分析等。其业务流程如图 10.4 所示。

客户联系接受各种渠道过来的客户需求（电话、传真、网络等），并将这些需求连同客户的资料联系起来，即输入所获知的客户信息、客户需求，调出相应的客户资料。客户服务处理则根据该客户的地域、需求、级别等因素，通过已有的记录或案例，寻找对应的客户支持部门或技术部门，力求以最高的效率解决客户问题，或者通过与客户签订服务合约，提高服务质量，加强与客户的联系。客户服务记录将各部门对客户的需求分析、解决方案及最终结果记录下来。既作为对客户的服务跟踪，也作为对客户服务合同执行的一部分（如果签过合约的话），如果是特殊的需求，还可作为今后处理这类问题的参考案例。客户服务分析是对客户服务记录进行分析和处理，使企业既能根据客户的特点提供服务，又能分析统计出客户服务的费用和业务发展状况，对客户的盈利性进行评估，从而使客户的满意度和企业的盈利性都能得到提高。

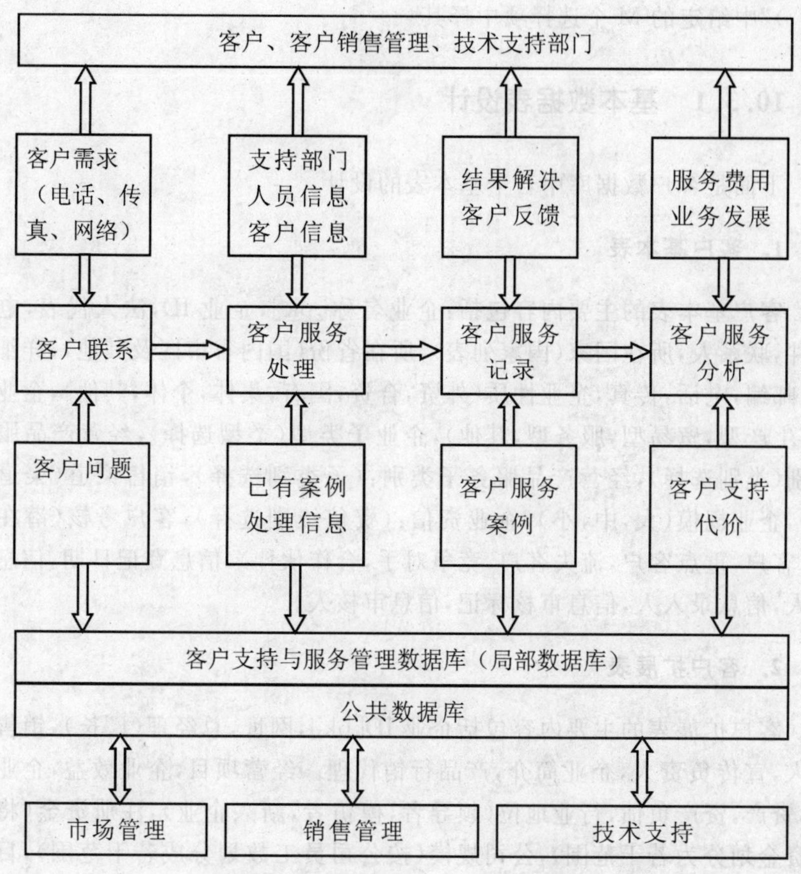

图10.4　客户服务与支持业务流程

10.3　数据表设计

数据库是CRM系统的基础，而数据库的表结构设计是数据库设计最基本的内容。本节将给出一些数据表设计的例子，供读者参考。

数据表的描述格式：字段1，字段2，…，字段N。

“字段N”的描述格式：字段名称[[pk]][：(选择项)]

字段描述格式中的符号说明：

“[]”表示其中的内容是可选项；

可选项“[pk]”表示该字段为关键字段；

可选项“：(选择项1，选择项2，…，选择项M)”表示该字段的值是从

“( )”中给定的M个选择项中择其一。

10.3.1 基本数据表设计

下面是客户数据库中若干基本表的设计。

1. 客户基本表

客户基本表的主要内容包括:企业名称[pk],企业ID,法人代表,电子邮件,联系人,所在国家(国家列表),所在省份(国内省市区及其他),详细地址,邮编,电话,传真,企业性质(外资,合资,国有,集体,个体,其他),企业类型(生产型,贸易型,服务型,其他),企业子类型(类型选择),经营产品服务类别(类别选择),经营产品服务子类别:(子类别选择),销售渠道(渠道选择),企业规模(大,中,小),企业资信:(资信级别选择),客户考核(潜在客户,客户,重点客户,流失客户,竞争对手,合作伙伴),信息登记日期,信息采集人,信息录入人,信息审核标记,信息审核人。

2. 客户扩展表

客户扩展表的主要内容包括企业ID[pk],网址,总经理(厂长),销售负责人,宣传负责人,企业简介,产品行销代理。经营项目,企业效益,企业荣誉,资产,资产负债,行业地位(领导者,模仿者,新兴企业),注册资金(将注册资金划分为若干范围),公司规模(按公司员工数划分成若干范围),目标经营区域(西北,西南,东北,华北,华东,华中,华南,大中华,东南亚,拉美,欧洲,澳洲,非洲等,全球),信息登记日期,信息采集人,信息录入人,信息来源,信息修改标记,信息审核标记。

3. 客户联系人基本表

联系人ID,企业ID,联系人姓名[pk],性别,年龄,联系人职位(董事长,总经理,营销主管,市场主管,宣传主管,总工程师,外联主管,人力资源主管,职员),邮编,办公电话,电子邮件,手机,传真,个人简介,信息登记日期,变更信息,变更信息日期,变更信息登录人,失效标志,信息登记日期,信息采集人,信息录入人,信息审核标记。

4. 客户联系人扩展表

企业ID,联系人ID[pk],民族(民族选项),出生日期(日期选项),学历

(学历选项),专业(专业选项),家庭地址,私人电话,个人习惯,兴趣爱好,收入状况,社会关系,履历,家庭构成(在构成类中选择),性格分析(商人型,企业家型,官僚型,专家型,学者型,会计型,其他),素质评价(诚实度,信用度,事业心,见识,领导魅力,业务能力,健康状况),信息登记日期,信息采集人,信息录入人,信息审核标记。

5. 客户供求信息

企业 ID,供求 ID[pk],供求意向(招商,合作,供应,求购),供求主题,供求内容,相关图片,信息行业类别,有效期限,关键字,信息登记日期,费用金额,信息采集人,信息录入人,信息审核标记,信息发布处理记录,到款情况(全款到,到×××,未到),财务担保记录,合同审核,财务审核。

6. 业务人员表

业务人员 ID,姓名,性别,年龄,负责区域,业务主管,联系电话,地址,职务,考核级别,用户组别,自我备注,主管备注。

7. 企业市场活动表

企业名称,活动时间,计划投入数,计划投入方式,已经投入数,已经投入方式,活动类型(新产品,新服务,市场营销)。

8. 产品与服务

企业名称,产品/服务名称,产品/服务简介,产品/服务商业机会,产品/服务简要报价,产品/服务分类(类别选择)。

10.3.2 其他后台管理和动态信息表

下面是客户数据库中若干扩展表的设计。

(1) 业务员客户日志

客户名称,挂牌业务员,业务主管,回访客户日志,事务处理日志,最近访问时间。

(2) 任务信息表

信息接收方,信息标题,信息内容,信息处理笔记,信息反馈,信息另存,信息优先级,信息阅读标记,信息发送方(具体用户、系统某模块)。

(3) 地区设置表

ID,国家或地区,电话区号。

(4) 城市设置表

ID,(国内)省,市,区,邮编,电话区号。

(5) 行业设置表

ID,行业分类,行业细分类。

(6) 客户投诉

企业名称,投诉人,投诉电话,投诉时间,投诉主题,投诉内容,现场解决记录,报请解决部门/人,后期解决记录,效果评定,记录人。

(7) 职务设置

总经理,副总经理,部门经理,总工程师,董事长,业务主管,办公文员,财务总监,市场总监。

(8) 部门设置

办公室,财务部,市场部,技术部,开发部,企管部。

(9) 称谓设置

称谓 ID,称谓设置。

本章小结

不同行业的 CRM 软件的功能不同,同一行业不同供应商的 CRM 软件其功能也不相同,但一般都包含客户信息管理、销售自动化、营销自动化、客户服务管理和客户分析等典型功能。本章第一节介绍了一个有一定代表性的 CRM 软件系统的设计。该系统有 10 个模块组成(其中包含了 5 大典型模块),每个模块都给出了详细的功能设计。

销售、营销和客户服务是 CRM 系统涉及的三个主要业务,本章第二节简要描述了它们的业务流程。销售业务流程涉及寻找客户、签订合同、订单跟踪、收账检查、用户回访及反馈等环节。营销业务过程主要涉及市场信息处理、竞争对手调研、客户信息跟踪、潜在客户分析、营销活动管理等环节。客户服务的业务过程主要包括客户联系、客户服务处理、客户服务记录、客户服务分析等环节。

数据库是 CRM 系统的基础,而数据库的表结构设计是数据库设计最基本的内容。本章第三节介绍了客户基本表、客户扩展表、客户联系人基本表、客户联系人扩展表、客户需求信息等基本数据表的设计。

客户关系管理理论与软件

第4篇

相关技术

第 11 章

呼叫中心

学习目标

- 理解呼叫中心的概念
- 了解呼叫中心的分类
- 掌握呼叫中心的组成，了解其中的关键技术
- 了解四代呼叫中心各自的特点及今后呼叫中心的发展趋势
- 了解呼叫中心的作用

11.1 呼叫中心的基本概念、产生与发展

11.1.1 呼叫中心的基本概念

在日常生活中，我们常常可以足不出户，通过电话就能购买到所需的商品、享受到所需的服务。我们也会收到陌生的电话，热情地向我们推介他们的产品或服务。也许他们的服务或产品正是我们所需的，也许我们自己还没有考虑到的需求，他们已经替我们想在前面了。我们在充分享受着通信技术的发展带来的舒适与方便。也许您根本就没有想到，在为您提供服务的某个电话号码的背后，运作着一个采用先进的通信技术、计算机技术及二者集成技术的、庞大的、我们称之为呼叫中心的信息服务机构。

现在，呼叫中心这一概念的内涵已十分丰富，它涵盖了一个规模庞大的行业。在国内，最近几年出现了各种各样的关于呼叫中心的定义，有的从呼叫中心的服务方式上进行定义，有的从呼叫中心的技术构成上进行定义，有的呼叫中心定义强调电话量，有的强调呼叫中心的功能和作用，这些定义都从某些方面反映了呼叫中心的特征。例如：呼叫中心就是热线电话；呼叫中心就是电话服务中心；呼叫中心是基于 CTI 技术的信息服务机构；呼叫中心是企业处理大量呼入呼出电话的场所；呼叫中心是企业的信息收集机构和信息服务机构。

不同企业的呼叫中心根据其工作方式和工作内容的不同还有很多别名，这些别名大都力图去概括和反映其特色。常见的别名有：客户服务中心(Customer Service Center)、客户关怀中心(Customer Care Center)、客户联系中心(Customer Connect Center)、客户接触中心(Customer Contact Center)、客户接触域(Customer Contact Zones)、客户支持中心(Customer Support Center)、多媒体接入中心(Multimedia Access Center)、客户关系中心(Customer Relation Center)以及电话营销中心(Telemarketing Center)等等。如果说采用客户支持中心这一名称，其含义是客户有困难可以向该中心求助，那么称为客户关怀中心就有愿意主动为客户提供服务的含义。各种各样的呼叫中心的别名从不同的侧面反映了呼叫中心这一概念的复杂性和内容的广泛性。

给呼叫中心下一个简明、全面、准确的定义不是一项简单的任务。我们

可以笼统地说，呼叫中心是企业利用现代通信手段集中处理与客户的交互过程的机构。用于不同目的的呼叫中心所采用的技术的复杂性可以有很大的区别，不同呼叫中心的功能也会有很大的差别。典型的呼叫中心一般都采用了自动语音应答(IVR)技术、呼叫自动分配(ACD)技术、计算机电话集成(CTI)技术和呼叫管理系统(CMS)。呼叫可由客户发起，也可由呼叫中心发起。电话仍然是呼叫中心与客户联络的主要方式，但也不局限于此，有的呼叫中心还提供其他的接入渠道，如网上呼叫、文本交谈、自动传真、E-mail 回复等。

11.1.2 呼叫中心的产生与发展

呼叫中心最早源于北美，其雏形可以追溯到 20 世纪 50 年代美国的民航业和旅游业。20 世纪 50 年代初，美国的一些经营旅游餐饮业的公司，开通了电话服务热线，客户可以通过电话进行服务预定。1956 年美国泛美航空公司开通了电话服务热线，当时旅客可以通过这个 24 小时都提供服务的全天候服务中心进行机票预订、航班查询等。AT&T 公司在随后不久推出第一个用于电话营销的呼出型(Outbound)呼叫中心。呼叫中心形成一个初具规模的行业是在 20 世纪 70 年代。有代表性的是 AT&T，其首家推出了免费的 800 服务号码。由于这一举措的有效性，800 号得到了非常广泛的使用。也是在这一时期，IBM 推出了专门的客户服务界面和工作站，这两点极大地促进了呼入型(Inbound)呼叫中心的快速发展。这一时期呼叫中心的应用主要集中在民航业、银行业和旅游业。从 20 世纪 80 年代起，国外的呼叫中心业迅速发展为一个庞大的行业。

新技术的不断涌现推动了呼叫中心的发展。程控交换机的出现使得呼叫中心处理大量的呼入呼出电话成为可能，使得企业可以统一地集中处理大量的客户电话。自动呼叫分配技术的出现使得来话管理更为科学和有效，使得呼叫中心可以有针对性地处理各种不同类型的、不同需求的呼入电话。计算机技术、数据库技术，特别是计算机电话集成技术的发展使得呼叫中心的功能更为强大，随之出现的自动应答技术，可以使呼叫中心节省大量的人力，从而极大地降低了呼叫中心的运营成本。计算机电话集成技术的应用使得呼叫中心的服务更具人性化，同时也使得呼叫处理的效率有了极大的提高；数据库技术在呼叫中心的应用不仅使座席员为客户提供的服务更为完美，而且还使得呼叫中心能在为客户提供服务的同时获取对企业有极大价值的客户需求信息。

客户服务价值观念的提升和为客户提供优质服务的需要，更是呼叫中心发展的强大动力。在产品相对缺乏、消费者购买力相对较低的时期，消费者处于理性消费期，不但重视产品的价格，而且更看重产品的质量，追求的是物美价廉和经久耐用。此时，消费者价值选择的标准是“好”与“差”。当产品相对丰富，消费者购买力相对提高时，消费者进入了感性消费期，这时消费者的价值选择不再仅仅是经久耐用和物美价廉，而是开始注重产品的形象、品牌、设计和使用的方便性等，而选择的标准是“喜欢”和“不喜欢”。当产品十分丰富，消费者购买力较强时，消费者就进入了感情消费期，这时消费者越来越重视心灵上的充实和满足，更加有意追求在商品购买与消费过程中心理上的满足感，其价值选择是“满意”与“不满意”。因此，随着产品的不断丰富和人民生活水平的不断提高，企业的竞争不再仅仅是产量和产品质量的竞争，更体现在为客户提供的优质服务的竞争。现代企业越来越认识到，竞争中获得优势的企业就是能够获得和保持较大的客户群体的企业。从这个意义上说，现代企业的竞争就是服务的竞争，就是客户满意度的竞争，谁能为客户提供满意的服务，谁能占有较大的客户群体，谁就是竞争的胜利者。统计数字显示，对企业来说，一个终身客户的价值，是一次购买客户价值的10倍。企业纷纷建立呼叫中心的重要目的之一，就是要通过呼叫中心的优质服务，吸引和保持客户。

作为一个产业，呼叫中心在国外不仅有各种硬件设备提供商、软件开发商、系统集成商，还有众多的外包服务商、信息咨询服务商、专门的呼叫中心管理培训学院，每年举办有大量的呼叫中心展会和数不清的呼叫中心杂志、期刊、网站等等，从而形成一个庞大的、在整个社会服务体系中占有相当大比例的产业。

11.1.3 呼叫中心的分类

呼叫中心可以按照不同的参照标准分成多种类型。

1. 按采用的不同的接入技术分

按采用的接入技术不同，可以分成如下两种类型：

(1) 基于交换机的呼叫中心(基于前置ACD的呼叫中心)。

(2) 基于计算机的板卡式呼叫中心(基于微机和语音板卡的呼叫中心)。

这两种方案的区别主要在于前台接入技术，即用户的拨入呼叫，具体怎

样接入到呼叫中心的服务系统中。基于交换机的方式由交换机将用户呼叫接入到后台座席人员；基于计算机语音板卡的方式则由计算机通过语音处理板卡完成对用户拨入呼叫的控制。由于交换机技术成熟较早，应用交换机的呼叫中心，系统稳定性和可靠性较好，但是成本比较高。而应用板卡接入式的呼叫中心虽然其成本比较低廉，但是其可靠性和稳定性却相对较差。随着计算机软、硬件技术的发展，在将来有可能出现可靠性和稳定性同样可靠的板卡接入式呼叫中心。

2. 按呼叫类型分

按呼叫类型，可以分成如下三种类型：

(1) 呼入型(Inbound)呼叫中心。这种类型的呼叫中心不主动发起呼叫，其主要功能是应答客户发起的呼叫，其应用的主要方面是技术支持、产品咨询等。

(2) 呼出型(Outbound)呼叫中心。这种类型的呼叫中心是呼叫的主动发起方，其主要应用是市场营销、市场调查、客户满意度调查等。

(3) 呼入/呼出混合型呼叫中心。单纯的呼入型呼叫中心和单纯的呼出型呼叫中心都比较少，大量的呼叫中心既处理客户发出的呼叫，也主动发起呼叫。

3. 按规模分

呼叫中心的规模，一般可以用能提供多少人工座席或接入多少中继线路来衡量。按规模分，可以分成下述三种：

(1) 大型呼叫中心。一般认为超过100个人工座席的呼叫中心称为大型呼叫中心。它至少需要有足够容量的大型交换机、自动呼叫分配设备、自动语音应答系统、CTI服务器、人工座席和终端、呼叫管理系统、数据仓库或数据库。

(2) 中型呼叫中心。人工座席在50～100个之间的呼叫中心称为中型呼叫中心。中型呼叫中心的PBX与CTI服务器、人工座席直接相连，人工座席又与应用服务器相连，客户资料存储在应用服务器中，应用服务器实时地将打入电话的客户的资料自动地在计算机屏幕上弹出，使座席人员能及时获得相应信息。CTI服务器一般由CTI硬件开发商的板卡和PC组成。

(3) 小型呼叫中心。座席数目在50个以下的呼叫中心称为小型呼叫中心，其结构与中型呼叫中心类似，不过主要几个部分如PBX(也可用板卡代替)、CTI服务器(主要板卡线数可选择低一些的)、人工座席、应用服务器

(根据数据库大小确定)在数量上均可作相应减少。

4. 按功能

按功能,可分成电话呼叫中心、Web 呼叫中心、IP 呼叫中心、多媒体呼叫中心、视频呼叫中心和统一消息处理中心等。

5. 按使用性质分

按使用性质,可分成自建自用型呼叫中心(In-house Call Center)、外包服务型呼叫中心(Outsourcing Call Center)和 ASP(应用服务提供商)型呼叫中心(Application Service Provider)。ASP 型呼叫中心是指由应用服务提供商提供呼叫中心的设备和技术平台,而由租用平台的企业自己进行日常运营管理的呼叫中心。

6. 按分布地点分

按分布地点,可分成单址呼叫中心和多址呼叫中心。多址呼叫中心是指工作场所分布于不同地点,甚至分布于不同城市的同一个呼叫中心。无论在处理呼出还是呼入的过程中,分布于不同地点的子中心给客户的感觉都是同一个呼叫中心。分布于不同地点的子中心之间的信息交互可通过企业广域网技术或因特网技术实现。

在实际中,更多的是根据应用的不同情况和场合,将这些分类有机地结合在起。比如我们可以将一个呼叫中心描述为基于交换机的、具有 Web 功能的、呼出型多址外包呼叫中心。

11.2 呼叫中心的组成及关键技术

11.2.1 呼叫中心的组成及关键技术

呼叫中心的基本组成部分包括交换机和排队机(Automatic Call Distributor,PBX/ACD)、计算机电话集成(Computer Telephone Integration,CTI)、交互式语音应答(Interactive Voice Response,IVR)、来话呼叫管理、去话呼叫管理、业务计费系统、监控系统、管理/统计系统、客户关系管理系统(Customer Relationship Management,CRM)以及帮助台。另外,还有多

种应用服务器,如Web服务器、E-mail服务器及FAX服务器等等。此外还涉及到网络技术和数据库技术,其核心技术包括ACD,IVR,CTI,CT中间件、统一消息、帮助台技术、语音合成与识别、录音监控、计费、测试、培训工具和基于软件的多种应用服务模块,如Web功能、E-mail处理系统、文本交谈系统、网页同步、即时通信等。基于IP的呼叫中心中还有IP网关或IP-PBX,Web呼叫中心中应用了VoIP技术和Web回叫技术,视频呼叫中心应用了视像技术等等。

此外,呼叫辅助系统还包括呼叫管理系统(CMS)、来话呼叫管理系统(ICM)、去话呼叫管理系统(OCM)、劳动力资源管理系统(WFM)及壁板(Wall Board)等。

现将呼叫中心主要组成部分及其关键技术具体介绍如下。

1. 交换机和排队机

交换机或排队机是呼叫进入呼叫中心的门户,其中的自动呼叫分配器ACD可以根据预先制定的规则将呼叫分配到相应的座席或自动语音应答系统。排队机提供内外联系的通道,一般只有比较简单的接入/分配功能。交换机增加ACD功能后,能够提供全面的呼入管理、呼出管理和呼叫分配功能。

ACD一般包括两个功能模块,即排队模块和呼叫分配模块。排队模块可以实现留言排队、重要客户优先排队等增强排队功能,此外,还可以在客户排队时向客户通知排队状态,如目前在队列中的位置、预计等待时间等。呼叫分配模块可以将座席人员技能和技术熟练程度进行详细分组,并与CTI路由模块结合,实现专家座席员选择,保证客户得到最合适的座席人员的服务,对于重要客户还允许其直接呼叫座席人员。

ACD可以将传统电话呼叫、FAX呼叫、E-mail呼叫、Web文本交谈、IP电话等进行统一排队和分配。高级的ACD能够定义优先级队列,根据座席员不同的技能等级进行分配。

2. CTI服务器

计算机电话集成(CTI)服务器是连接交换机和计算机/计算机网络系统的最重要的设备。其主要作用是使交换机和计算机系统实现信息共享,传送、转发及管理各类呼叫相关的数据。根据呼叫者、呼叫类别、客户服务等级、呼叫所处的时间段和呼叫中心的通话状况等来选择呼叫路由和更新数据库。CTI技术在呼叫中心中的典型应用包括:

(1) 弹出式屏幕菜单。将电话与计算机数据库相连接,当顾客来电时,顾客的主叫信息与呼叫一起被传送到数据库,并随着铃声的响起而把顾客的资料同步显示在座席终端的显示屏幕上。

(2) 协调话音与数据转移。当将来话从一个座席转接到另一个座席时,可以将话音与屏幕上的数据同时转移到其他座席上。

(3) 话机控制功能。可以通过 client 的应用程序来实现所有话机功能,座席员只需集中在 PC 屏幕上进行各种来话操作,比如可通过基于 Windows 的图形界面点击各种图标,完成来话应答、转接、释放及前转等一系列功能。

(4) 智能拨号。可以由计算机控制发起一个呼叫,然后再接通相应的座席。

(5) 计算机增强路由控制。可以由计算机根据主、被叫等一系列信息对来话进行路由控制,从而根据来话类别接通到相应的座席组。

(6) 计算机增强话音控制。可以由计算机根据主、被叫等信息对来话提供相应的语音处理,如不同的主叫或被叫提供不同的录音播放等。

3. 交互式语音应答 IVR

交互式语音应答系统所提供的自动话音服务是企业为客户提供的自助服务的主要设备。IVR 系统实际上是一个"自动的业务代表"。系统采用用户导向的语音目录,根据客户选择(通过电话键盘或语音)完成相应的信息查询和命令执行,所以可以说是通过电话机的按键控制计算机。通过在 IVR 后端连接数据库,IVR 系统能为客户提供动态的实时信息。IVR 系统作为企业客户服务的前端,可引导客户到达指定的座席员,使客户得到及时、准确的服务。

通过 IVR 系统,客户可以通过电话索取传真资料并使用留言信箱;支持常见问题应答(Frequently Asked Questions,FAQ)的自动语音咨询和管理;系统可定制和随时修改呼叫流程并实现语音导航,遇忙提示并播放音乐或广告信息;当用户在系统中等待时间超过一定时段时,系统给用户"继续等待/放弃/留言"的重新选择机会。

使用 IVR 可以使用户每周 7 天 24h(7×24)随时都能得到信息服务,提高了服务质量,并可以协调用户的操作过程。如果在呼叫中心使用了 IVR 系统,大部分的呼叫就可实现自动化,据估算这样可以节省 60%的费用,同时还能减轻座席员的负担,使他们能从事更重要的客户服务工作。

随着语音识别技术的不断突破,现在的 IVR 系统还可以和语音识别相

集成，通过直接的语言输入就可以操作计算机系统。这对 IVR 来讲，无疑扩大了应用范围，因为一般的电话机上毕竟最多只有 16 个按键。这种语音识别的 IVR 系统在航班查询、外汇查询、证券委托、公用事业费用查询和通知等领域具有广泛的用途。

4. 数据库

客户资料数据库是呼叫中心系统最核心的组成部分。通过长期呼叫服务的积累，逐渐收集并拥有齐全的客户资料，可以帮助我们开展主动的营销和直销、发现市场趋势及掌握市场状况。

数据库系统是呼叫中心开展客户关系管理的基础。收集客户服务数据并加以分类加工，通过数据挖掘(Data Mining)、数据仓库(Data Warehousing)和 CTI 技术完成数据分类，实现对客户数据信息的整理工作，然后将其分析、加工、整合，更好地判断客户的性质、类型和需求趋势，提交给企业一套完整的客户数据分析报告。

5. 录音监听系统

录音监听系统的主要作用在于语音数据的记录和存档、通过该系统的应用可以进行事故追踪和责任追查，并对呼叫服务的质量进行监督，以量化和改善服务质量。录音监听系统的采用还可以进行纠纷管理，对客户的投诉进行协调。通过电话统计的方式对服务人员、服务小组乃至呼叫中心系统进行等级评定。

呼叫中心主要组成部分的结构如图 11.1 所示。

11.2.2 呼叫中心技术发展的历程

1. 第一代呼叫中心系统

早期的呼叫中心实际上就是今天我们常说的热线电话，企业通常指派若干经过培训的业务代表专门负责处理各种各样的咨询和投诉，客户只需拨通指定的电话就可以与业务代表直接交谈。这套系统就是第一代的呼叫中心系统。第一代呼叫中心的特点是硬件设备为普通电话机或小交换机(排队机)，简单、造价低、功能简单及自动化程度低。它一般仅用于受理用户投诉、咨询，适合小企业或业务量小、用户要求不高的单位使用。目前，没有正式设立呼叫中心的单位一般采用这种方式。第一代的呼叫中心系统的

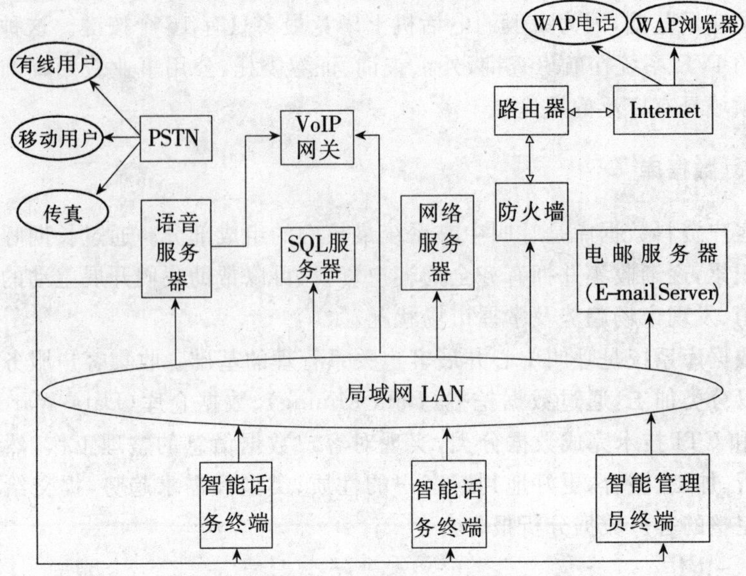

图 11.1　呼叫中心组成

缺点是：由于没有采用 CTI 技术，因此只能提供人工服务，用户的来话无法转接，网络及操作系统落后。由于基本靠人工操作，对座席员的要求相当高，而且劳动强度大、功能差，已明显不适应时代发展的需要。图 11.2 所示为第一代呼叫中心系统的组成示意图。

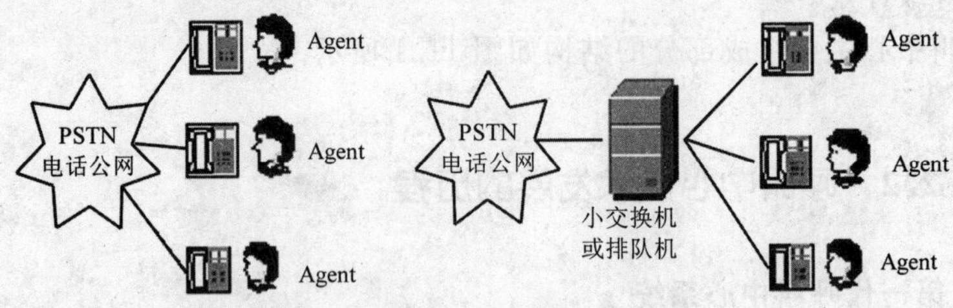

图 11.2　第一代呼叫中心

2. 第二代呼叫中心系统

第二代呼叫中心的特点：广泛采用了计算机技术，如通过局域网技术实现数据库数据共享；语音自动应答技术用于减轻座席员的劳动强度，减少出错率；采用自动呼叫分配器均衡座席话务量、降低呼叫损耗率，提高客户的满意度等等。但第二代呼叫中心也存在一定的缺点：它需要采用专用的硬

件平台与应用软件，还需要投入大量资金用于集成和客户个性化需求，灵活性差、升级不方便、风险较大、造价也较高。图 11.3 所示为第二代呼叫中心系统的组成示意图。

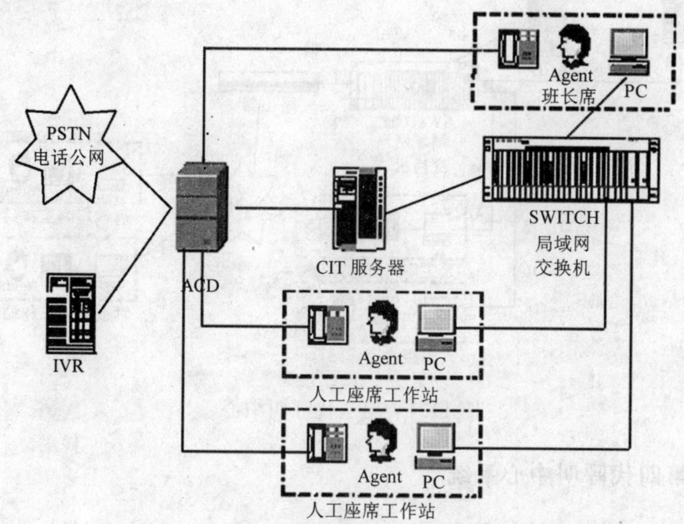

图 11.3　第二代呼叫中心

3. 第三代呼叫中心系统

随着业务量的不断扩大，原有的呼叫中心越来越难以满足企业的要求。企业迫切需要一种能与技术发展保持同步的呼叫中心。他们希望将传统的呼叫中心进一步发展成为可以提供一流的服务以吸引客户并增强现有客户忠诚度，最终为企业带来丰厚利润的"客户联络中心"。

与第二代呼叫中心相比，第三代呼叫中心采用 CTI 技术实现了语音和数据同步。它主要采用软件来代替专用的硬件平台及个性化的软件，内部采用了标准化的通用的软件平台和通用的硬件平台，使得呼叫中心成为一个纯粹的数据网络。第三代呼叫中心系统的最大优点是：出于采用了 CTI 技术，因此可以同时提供人工服务与自动服务。采用通用软硬件平台，造价较低；随着软件价格的不断下调，可以不断增加新功能，特别是中间件的采用，使系统更加灵活，系统扩容量升级方便；无论是企业内部的业务系统还是企业外部的客户管理系统，不同系统间的互通性都得到了加强；同时还支持虚拟呼叫中心功能（远程代理）。图 11.4 所示为第三代呼叫中心系统的组成示意图。

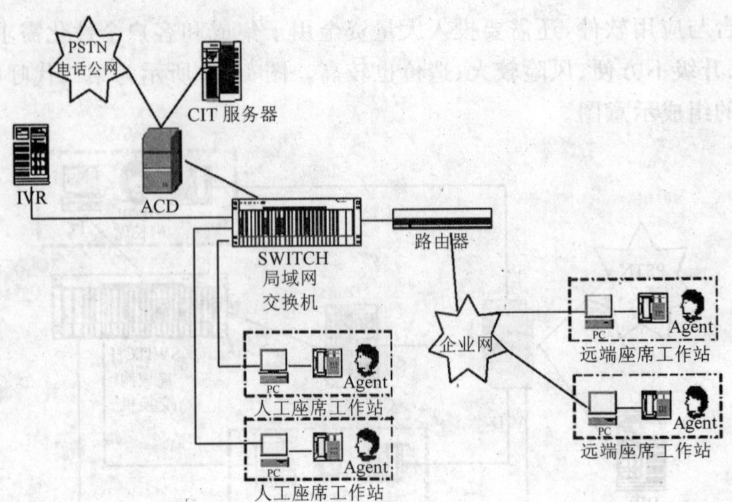

图 11.4　第三代呼叫中心

4. 第四代呼叫中心系统

随着 Internet 的飞速发展，企业纷纷在 Internet 上建立站点进行宣传，而部分企业又建有呼叫中心处理用户服务，如果可以在系统中增加 Internet 网关，用户就可以在访问站点的同时，通过浏览器软件直接呼叫企业的呼叫中心。这样呼叫中心的接入方式就不再局限于电话呼叫接入，而且可以充分利用数据库的信息资源，为将来利用 Internet 进行电子商务活动奠定基础。这样，基于 Internet 的第四代呼叫中心系统就诞生了。其优点是：提供自动与人工服务，对座席进行技能分组，采用先进的操作系统及大型数据库，支持多种信息源的接入。

由于 CTI 技术与 Internet 技术的紧密集成，使得呼叫中心由单一的以声讯访问为主转变为多种媒体手段的组合。如可以提供声音、传真、E-mail、视频连接等多媒体手段的组合。基于 Internet 呼叫中心可以为用户提供先进的搜索引擎，自助式的 Web 页面访问；同时可以为用户提供 VoIP（Voice over IP）、Text-Chat、可视化协作、Web 导航等实时服务。呼叫中心可以针对用户的 E-mail、Web 信箱留言进行及时回复。可以按照用户的请求进行回叫服务。声音可以在用户进行 Web 浏览时同步传输。图 11.5 所示为第四代呼叫中心系统的组成示意图。

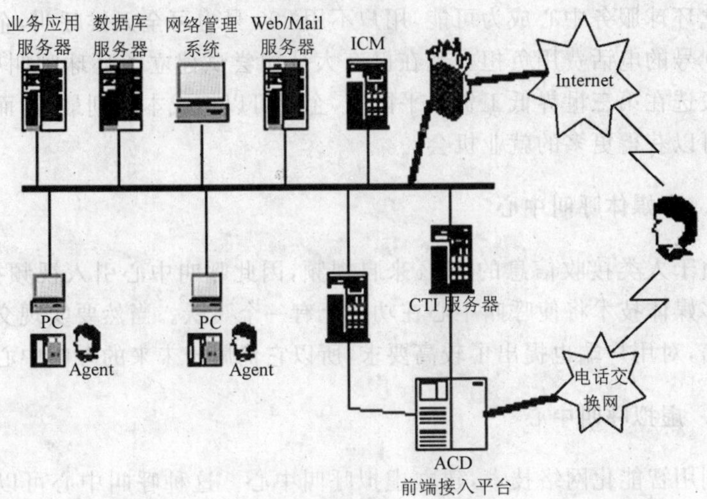

图 11.5　第四代呼叫中心

11.2.3　呼叫中心的发展趋势

随着通信技术、计算机技术及视频技术的飞速发展，呼叫中心也正经历着技术的不断更新和发展。由于它是现代信息的全面集成技术，因此在这些领域中任何技术进步都将直接影响和推动呼叫中心的发展。例如，IP 电话的发展，可以减轻企业对 800 被叫方付费服务沉重的电话费负担。跨国公司可以大大方方地在世界工资较低的地区和国家建立环球 24 小时服务的呼叫中心，而且成本可以做到成倍下降。视频压缩技术和交互技术的发展，使未来呼叫中心可以实现面对面的亲切交谈。为了推销新产品，不必只靠语言，而可以把产品通过屏幕直接显示给用户。所有这些说明了呼叫中心前途广阔，其发展仍会保持良好势头。

未来呼叫中心究竟应该向什么方向发展呢？下面作简单介绍。

1. 基于互联网的新型呼叫中心

它不是简单的把互联网信息提供给呼叫中心，它是把呼叫中心与互联网集成为一体。用户可以从 Web 站点直接进入呼叫中心，用点击按钮的方式实现与对方通话。当然远端可以用 IP 电话，也可做文本交互(如白板功能)，Internet 上的功能都可结合为一体共同使用，如 E-mail、IP 传真等。由于 IP 电话、IP 传真、E-mail 的价格便宜，使得这种呼叫中心为大的跨国公

司建立环球服务中心成为可能，用户不用800号也可全天候呼叫，企业减免了800号的电话费用负担。现在已有大公司尝试建立了环球呼叫中心，而且一般选在第三世界低工资水平国家，企业可以把成本降到最低，而这些国家也可以获得更多的就业机会。

2. 多媒体呼叫中心

由于人类接收信息的70%来自视频，因此呼叫中心引入视频技术，即采取多媒体技术将使呼叫中心在功能上有一个飞跃。当然要实现交互式视频通信，对用户端也提出了较高要求，所以它仍属于未来的呼叫中心。

3. 虚拟呼叫中心

利用智能化网络技术，建立虚拟呼叫中心。这种呼叫中心可以是系统庞大、功能齐全、座席数目过千的环球呼叫中心。可以用这样一个庞大的系统为若干中小企业同时服务，呼叫中心为运营商所有。各个中小公司的座席员特别是资深的专家，可以在自己公司，自己实验室工作，用虚拟网络与中心相连，随时接受那些对公司极为重要的来自中心的询问。这种系统具有大型数据库或数据仓库，它可以为每一个“入网”的中小公司作决策和分析用，当然中心运营商要保证各公司之间信息绝对保密和安全，以使任何一个公司不因采用共同呼叫中心而泄密。

我们还可以给出若干新型呼叫中心，如基于ATM技术的分布式呼叫系统，无线接入的移动呼叫中心等。实际上由于现代通信系统技术、互联网技术和交互式视频信号系统的发展，这些技术进步都会对呼叫中心产生影响，并直接被采用。因此呼叫中心将随着信息技术进步，向着智能化、个人化、多媒体化、网络化、移动化的方向发展，由于呼叫中心会给企业带来巨大利润和良好的社会效益，为广大用户带来满意的服务，其快速发展和广泛被采用已成必然。

11.3 呼叫中心的作用

随着社会经济和科学技术的进步，市场竞争的日益激烈，客户比以前有了更多的选择，而客户的需求和客户服务的不断发展，对社会各行各业都提出了新的要求。对于一个企业而言，客户服务质量的高低将是决定企业生存和发展的重要因素。

同时,企业向客户提供服务的种类越来越丰富,服务的规模和内容迅速增加,单纯依靠增加人员,强调服务纪律已经不能满足客户服务的要求。建立客户服务呼叫中心的目的就是利用先进的科技手段和管理方法,让企业的客户服务质量有一个质的飞跃,为企业带来无可估量的效益和价值,最终赢得丰厚的利润,从而推动企业乃至整个社会的进步。

呼叫中心主要具有以下几方面的作用。

1. 提高客户的满意度和忠诚度

对于一个企业来说,如何将客户与企业有机地结合起来,建立畅通快捷的沟通渠道让客户经常感受到企业的关注,并且不断增加使客户感到满意的服务内容,这已成为企业在当今时代取得成功的一个重要因素。

2. 降低服务成本,有效地管理资源

客户服务需要一个庞大的支持系统,从客户服务的角度来讲,所需要的资源包括人力资源、数据资源、设备资源及通信线路资源。只有将先进的服务手段和这些系统紧密集成起来,才能实现高效的客户服务。

随着CTI技术、Internet技术的飞速发展和融合,产生了由先进计算机系统集成的呼叫中心。这种系统极大地改善了企业与用户接触的广度和深度、正在引发一场企业客户服务方式的革命。

同时,先进的管理思想越来越多地融入了呼叫中心的核心设计中,这使得企业对资源的管理可以更加有效。实践证明,管理系统的完善可以极大地提高呼叫中心的工作效率,使更大、更复杂的呼叫中心得以实现。

3. 保持并增强现有的市场渠道,挖掘新的市场资源

在现代市场竞争中,各种销售手段的灵活组合是取胜的有力武器。而将客户的投诉和抱怨转化为销售机会更是一种高明的销售技巧。

当一个客户呼叫进入呼叫中心、呼叫中心座席员可以通过及时访问数据库信息将客户问题转化成销售机遇,也可能将客户的误解、抱怨转化为另一项亲切服务。在许多情况下,呼叫中心座席员通过向客户介绍新增的服务项目和业务方案解决客户的提问。而在许多服务过程中,如果呼叫中心座席员能够轻松地访问客户的概况和业务记录,那么客户就可以获得所需的信息,同时也将被推荐得到丰富的可选择的服务项目。在另外一些情况下,呼叫中心还能够主动访问客户,为之提供有效服务,将会使得潜在的客户得到挖掘。

4. 为企业提供市场分析数据

呼叫中心直接面向客户，接触的是最真实的市场需求。利用呼叫中心的计算机应用将这些市场数据加以统计分析，将对企业业务的开拓起到巨大促进作用。这些珍贵的市场数据是每个企业梦寐以求的，也是呼叫中心在运营中不断升值的原因之一。因此，很多企业已不再把呼叫中心看作成本中心，而将其视为利润中心。

本章小结

呼叫中心是企业利用现代通信手段集中处理与客户的交互过程的机构。呼叫可由客户发起，也可由呼叫中心发起。接入方式除了传统的电话外，还集成了其他的接入渠道，如网上呼叫、文本交谈、自动传真、E－mail回复等。

呼叫中心可以按照不同的接入技术、呼叫类型、规模、功能、使用性质、分布地点等不同的参照标准分成多种类型。

呼叫中心的基本组成部分包括：交换机和排队机、计算机电话集成、交互式语音应答、来话呼叫管理、去话呼叫管理、业务计费系统、监控系统、管理/统计系统、客户关系管理系统以及帮助台。另外，还有多种应用服务器，如Web服务器、E－mail服务器及Fax服务器等等。此外还涉及到网络技术和数据库技术，其核心技术包括ACD，IVR，CTI，CT中间件、统一消息、帮助台技术、语音合成与识别、录音监控、计费、测试、培训工具和基于软件的多种应用服务模块，如Web功能、Email处理系统、文本交谈系统、网页同步、即时通信等。基于IP的呼叫中心中还有IP网关或IP－PBX，Web呼叫中心中应用了VoIP技术和Web回叫技术，视频呼叫中心应用了视像技术等等。

呼叫中心发展至今已经历了四代，目前正向着基于互联网的、多媒体集成的、智能虚拟的第五代呼叫中心发展。

呼叫中心在提高客户的满意度和忠诚度、降低服务成本并有效地管理资源、保持并增强现有的市场渠道，挖掘新的市场资源、为企业提供市场分析数据等方面都发挥着重要的作用。

第 12 章 数据仓库与数据挖掘概述

学习目标

- 理解数据仓库的定义及特征
- 理解数据集市的定义及结构
- 掌握数据仓库的三种基本架构形式，掌握数据仓库系统的内部结构
- 理解数据仓库的数据组织方式
- 理解元数据的定义和作用
- 理解联机分析处理的概念和特征
- 理解数据挖掘的定义
- 理解数据挖掘的任务和分类
- 了解数据挖掘的应用

数据仓库经过对传统的业务数据库存储的大量静态业务数据库进行提取，形成数据仓库数据，并通过分析和挖掘为决策者提供决策支持。数据仓库和数据挖掘技术可以为决策支持系统的决策支持处理过程提供有效的支持，同样可以为其他的信息处理系统服务。

数据仓库和数据挖掘作为决策支持新技术在近十年来得到迅速发展。作为数据挖掘对象的数据仓库的产生和发展为数据挖掘技术开辟了新的战场，同时也提出了新的要求和挑战。数据仓库和数据挖掘是结合起来一起发展的。

12.1 数据仓库概述

数据库技术的日益成熟，加之许多企业(组织)在若干年以前已经开始使用数据库，使数据库积累了人量的数据，这些企业使用数据库主要用于完成日常业务的操作和管理。随着数据仓库技术的兴起，企业开始构建数据库仓库系统来提高企业的决策和应变能力。与数据仓库比较，我们把目前技术已经成熟的数据库也称为传统数据库。传统数据库主要用于事务处理，即面向日常业务，它通常对一个或一组记录完成增加、删除、修改、查询和一些基本统计操作，主要用于支持特定的应用服务，也称为操作型处理，侧重于响应时间、数据的安全性、一致性和完整性等方面。

数据仓库的提出以关系数据库、并行处理和分布式等技术的飞速发展为基础，用于解决实际当中拥有大量数据，但是有用信息贫乏的一种综合解决方案。顾名思义，数据仓库就是数据的仓库，它在存放大量数据的同时又能像仓库一样将大量数据有效地管理起来，主要侧重于对海量数据的组织和管理，提供有效的数据访问手段，同时，结合一些分析工具，如 OLAP 和数据挖掘工具，面向中高层管理人员，在数据仓库中进行统计、分析和挖掘，以获得用于决策的信息或发现相关规律。可以说，数据仓库主要用于决策支持，数据处理的方式以分析为主，也称为分析型处理，可发挥大量数据的作用和价值。

12.1.1 数据仓库的定义

自从数据仓库概念出现以来，不同的学者从不同的角度为数据仓库下了不同的定义。目前，大家公认 W. H. Inmon 在其 1992 年所著的 *Build-*

ing the Data Warehouse 一书中对数据仓库的定义最具权威性。他认为数据仓库是面向主题的、集成的、非易失的，是随时间变化的数据集合，用来支持管理决策。

1. 数据仓库的定义

下面还有其他一些关于数据仓库的定义。

Informix 公司负责研究与开发的公司副总裁 Tim Shelter 定义数据仓库为：数据仓库将分布在企业网络中不同信息岛上的业务数据集成到一起，存储在一个单一的集成关系型数据库中，利用这种集成信息，可方便用户对信息的访问，更可使决策人员对一段时间内的历史数据进行分析，研究事物发展走势。

SAS 软件研究所定义数据仓库是一种管理技术，旨在通过通畅、合理、全面的信息管理，达到有效的决策支持。

其他还有认为数据仓库是一种从不同数据源获取而形成的单一的、完整的、一致的数据存储，这种数据存储可以在业务范畴中允许最终用户以一种他们能够被理解和使用的方式提供。

数据仓库是有关大量全体数据的数据存储。

数据仓库提供公司数据以及组织数据的访问功能，其中数据是一致的，可以按照每种可能的业务度量方式分解和组合；数据仓库也是一套查询、分析和表现信息的工具，是发布所用数据的场所，其数据的质量是业务再工程的原动力。

数据仓库的焦点是将信息分发给最终用户以支持决策和管理用报告的需要。

上述关于数据仓库的定义中，不难发现它们具有一些共同特征：

(1) 数据仓库中包含大量数据，这些数据可能来自企业或组织内部，也可能来自外部。

(2) 以数据仓库方式进行组织的目的是为了能够更好地支持决策。

(3) 数据仓库为最终使用者提供了用于存取、分析数据的工具。

2. 数据仓库的特征

综合上述定义，数据仓库具有如下特征。

(1) 面向主题

传统的操作型系统主要围绕应用和针对具体业务设计解决问题的方法和途径，组织与此相关的一段时间内的业务统计、分析工作。例如对一个保

险公司来说，应用问题包括各种各样的保险业务的处理，以及月度、季度、年度报表等。数据仓库则以一个企业或组织中固有的业务主题作为处理的主体，是从整体、全局的角度来衡量这些主题在企业中的作用。同样在一个保险公司中，这样的主题可能包括顾客、保险单、保险费以及索赔等，如图12.1所示。

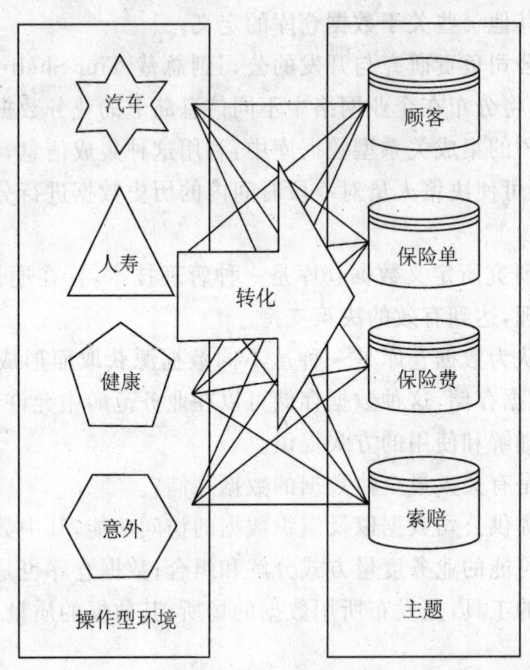

图 12.1　面向主题

（2）集成

在一个企业中存在各种各样的应用系统，如财务、人事、销售、生产系统等，由于信息系统在多年的应用中，其信息的表示方式在不同阶段表示的形式各不相同，这样就存在编码、命名习惯、实际属性、属性度量等方面的不一致。当这些数据进入数据仓库的时候，必须采用某种方法来消除应用问题中存在的许多不一致，使之在数据仓库中有统一的表示和含义。例如，对顾客的性别编码，有些系统中用“m”或“f”表示，有的用“0”或“1”表示，有的用“男”或“女”来表示，在将这些数据集成到数据仓库中时，可以选择其中一种表示方式，如用“m”或“f”表示。再比如，一些关键码（如产品编码、人员编码等）在不同的系统中可能采用不同长度的字符串表示，也可能采用数值来表示，当进入数据仓库时，需要将所有的表示方式以统一的编码格式重新定义，达到一致。

因此，数据仓库必须将组织中不一致的数据进行有效的集成，使之在数据仓库中有一致的表示。需要说明的是，上述一致性问题只是集成中包括的一部分工作，另外还需要根据主题进行有效的数据组织。

(3) 非易失

在操作型环境中，对数据可以进行不同和反复的增加、删除、修改、查询等操作，这些操作可以来自同一个系统，也可以来自不同的系统。而在数据仓库中，数据从操作型数据中抽取而来，反映一段相当长的时间内历史数据的内容，是不同时间点的数据库快照的集合，以及基于快照的统计、综合和重组。一旦操作型数据进入数据仓库，只要数据没有超过数据仓库的数据存储期限，一般不对数据进行更新操作，只进行查询操作。即通常不进行一般意义上的更新，而且与操作型数据相比更新的额度要少得多，时间要求更为宽松。从图 12.2 中，我们可以看出操作型环境中对数据库中数据的更新/修改可以来自不同的应用，而在数据仓库环境中，数据仅仅在抽取和装载时进行更新/修改。

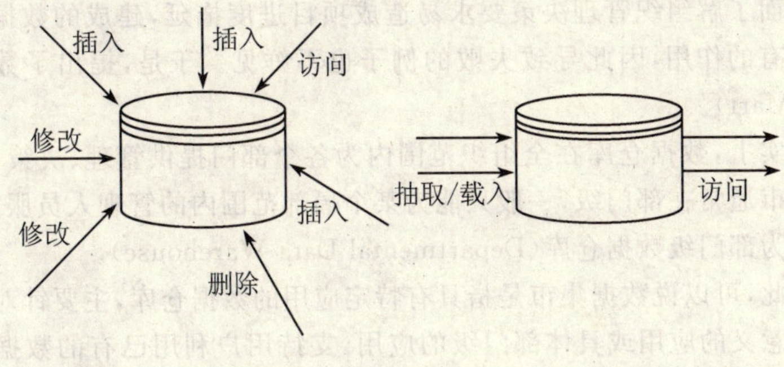

图 12.2　非易失

(4) 随时间变化

其含义是指时间元素(如年、月、日等)明确地包含在数据中，使得随时间变化的趋向可以用于分析研究，数据仓库中数据本身并不随时间变化。这一点特性可以从以下几个方面理解。

①数据仓库随时间不断增加新的数据，不断将当前最新的操作型数据统一集成到数据仓库中。这些数据一旦集成，除非将其删除，不再进行更新操作。

②数据仓库中，存储数据的时间跨度较操作型系统中存储数据的时间跨度要大得多。在操作型系统中存储的数据通常不超过一年(根据具体的应用问题时间可长可短，一般以满足业务处理要求为准)，而数据仓库中通常需要存放 5～10 年甚至更长时间的数据。可见，数据仓库中存储的数据

量很大。

③操作型数据库中包含有当前的数据，这些数据是准确的，可被有效地访问和更新。而数据仓库中的数据仅仅是一系列某一时刻生成的复杂“快照”，它包含了对当前和历史数据的重新组织，被加工成面向主题的不同粒度的数据。

④根据应用的需要，操作型数据中可以不包含时间元素。而数据仓库中总是包含时间元素，并且它还是键码（关键字）的一部分，主要用于趋势分析。

12.1.2 数据集市

数据仓库在管理、决策组织中的作用逐渐为人们认同，但是在全组织范围内构建数据仓库的工作量大、代价很高。一方面，如何满足组织中不同层次管理决策要求是一个需要解决的复杂问题；另一方面，在实施过程中由于很难全面了解组织管理决策要求易造成项目进度拖延，建成的数据仓库起不到应有的作用，因此导致失败的例子也不鲜见。于是，提出了数据集市(Data Mart)。

事实上，数据仓库在全组织范围内为各个部门提供管理、决策支持，而数据集市通常在部门级，一般只能为某个局部范围内的管理人员服务，因此也称之为部门级数据仓库(Departmental Data Warehouse)。

因此，可以说数据集市是指具有特定应用的数据仓库，主要针对某个具有战略意义的应用或具体部门级的应用，支持用户利用已有的数据进行管理决策。

1. 数据集市的特点

数据集市除具有数据仓库的基本特征以外，还具有以下特点：

(1) 规模较小，灵活，可以按照多种方式来组织，如按特定的应用、部门、地域、主题等。

(2) 开发工作一般由业务部门主持定义、设计、实施、管理和维护。

(3) 能够快速实现，代价较低，投资回收期短，风险小。

(4) 工具集的紧密集成。

(5) 有利于进一步升级到完整的数据仓库或形成分布式数据仓库。

2. 数据集市的类型

数据集市可以分为两种，一种是独立数据集市，另一种是从属数据集市。

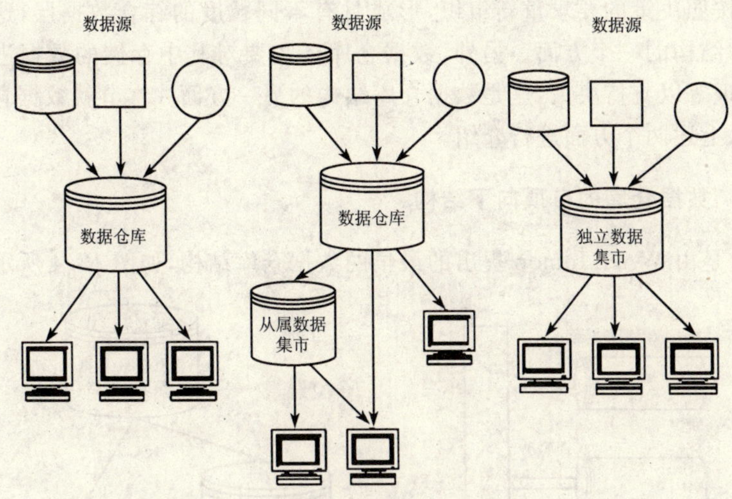

图 12.3　数据集市的结构

图 12.3 中左边表示的是数据仓库的逻辑结构。我们看到，其中的数据来自于各个不同数据源。把它们的操作数据按照企业数据仓库物理模型结构的定义转换过来。采用这种中央数据仓库的做法，可以保证数据的一致性。

中间表示的是从属数据集市的逻辑结构。所谓从属，是指它的数据直接来自于中央数据仓库。显然，这种结构仍能保持数据的一致性。一般为那些访问数据仓库十分频繁的关键业务部门建立从属的数据集市，这样可以很好地提高查询的反应速度。

右边描述了独立数据集市的逻辑结构，它的数据直接来源于各生产系统。许多企业在计划实施数据仓库时，往往出于投资方面的考虑，最后建成的就是这种结构的独立数据集市。用来解决个别部门比较迫切的决策问题。从这个意义上讲，它和企业数据仓库除了在数据量大小和服务对象上有所区别外，逻辑结构并无多大区别，也许这是把数据集市称为部门数据仓库的主要原因。

12.1.3　数据仓库的结构

数据仓库作为数据存储的一种组织形式，它从最初的数据源获得原始数据，按照决策的要求重新组织，形成具有不同粒度的综合数据层，这是数据仓库结构的一个方面。另外，数据仓库还需要对其中存储的数据进行操纵、管理等以支持决策，这是数据仓库结构的另一方面。本节就数据仓库的结构从上述两个方面进行介绍。

1. 数据仓库的自顶向下结构

这是由 W. H. Inmon 提出的最早的数据仓库结构，如图 12.4 所示。

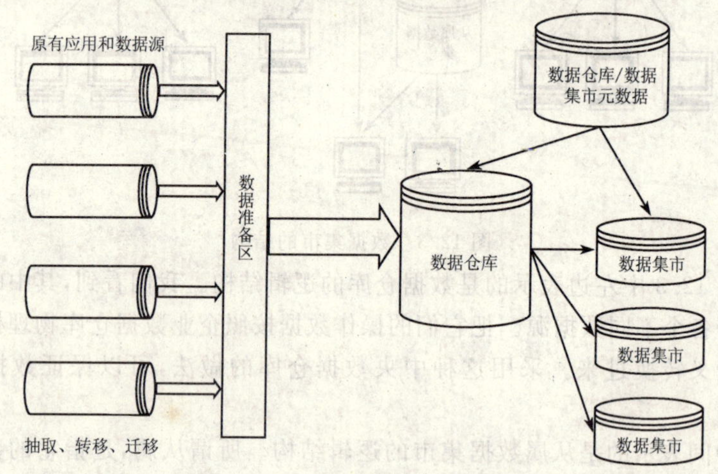

图 12.4　数据仓库的自顶向下结构

这种结构开始于对原始数据的处理。包括抽取、转换、迁移等处理过程，用于将传统数据库或外部数据源的数据处理后输出到一个集中的数据驻留单元。随后，数据和元数据装载进入数据仓库。一旦这些过程完成，就可根据数据仓库所包含的各种数据来建立数据集市。在数据仓库中不但包含全部的元数据、当前详细数据，同时还存储详尽的历史数据。与之相对，数据集市则拥有轻度和高度综合的数据及元数据。

在自顶向下结构中，数据仓库普遍采用实体关系(Entity Relationship，E-R)数据模型，而数据集市则采用星型数据模型来提高性能。显然，只要能满足数据集市是作为数据仓库子集的这条原则，数据仓库和数据集市间的集成就能自动完成，而且不会构成“蛛网”。

这种模式要求首先建立数据仓库，但是由于数据仓库建设规模较大，实施周期长，费用高，初期效果并不明显，甚至最终失败，致使许多企业不愿或无法承受。

2. 数据仓库的自底向上结构

基于上述情况，一种自底向上的建设多级数据仓库的思想也就产生了，即建立数据集市的思想。这种思想的核心是从最关键的部分开始，先以最少的投资，完成企业当前需求，获得最快的回报，然后再不断扩充，不断完善。通过从小做起、从部分做起，走逐步集成、逐步完善的道路，最终建立全局数据仓库。这种结构有助于部门级管理人员合理安排预算和及时采用新的数据仓库技术来产生合乎自己角色的专门应用。因此，自底向上结构逐渐为人们认同，其逻辑结构如图 12.5 所示。

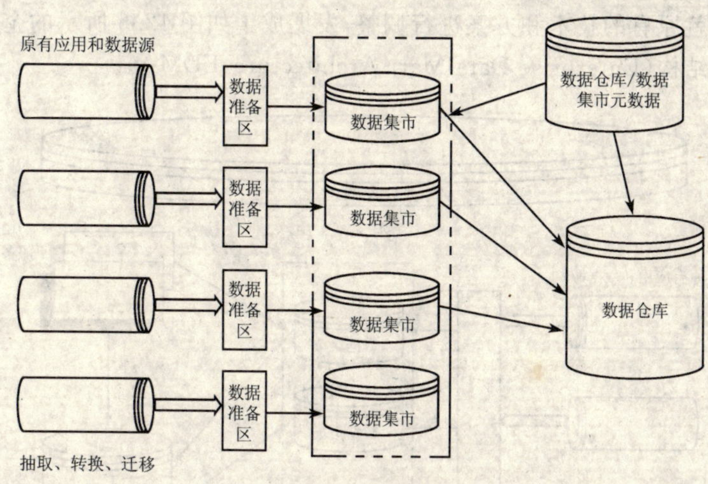

图 12.5　数据仓库的自底向上结构

自底向上结构的核心是通过独立开发的数据集市逐渐构建数据仓库。这种结构的流程从建立数据集市的抽取、转换、转移和装载过程开始，在这些过程中，不需要一个通用的数据驻留单元，因为每个数据集市都可能有自己独立的存储区域，甚至每个数据集市的数据抽取、转换、转移和装载的工具都可能不同。从集成的角度来看，自底向上与自顶向下结构的最大差异在于前者不需要为创建数据集市而具备通用的元数据部件。

数据集市一般不采用普通的 E-R 数据模型。开发人员通常认为假如数据集市使用关系数据库，则应当采用星型模型或雪花模型来提高性能。而现在许多数据集市抛弃了关系数据库技术，更多地依靠多维数据库或基

于列操作的数据库(如 SybaseIQ 等)来获取高性能。

在自顶向下结构中,数据集市存储轻度和高度综合的数据,但在自底向上结构中,数据集市存储了原子和细节数据(包括历史数据),这是由于数据集市是构建数据仓库的基础,理所当然应当包括将在数据仓库中出现的所有数据。

虽然这种结构成功地满足了最初建立数据集市的需求,但这种结构不久就变得难以接受,因为从长远来看,这种结构不能提供通用的元数据部件,没有共享的元数据,也就很难基于数据集市建立数据仓库。

3. 企业级数据集市结构

尽管自底向上结构也存在许多缺点,但它基于数据集市构建仓库的由小到大,由部分到整体的思想给后来者很大的启发。自底向上结构的支持者迅速就原有的技术和方案进行调整,发展成了如图 12.6 所示的企业级数据集市结构(Enterprise Data Mart Architecture,EDMA)。

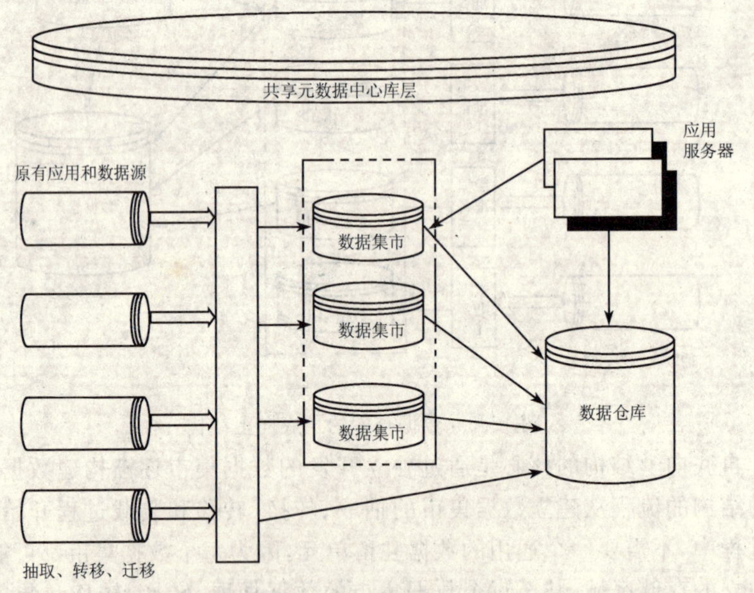

图 12.6　企业级数据集市结构

通过创建一个共享的结构,EDMA 支持由数据集市到数据仓库的开发。EDMA 框架包括企业主题域、通用维、度量、业务规则和数据源,所有这些都在逻辑上统一的全局元数据中心库中表示出来(在逻辑上统一,不一定在物理上集中)。这种框架不是固定不变的,它随数据仓库的开发而不断

调整。

EDMA 的另一核心是一个被称为动态数据存储(Dynamic Data Storage,DDS)的通用数据驻留单元。动态数据存储用于储存、净化和转换从操作型系统中抽取来的数据，并为数据装载进动态数据存储单元做准备。DDS 的动态性体现在有新数据添加时，它就随之作相应的改变。EDMA 由于合并了逻辑上统一的数据驻留单元，因而有助于支持数据集市甚至数据仓库间的集成。简而言之，统一的数据驻留单元、全局元数据中心库和局部的数据集市的元数据仓库共同创立和维护数据语义上的一致性。

和自底向上结构一样，EDMA 的数据集市可以采用多种合适的数据存储技术，但如果用到关系型数据库技术时，星型结构模型是最好的方案。

12.1.4　数据仓库系统的结构

所谓数据仓库系统(Data Warehouse System，DWS)就是对进入数据仓库的原始数据完成抽取、转换、过滤、清洗等处理，最终进入数据仓库，以及对数据仓库中存储的数据进行更新、管理、使用、表现等的相关软件/工具进行集合，用以支持数据仓库应用或管理决策。

数据仓库系统通常由数据仓库、管理部分和分析工具三个部分组成。这三个部分之间的关系如图 12.7 所示。

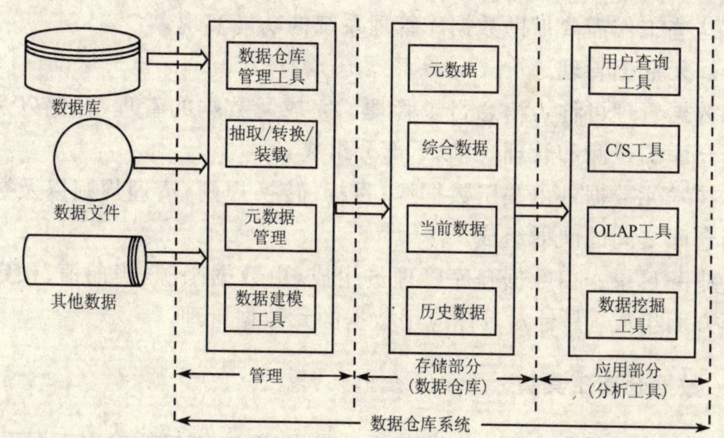

图 12.7　数据仓库的结构

1. 数据仓库管理部分

数据仓库的数据来自多个数据源，包括企业内部数据和市场调查与分

析的外部数据。在确定数据仓库信息需求之后，需要进行数据建模，确定从数据源到数据仓库的数据抽取、清理和转换过程，分析、划分维数以及确定数据仓库的物理存储结构。元数据是数据仓库的核心，用于存储数据模型、定义数据结构、转换规划、数据仓库结构和控制信息等。管理部分包括对数据的安全、归档、备份、维护、恢复等工作。

数据仓库管理部分的组成包括：

(1) 定义部件

这一部件用于定义和建立数据仓库系统，它包括：

①设计和定义数据仓库的数据库；

②定义数据来源；

③确定数据源向数据仓库复制数据的转换、清理规则。

(2) 数据获取部件

依据数据定义部件定义的规则从数据源中将数据抽取到数据仓库中，完成清洗、变换和集成工作；将数据装载到数据仓库中，定期清理数据仓库，消除数据仓库与源数据库的不一致，清除失效数据等。一般情况下可以通过一些通用工具完成，但是由于数据源中的数据类型、格式非常复杂，因此有些情况下需要编制特定的工具完成数据获取工作。

(3) 管理部件

管理部件主要包括对数据仓库中数据的维护、安全、备份、恢复、日志等工作。这些工作需要借助数据库管理系统的功能实现。

(4) 元数据管理

元数据管理可称为信息目录管理。完成元数据的管理、存储以及对整个数据仓库的检测和管理，由以下部分组成：

①技术元数据。由关于数据源、目标、转换规则、清理规则以及数据源与数据仓库之间的映射组成。

②业务目录。由数据仓库管理员生成，由数据来源、当前值、预定义的查询等方面组成，是针对具体应用数据的元数据管理。

2. 数据仓库工具集

数据仓库工具集主要由一些分析工具组成，主要包括检索查询工具、多维数据的 OLAP 分析工具、统计分析以及数据挖掘工具等。严格地说，数据挖掘工具只是数据仓库支持辅助决策的一种方法，数据挖掘可以从数据仓库中挖掘知识、规律，也可以从数据库或者一些平面文件中挖掘，但是从支持辅助决策的角度来看，将它归为数据仓库系统的一部分也是可以的。

数据仓库应用是一个典型的客户机/服务器结构形式，其客户端的工作主要包括客户交互、格式化查询、可视化以及报表生成等内容，服务器端完成各种辅助的查询、复杂的计算和各类综合功能等。这种方式在提高性能和可靠性、降低数据传输量以及保证数据的安全性等方面会带来很大的好处。服务器端一般有 OLAP 服务器和数据挖掘服务器两种，其中 OLAP 服务器能加强和规范决策支持的服务工作，集中和简化客户端和数据仓库服务器的部分工作。

12.1.5　数据仓库的数据组织

数据仓库中数据的组织方式与数据库不同，通常采用分级的方式进行组织。一般包括早期细节数据、当前细节数据、轻度综合数据、高度综合数据以及元数据五部分。典型的数据组织方式如图 12.8 所示。

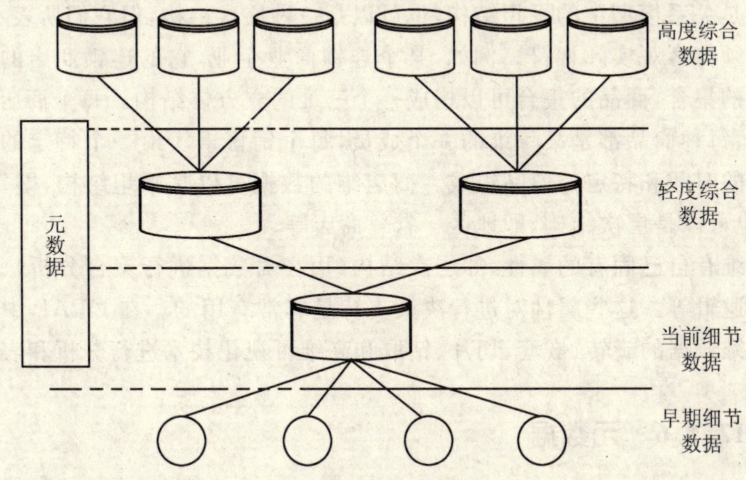

图 12.8　数据仓库的数据组织

(1) 早期细节数据

存储过去的详细数据，反映真实的历史情况。这类数据随着时间增加。数据量很大，使用额度低，一般存储在转换介质中(如磁带)。

(2) 当前细节数据

最近时期的业务数据，反映当前业务的情况，数据量大，是数据仓库用户最感兴趣的部分。随着时间的推移，当前细节数据由数据仓库的时间控制机制转为早期细节数据。

(3) 轻度综合数据

从当前基本数据中提取出来，通常以较小的时间段（粒度）统计而形成的数据。这类数据较细节数据的数据量小得多。

（4）高度综合数据

这一层的数据十分精练，是一种准决策数据。

整个数据的组织结构由元数据统一来组织，它不包含任何业务数据库中的实际数据信息。显然，由于数据仓库需要管理的数据量极为庞大，并且服务的目的不同，传统的数据建模方法已经显得力不从心。事实上，传统的方法主要面向事务型的分析处理工作，因此，需要有新的数据建模方法来完成数据仓库中数据的建模和组织，这种数据模型就是多维数据模型（Multi-Dimension Data Model）。

关系数据模型中，数据按照第三范式的要求来设计，并以二维表的形式反映。在多维数据模型中，数据是以多维逻辑方式组织，数据在各个维之间相互交叉，形成立体的数据视图。所谓维就是相同类数据的集合，这些数据可以是关系模型中的平坦结构，也可以是一种层次结构，但它们所表示的语义必须与客观实际相符。例如，某个连锁商业企业，它的连锁商店的集合，时间的集合，商品的集合可以构成一个三维的立方体结构。每个商店、每段时间、每种商品都是某一维的一个成员，每个销售事实由一个特定的商店、特定的时间和特定的商品组成。商店维的数据可以是平坦结构，即每个商店，也可以是层次结构，即地区—省—商店等。

维有自己固有的属性，如层次结构（用在对数据进行聚合分析）、排序、计算逻辑等。这些属性对进行决策支持是非常有用的。在 OLAP 中，通过对多维数据的旋转、嵌套、切片、钻取和高维可视化技术进行分析和表现。

12.1.6 元数据

在数据仓库中，元数据具有重要的作用，本节讨论元数据的含义及作用。

1. 元数据的由来

随着信息技术的迅速发展和在应用广度、深度的日益扩大，导致数据指数级地增加，为决策提供了数据基础。依据数据决策，一般需要经过以下步骤：

（1）获取高质量的原始数据；

（2）对数据进行综合和集成，生成有用信息；

(3) 分析信息，做出高质量决策。

然而，惊人的数据量以及无法判断数据的有效性，导致了"数据太多，信息太少"的尴尬局面。在这样的情况下，管理者已经意识到数据只有在其全部重要的属性为人知道和理解后，数据才是资源，才能引导我们做出高质量的决策。简而言之，就是需要知道哪些数据可以用来生成有用的信息。为此，需要赋予数据以内容，把数据置于上下文环境中，使其对使用者是有意义的、相关的和有目的的。比如，仅仅知道企业目前库存水平范围是不够的，还必须知道库存水平的定义意味着什么。除此之外数据必须完整、准确。假如某个特定的数据有多个来源，那么我们究竟使用哪个，为什么用它，有什么影响，显然，对于复杂情况则更加难于确定，因此提高数据的准确性、完整性对企业信息化建设具有重要意义。

由于数据仓库中存储大量的数据，对数据有效的管理就显得更加迫切。为此，需要一种良好的机制解决这个问题。

数据信息化的核心就是采用元数据机制。语义学者从希腊语"Meta"提出了"Meta Data"(元数据)的概念，意指处于操作数据后面的数据，用于描述其起源、意义和由来等。

没有易于利用的高质量元数据，数据资源将会变得毫无用处。通过利用分散在整个组织中的来自于不同数据源的已有数据，数据仓库提供了一种实现有效的决策支持环境的途径。元数据是数据仓库的基础，是整个数据仓库概念的中枢部件。元数据实际上是一些这样的信息目录，包含黄页、导航数据仓库的路标和"兴趣点"。如果没有元数据，信息就会简化成一维没有意义的数据。数字5.32本身没有任何意义。而当5.32%表示一个邮件公司的某一个比例时，5.32%就具有较好的意义。事实上，这就是关于数据"5.32"的元数据。这只是元数据的一个简单示例，下面我们从各个不同角度来认识元数据。

2. 元数据的定义

数据仓库中的元数据在内容上和重要性上都不同于其他数据处理过程的元数据概念。元数据使得决策支持系统中的分析过程更加易于管理和使用，并获得数据支持。

元数据在数据仓库的设计、运行中有着重要的作用，它表述了数据仓库中的各对象，遍及数据仓库的所有方面，是数据仓库中所有管理、操作数据的数据，是整个数据仓库的核心。

元数据是关于数据、操纵数据的进程和应用程序的结构和意义的描述

信息,其主要目标是提供数据资源的全面指南。其范围可以是某个特别的数据库管理系统中从现实世界的概念上的一般概括到详细的物理说明。简而言之,元数据就是关于数据的数据。

在数据库中,元数据是对数据库中各个对象的描述。关系数据库中,这种描述就是对表、列、数据库、观点和其他对象的定义。

从广义上讲,元数据代表定义数据仓库的任何对象,无论它是一个表、一个列、一个查询,一个业务规则,或者是数据仓库内部的数据转移等等。

元数据在数据仓库中的用途有:

(1) 起到辅助决策分析过程中定位数据仓库的目录作用。

(2) 数据从业务环境向数据仓库环境传送时数据仓库的目录内容。

(3) 指导从近期基本数据到轻度综合数据和到高度综合数据的综合算法选择。

元数据至少包括以下一些信息:数据结构,用于综合的算法,从业务环境到数据仓库的规划。

3. 元数据的主要作用

元数据的主要目的是为计算机系统的结构、开发过程和使用方法提供一致的文档,帮助理解系统,并且为开发和利用系统的所有"角色"提供更加有效的支持,如终端用户、系统管理者、应用程序开发人员等。在数据仓库中,生成和管理元数据是为了实现以下主要作用:

(1) 减轻管理数据仓库的工作量

①实现信息系统的各种管理工作的自动化。在执行处理(如装载和更新)时,自动访问和使用元数据,其任务是控制和跟踪处理。

②支持系统集成。本质上,方案和数据集成都依赖元数据(包括结构、数据源和目标系统的意义等信息),运用到原始数据上的转换规则也是元数据。

③实施复杂的安全机制。数据仓库中访问控制需要复杂的方法。由于数据转换可能改变数据的安全级别,比如操作源中可能包含一些单个的关于企业数据的通用信息,但是经过转换之后,存储在数据仓库中的数据值可能变成了企业最机密的信息。另一方面,企业财务详细情况原本是保密的,但其存储在数据仓库中的一些高度综合信息却不一定是关键信息。因此,元数据应该为整个数据仓库系统提供访问规则和用户权限信息。

④支持新的应用和业务过程建模分析与设计。通过提供关于数据含义的信息,元数据增加了应用开发过程的可控性和可靠性。此外,为现有应用

设计的元数据可以被新的应用使用和更新。

⑤改善系统的灵活性和现有软件模块的可重用性。把频繁改变的语义方面的信息(所谓的业务规则)明确地作为元数据存储在应用程序(脚本、终端用户应用)之外。这样,根据新的需求,很容易更新业务规则。在不同的上下文中,可能会重用这些元数据,它们既可以是全部代码,也可以是一些设计经验和知识。这样的系统维护起来非常容易,并且软件具有良好的扩展性和适应性。运行时,一个引擎通过访问和解释元数据来完成操纵、清洗、转换和使用数据的任务。

(2) 改善信息抽取

改善信息抽取即从数据中有效地抽取信息。其主要任务是:

①提高数据质量。数据质量包括一致性(数据描述是否统一、没有重复、没有数据与已有的定义相覆盖或混淆)、完整性(是否缺少数据)、精确性(与实际存储值是否一致,包括数据的精确度和可信度)和时限性(记录值是否是最新的)。此外,数据质量还要求正确的数据(数据是否为给定应用所期望的值)。最后,还要定义、存储和检查(当数据仓库更新时)以确保数据质量的规则(作为元数据)。同时,高质量的数据要求跟踪数据,所以,元数据必须提供关于数据的创建时间、作者、来源、获取时的意义、从源到目的地路径等信息。这样,在转换过程中和验证返回信息的精确程度时,用户可以重构数据经过的路径。

②提高查询、检索以及结果的质量。使用元数据可以生成精确的、具有良好指导性的查询,可以减少用户访问、评估、使用合适信息的费用,可以展示数据元素之间的关联。

③改善数据分析。数据分析的方法很多,最基本的是一些具有汇总功能的报表应用,其次是OLAP,最后是复杂的数据挖掘应用。为了充分解释结果,需要元数据来理解应用领域及其数据模型(典型的例子是数据库方案)。分析应用在执行其特定计算时应能自动访问元数据。

12.1.7　联机分析处理

随着人们从操作型系统、电子表格、外部数据库和商业伙伴那里得到的数据容量日益增加,各个组织都想从中取得其最大的商业价值,从而使得联机分析处理(On-Line Analytical Processing,OLAP)应用迅速为人们所接受。

在现代企业中,制定的决策不外乎是有关价格、资源部署、选择供应商

以及在哪里或在什么时候进行投资。过去，这些决策的制定经常是基于直觉和经验，而不是根据可靠的数据、分析和已经验证的理论。随着管理结构、商业工程和全球化的发展，对更好的分析工具的需求变得越来越强烈。

数据仓库把来自多个系统的数据集成起来，形成一个可靠的、一致的、不断更新的信息集合。在大多数情况下，它们直接采取大规模关系型数据库以及传统的关系型报表和查询工具的形式。这是研究历史过程的细节以及概要的很好的方式，但是，它不直接支持更加完整的和多维的视图，而这正是灵活的决策制定所需要的。数据仓库是进行分析决策的基础，但还必须有强有力的工具进行分析和辅助决策。

在实际决策过程中，决策者需要的数据往往不是某一指标单一的值，他们希望能从多个角度观察某一指标或多个指标的值，并且找出这些指标之间的关系。比如，决策者可能想知道"东北地区和西南地区今年一季度和去年一季度在销售总额上的对比情况，并且销售额按 10 万～50 万元、50 万～100万元以及 100 万元以上分组"。上面的问题是比较有代表性的，决策所需数据总是与一些统计指标如销售总额、观察角度(如销售区域、时间)和不同级别的统计有关，我们将这些观察数据的角度称之为维。可以说决策数据是多维数据，多维数据分析是决策分析的主要内容。但传统的关系数据库系统及其查询工具对于管理和应用这样复杂的数据显得力不从心。

联机分析处理描述了这样一类技术，即专门为特殊的数据存取和分析而设计的技术。而 OLTP 一般说来仅仅依赖于关系型数据库。OLAP 逐步成为事务型数据的多维视图的同义语，这些多维视图是由多维数据库技术所支持的，它们为数据仓库应用中所需的计算和分析提供了技术基础。

OLAP 是超越一般查询和报表之上的另一个逻辑步骤，也是朝创建一个完整的决策支持方案的又一个演化阶段。在多维环境中，OLAP 软件工具为终端用户提出的复杂事务分析提供了分析数据的技术。有了 OLAP 工具，高层管理人员就能够通过浏览、分析数据去发现其变化趋势、抽样特征及得到一些潜藏的细节信息，从而更好地掌握他们商务活动的变化。

企业的用户对企业的观点自然是多维的。拿销售来说，不仅可从生产这方面看，还与地点、时间等有关，这就是为什么要求 OLAP 模型是多维的原因。这种多维用户视图通过一种更为直观的分析模型，使得模型设计和分析就像在层次之间与层次内部的计算一样便利。

OLAP 大部分策略都是将关系型的或普通的数据进行多维数据存储，以便于进行分析，从而达到联机分析处理的目的。这种多维数据库，也被看

作一个超立方体，沿着各个维方向存储数据，它允许用户沿事物的轴线方便地分析数据，分析要求从统计数据中得出一个大致的范围。与主流事务型用户相关的分析形式一般有切片和切块以及钻探和挖掘。

在实际应用中，OLAP 常常包括对数据的交互查询，这项活动发生在通过多种途径的一系列分析之后，如对底层细节的进一步挖掘。用户对这种多维数据模型的操作比对其他数据模型的操作要容易和直观。例如，用户可在模型中切片、切块以及绕一定轴线旋转等。

联机分析处理是一种数据分析技术，它需具有以下的功能特征。

(1) 给出数据仓库中数据的多维逻辑视图，其视图应独立于数据存储的具体形式。

(2) 一般应包含交互式查询和对数据的分析。交互式查询通常有多种方式，如细剖较低层的详细数据或统览较高层的概括性和聚集数据。

(3) 提供分析的建模功能，包括可以产生比率、变量等的计算引擎，有关的度量或跨多维的数字数据。

(4) 生成概括数据、聚集和层次，并在每一维的交叉点上对聚集和概括级别进行审计。

(5) 支持功能模型以进行预测、趋势分析和统计分析。

(6) 检索并显示二维或三维表格、图表和图形中的数据，并且应能容易地变换基准轴。这一点是很重要的，因为用户需要从不同角度分析数据，并且在分析一个侧面的数据时产生的问题可能需在另一个侧面中检验。

(7) 快速响应查询，以避免分析过程被中断，或查询信息是过时的。

(8) 具有多维数据存储引擎，按阵列存储数据，这些阵列是各应用维的逻辑表示。

12.2　数据挖掘概述

数据挖掘是从数据中发现隐含的有用的信息或知识的技术。数据挖掘技术是随着人类进入信息社会以来对信息的价值认识不断提高而不断发展的。数据挖掘技术是满足和解决当前“数据太多，信息不足”问题的技术。

12.2.1　数据挖掘的定义

在历史的发展中，数据挖掘常常与知识发现同等，有关数据挖掘(Data

Mining,DM)和知识发现(Knowledge Discovery in Database,KDD)的确切定义一直被许多学者混用。有学者认为数据挖掘和知识发现是等价的概念,人工智能(AI)领域习惯称知识发现,而数据库领域习惯称数据挖掘,有的甚至将两个概念视为同义词。也有学者把知识发现看作发现知识的完整过程,而数据挖掘只是这个过程中的一个部分。

1995 年在加拿大召开了第一届知识发现和数据挖掘国际学术会议。在这次会议上,对于数据挖掘和数据库中的知识发现的概念进行了描述。数据库中的知识发现是被认为从数据中发现有用知识的整个过程,知识即意味着数据元素之间的关系和模式。数据挖掘被认为为是知识发现过程中的一个特定步骤,它是应用具体算法从数据中提取模式和知识。

因此可以这样定义数据挖掘:数据挖掘,就是应用一系列技术从大型数据库或数据仓库的数据中提取人们感兴趣的信息和知识,这些知识或信息是隐含的、事先未知而潜在有用的,提取的知识表示为概念、规则、规律、模式等形式。

数据挖掘作为知识发现过程的一个特定步骤,它是一系列技术及应用,或者说是对大容量数据及数据间关系进行考察和建模的方法集。它的目标是将大容量数据转化为有用的知识和信息。

一般情况下,数据挖掘的对象定义为数据库,而更广义的说法是,数据挖掘意味着在一些事实或观察数据的集合中寻找模式。数据挖掘的对象不仅是数据库,也可以是文件系统或其他任何组织在一起的数据集合,例如 WWW 信息资源,最新的对象是数据仓库。

与数据挖掘和知识发现关系密切的研究领域包括归纳学习(Inductive Learning)、机器学习(Machine Learning)和统计(Statistics)分析,特别是机器学习被认为和数据挖掘的关系最密切。二者的主要区别在于:数据挖掘的任务是发现可以理解的知识,而机器学习关心的是提高系统的性能,因此训练神经网络来控制一根倒立棒是一种机器学习过程但不是数据挖掘;数据挖掘的对象是大型的数据库,一般来说机器学习处理的数据集要小得多,因此效率问题对数据挖掘是至关重要的。

数据挖掘是从大型数据库或数据仓库中发现并提取隐藏在其中信息的一种新技术,帮助决策者寻找数据间潜在的关联,发现被忽略的因素。这些信息和因素对预测趋势和决策行为是至关重要的。

在竞争激烈的商业时代,资源日益成为决定企业生死成败的关键。在客户关系方面,企业总希望与客户建立最稳固的关系,并最有效率地把这种关系转化为利润,即留住老客户、发展新客户并锁定利润率最高的客户,这

也是CRM要重点研究的问题。为了实现这一目标，企业就需要尽可能地了解客户的行为，但这种了解不可能通过与客户接触直接获得，因为企业不可能挨个与客户交谈，而且他们所需要的信息单个用户也无法提供。企业所能做的，就是尽可能搜集客户的信息，借助各种分析方法，透过无序的、表面的信息挖出内在的知识和规律，这就是数据挖掘技术所要研究的。在挖出大量信息之后，企业就可以根据这些规律或用这些信息设计数学模型，对未发生行为做出结果预测，为企业的综合经营决策、市场策划提供依据。可以说，数据挖掘应用成功与否决定了CRM是否能满足现代企业的需要，只有采用了数据挖掘技术的CRM系统才是现代的CRM系统。

12.2.2　知识发现过程

知识发现过程一般由数据准备、数据挖掘、结果表述和解释三个主要的阶段组成。知识的发现可以描述为这三个阶段的反复过程。

知识发现过程用图12.9表示，从图中可见，知识发现过程将是多个步骤相互联接起来，反复进行人机交互的过程。

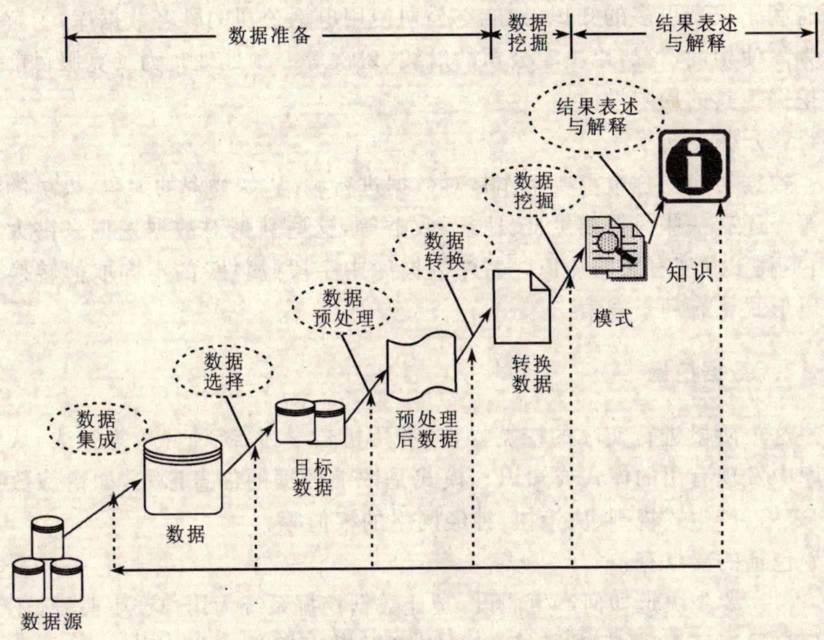

图12.9　知识发现过程

1. 数据准备

这个阶段又可进一步分成数据集成、数据选择、数据预处理、数据转换四个子步骤。

(1) 数据集成

将多文件或多数据库运行环境中的数据进行合并处理,解决语义模糊性。

(2) 数据选择

为知识发现的目标搜集和选择有关的数据,这包括不同格式数据的转换以及不同部门数据的统一和汇总。数据选择的目的是辨别出需要分析的数据集合,缩小处理范围,提高数据挖掘的质量。

(3) 数据预处理

对数据进行清理和充实等预处理工作。数据库中重要的数据是准确的,不重要的数据可能存在污染。如顾客的生日对保险公司是重要的,在银行数据库中就有可能是不重要的。还有一些打印错误、变更的地址、排错的姓名等都是数据的污染。污染的数据要尽可能地进行清理,充实有关数据有利于发现更多的知识,如航空公司使用电话公司的顾客数据库,了解电话频繁使用的情况,以决定公司的航线、班次等。预处理是为了克服目前数据挖掘工具的局限性。

(4) 数据转换

数据转换的一个重要工作是对数据进行编码,如物资的编码、人员的编码等。还有一些数据如生日、地址、收益等,这些数据对数据挖掘来讲太详细,不利于发现有用的知识。另外数据库中字段(属性)的不同取值转换成数码形式将有利于搜索。

2. 数据挖掘

这个阶段进行实际的挖掘操作,利用机器学习、统计分析等方法,从数据库中发现有用的模式或知识。模式是浓缩数据的信息形式,如精炼数据库、表格、产生式规则、决策树、神经网络的权值等。

包括的要点有:

(1) 要先决定如何产生假设,是让数据挖掘系统为用户产生假设,还是用户自己对于数据库中可能包含的知识提出假设。前一种称为发现型(Discovery-Driven)的数据挖掘;后一种称为验证型(Verification-Driven)的数据挖掘。

(2) 选择合适的工具。

(3) 挖掘知识的操作。

(4) 证实发现的知识。

3. 结果表述和解释

根据最终用户的决策目的对提取的信息进行分析，把最有价值的信息区分出来，并且通过决策支持工具提交给决策者。因此，这一步骤的任务不仅是把结果表达出来(例如采用信息可视化方法)，还要对信息进行过滤处理。如果不能令决策者满意，需要重复以上数据挖掘的过程。

12.2.3　数据挖掘的任务

数据挖掘是从数据库中发现知识过程中的一个关键步骤。数据挖掘的任务有以下几方面。

1. 相关分析

分析数据库中字段项(变元)之间的关联关系。

若两个或多个变项的取值之间存在着某种规律性，则称这种规律性为关联。即发现数据对象之间的相互依赖关系，一个相关规则的形式为 A→B，如果 A 出现，那么 B 出现，这表明 A 和 B 有某种关联。

数据中的关联可分为：

(1) 简单关联

如买面包的顾客中有 90％的人买牛奶。

(2) 时序关联

如粮食涨价，不久副食品涨价。

(3) 因果关联

这属于条件与结论的依赖关系。

数据库中的关联是否存在精确的关联函数，有时是不知道的。即使知道，它也是概率的，而不是确定的，如：A→B 95％。

关联分析中的几个问题如下：

(1) 关联分析生成的规划带有某种强度，这可解释该事件的概率或规则的可信度。

(2) 规则有时并不代表有用的发现，它只反映了背景领域的固有结构，这就要求对候选规则进行评价。

2. 聚类

根据所处理数据的一些同性，将数据库中的记录划分成一系列有意义的子集，这些子集即类。对这些子集(类)的识别对用户有直接意义。它们常常为其他的规则抽取算法提供有用的信息。聚类有时直接满足用户的要求，有时是其他发现过程的预处理。例如，由聚类所产生的类可以作为判定树生成算法的目标概念，也可作偏差分析的基础。

聚类技术包括：

(1) 模式识别法；

(2) 数学分类法；

(3) 概念聚类；

(4) 神经网络的自组织模型等。

聚类的要点有：

(1) 类之间的距离；

(2) 类的内涵描述；

(3) 聚类的标准。

3. 概念描述

对数据库中一类对象的内涵进行描述，以概括这个类的有关特征。概念描述是对数据库的整体信息进行全面概括，从数据库中归纳抽象的信息。

类的内涵描述有两种：

(1) 特征描述

对类中对象的共同特点进行描述。

(2) 辨别性描述

对两个或多个类之间的区别进行描述。

产生辨别性描述的方法有：

(1) 决策树方法：如 ID3、IBLE 等；

(2) 神经网络方法：如前馈式网络等；

(3) 遗传算法。

4. 偏差检测

偏差检测指对数据库中的异常数据进行检测。

数据库中的数据能反映许多异常情况，从数据分析中发现这些异常情况是很重要的，能引起人们对它更多的注意。偏差检测的数据模式有极值

点、断点、拐点、零点和边界等不同的偏差对象。

偏差包括的规则知识如下：

(1) 分类中的反常实例；

(2) 模式的例外；

(3) 观察结果对模型预测的偏差；

(4) 量值随时间的变化等。

偏差检测的基本方法是寻找观察结果与参照之间的差别。观察常常是某一个域的值或多个域值的汇总。参照是给定模型的预测、外界提供的标准量或另一个观察值。

5. 预测

这里指预测新事物的特征。

从现有的数据中找出规律性，建立模型，用此模型来预测未知事例的种类、特性等。

12.2.4　数据挖掘的分类

从不同的视角看，数据挖掘技术有几种分类方法，包括根据发现知识的种类分类，根据挖掘的数据库的种类分类和根据采用的技术分类。

(1) 根据发现知识的种类分类

这种分类方法有：总结规则挖掘、特征规则挖掘、关联规则挖掘、分类规则挖掘、聚类规则挖掘、趋势分析、偏差分析、模式分析等，如果以挖掘知识的抽象层次划分，又有原始层次的数据挖掘、高层次的数据挖掘和多层次的数据挖掘等。

(2) 根据挖掘的数据库分类

数据挖掘基于的数据库类型有：关系型、事务型、面向对象型、主动型、空间型、时间型、文本型、多媒体、异质数据库和遗留系统等。

(3) 根据采用的技术分类

最常用的数据挖掘技术是人工神经网络、决策树、遗传算法、最近邻技术、规则归纳、可视化等。

12.2.5　数据挖掘的应用

数据挖掘技术的应用是十分广泛的，从政府管理决策、商业经营、科学

研究到工业企业决策支持等各个领域都可以找到数据挖掘技术的用武之地，下面我们举出目前开展得比较活跃的数据挖掘的应用方向。

（1） 市场营销：预测顾客的购买行为；划分顾客群体。

（2） 银行业：检测信用卡的欺诈行为；客户信誉分析。

（3） 生产、销售和零售业：预测销售额；决定库存量；批发点分布的规划、调度。

（4） 制造：预测机器故障；发掘影响生产能力的关键因素。

（5） 经纪业和安全交易：预测债券价格的变化；预报股票价格升降；决定交易的最佳时刻。

（6） 保险业：分析决定医疗保险额的主要因素；预测顾客保险的模式。

（7） 计算机硬件和软件：监测磁盘驱动故障；估计潜在的安全漏洞。

（8） 政府和防卫：估计军事装备转移的成本；预测资源的消耗；评估军事战略。

（9） 医药：验证药物的治疗机理；划分出哪一类型医生会再次购买某类药品。

（10） 交通：航空公司可以根据历史资料寻找乘客的旅行模式，改进航线的设置。

（11） 电信：电话公司评估哪一类客户会在短期内转向别的公司或其他服务项目，从而限制对这部分客户的广告投入。

（12） 公司经营管理：评价客户信誉；评估部门业绩；评估员工业绩；监测子公司或部门财务舞弊行为。

本章小结

数据仓库是面向主题的、集成的、非易失的，是随时间变化的数据集合，用来支持管理决策。数据集市是指具有特定应用的数据仓库，主要针对某个具有战略意义的应用或具体部门级的应用，支持用户利用已有的数据进行管理决策。数据集市可以分为两种，一种是独立数据集市，另一种是从属数据集市。

数据仓库的结构可以是自顶向下结构、自底向上结构和企业级数据集市结构等。数据仓库系统通常由数据仓库、管理部分和分析工具三个部分组成。数据仓库中数据的组织通常采用分级的方式进行组织。一般包括早期细节数据、当前细节数据、轻度综合数据、高度综合数据以及元数据五

部分。

元数据是关于数据、操纵数据的进程和应用程序的结构和意义的描述信息，其主要目标是提供数据资源的全面指南，是关于数据的数据。

联机分析处理是一种数据分析技术，它能为决策者提供数据仓库中数据的多维逻辑视图、交互式查询和对数据的分析、支持功能模型以进行预测、趋势分析和统计分析等。

数据挖掘的定义是应用一系列技术从大型数据库或数据仓库的数据中提取人们感兴趣的信息和知识，这些知识或信息是隐含的、事先未知而潜在有用的，提取的知识表示为概念、规则、规律、模式等形式。通常把数据挖掘视为知识发现过程中的一个阶段。

数据挖掘的任务包括相关分析、聚类、概念描述、偏差检测和预测等。数据挖掘可以根据发现知识的种类、挖掘的数据库的种类和采用的技术进行各种分类。

数据挖掘技术的应用是十分广泛的，从政府管理决策、商业经营、科学研究到工业企业决策支持等各个领域都可以找到数据挖掘技术的用武之地。同样，在 CRM 领域也有着非常广泛的运用。

第5篇

实施

第 13 章

企业 CRM 实施

学习目标

- 理解为什么必须从战略高度实施 CRM
- 了解 CRM 软件实施方法论
- 知道决定 CRM 实施成败的关键因素有哪些

13.1 在战略层次上部署 CRM 实施

美国研究机构 Frost & Sullivan 的最新研究报告表明,CRM 的实施缺乏企业级 CRM 战略设计,技术未能很好的与清晰的企业级战略相结合,结果导致了 CRM 实施的成功率降低。大量的研究和实践都表明:在战略层次上部署 CRM 是确保 CRM 成功的首要因素。

13.1.1 为什么必须在战略层次上部署 CRM 实施

1. CRM 本身就是一个商务战略

必须在战略层次上部署 CRM 实施的原因其实很简单:CRM 本身就是企业的一个商务战略。对于这个命题,不论是咨询公司、软件供应商还是 CRM 被实施企业都完全认同。但至于这个战略的内涵到底是什么,各自的理解却千差万别。不仅很多认识是模糊的,而且一些软件供应商从自身的利益出发,常常有意和无意地把人们引导到“CRM 就是 CRM 软件”的错误观念上来。本书第 1 篇第 1 章给出了定义,因此这里非常有必要来回顾一下对于这个商务战略的内涵的定义。

CRM 是一种以客户为中心的商务战略,该战略包括理念层、体制层和技术层三个层次的内涵(见图 1.2CRM 内涵认知模型)。

理念层从企业管理思想、管理模式、文化等方面体现以客户为中心的思想精髓,是人们从不同侧面对以客户为中心的思想的各种理解的集成和表现形式。理念层既是 CRM 战略实施的基础,也是战略实施期望达到的目标。

体制层从流程、组织结构、管理制度等方面确保以客户为中心的服务理念得到贯彻落实,既是理念层的有形展示形态(有什么样的理念就会有什么样的体制),又是理念层得以实现的制度保证机制。

技术层是一套以 CRM 软件为表现形式的集成支持平台。该平台把以客户为中心的理念转化为软件的各种业务功能,并固化以客户为中心的业务流程,它同时支持理念层和体制层,不仅从技术上保证以客户为中心的体制得以正常运转,而且与体制层一起确保以客户为中心理念的实现。

CRM 的三层体系结构模型很好地解释了 CRM 战略实施中理念、流程

(泛指体制)、技术三者之间的关系。人们对CRM中管理思想的把握(即理念层)是CRM的核心,理念指挥行动,没有正确的理念不可能有正确的行动,因而不可能有正确的结果,理念一旦错误CRM战略必然失败,因此正确的理念至关重要。但理念正确不能确保行动正确,为了确保用正确的行动实现正确的CRM理念,必须从流程和技术上提供保证机制,从而在业务运作流程上体现CRM理念,在技术手段上固化流程,达到用流程、技术手段约束人的行为符合CRM理念,最终实现CRM理念的目的。理念、体制、技术三层构成了CRM的完整内容,三者缺一不可,而且三个层次必须相互支撑、协调工作才有可能保证以客户为中心的战略实施成功。

2. CRM具有全局性和长远性两个最基本的战略特征

作为一个战略,最重要、最基本的两个特征是它的全局性和长远性,CRM完全具备这样两个基本特征。

(1) 全局性

CRM不只是营销、销售和服务等某些部门的事,而应当成为整个企业关注和重视的焦点。首先,企业管理层,特别是高层领导必须坚定不移地坚持"以客户为中心"的理念,并通过各种渠道、各种形式将该管理理念灌输到企业的每一职工之中,争取在企业中间形成一种企业文化(共同价值观),让所有的员工都知道,公司的发展离不开客户,只有不断改进企业与客户的关系,提升客户忠诚度,扩大忠诚客户的数量,企业才会在激烈的市场竞争中取得竞争优势,企业才会永葆青春活力。其次,整个企业的业务流程都必须按照"以客户为中心"的理念来再造,并对组织结构作出相应的调整,同时作出相应的管理制度安排,通过企业级的流程、组织结构和制度来保证"以客户为中心"理念的实现。再次,整个企业必须以CRM系统为龙头和核心来实施企业的管理信息化建设,即围绕CRM系统来集成、整合企业的ERP,OA,KMS(知识管理系统)等各类管理信息系统,从而借助技术手段来进一步强化"以客户为中心"的理念。

(2) 长远性

客户是企业利润的惟一来源,是企业生存和发展的前提条件,以客户为中心是企业获取利润惟一正确的商务战略,企业要在越来越激烈的市场竞争中生存下来并取得发展,必须始终坚持以客户为中心的商务战略。会不会有人认为,企业坚持以客户为中心是在为客户做嫁妆。如果真有人这样认为,那就大错特错了。作为一个企业,利润最大化是它永远追求的目标,以客户为中心只不过是企业获得自身利润的一种手段和途径。有家饭店的

广告用语道破了天机——"只有您吃好了，我才有得吃"，这句话很深刻地阐释了企业与客户之间的双赢关系。企业实施以客户为中心战略的根本目的是获取和保持有价值客户，并最大化客户的总体价值，一句话，是为了从客户身上获得更大的价值。但是，企业要从客户身上获得更大的价值，必须首先为客户提供更高的价值，客户不是傻瓜，要想获取，得先给予。对等双赢的关系才是一种可持续发展的良性关系，这是一个颠扑不破的真理，因此，企业要赢得客户，进而在日趋激烈的市场竞争中生存并获得优势，必须始终如一地坚持以客户为中心的商务战略。

13.1.2 企业实施 CRM 战略的目标

企业实施 CRM 战略的主要目标：

(1) 实现或巩固"以客户为中心"的经营模式。

(2) 获取或保持更多高质量客户，最大化客户资产价值，在市场竞争中赢得优势。

(3) 促进企业管理创新，提升企业管理水平。

13.1.3 企业实施 CRM 战略必须具备的基本条件

CRM 战略的实施涉及到业务流程的再造、组织结构调整和企业文化重塑等让企业伤筋动骨的变化，如果企业自身不具备一定的管理基础是无法完成这样的变化的。企业实施 CRM 战略必须具备如下基本条件：

(1) 有确确实实的内在需求；

(2) 企业一把手有落到实处的强力支持；

(3) 企业全体员工对实施 CRM 战略形成了基本的共识；

(4) 企业员工整体素质较好；

(5) 有一定的 IT 力量和一定的 IT 应用经验；

(6) 有成形和相对规范的业务流程；

(7) 有"以客户为中心"的企业文化底蕴；

(8) 组织结构调整的推进难度有足够的思想准备，并有足够的能力推进这项工作。

13.2　CRM 软件实施方法论

13.2.1　区分 CRM 软件实施方法论与 CRM 实施方法论

CRM 实施方法论是指人们认识 CRM 实施规律和处理 CRM 实施中遇到的种种问题的根本方法。根据本书前面对 CRM 的内涵界定，CRM 作为一个商务战略，包含着理念（包括管理思想、管理模式、管理文化等）、体制（包括流程、组织结构、制度等）和技术（软件）三个层次的内涵。因此相应地，CRM 的实施也包含着多个层次，体现 CRM 战略思想的一系列理念的培育，体现 CRM 战略思想的体制的实施以及固化 CRM 战略思想的软件的实施。但相当多的人误以为"CRM 的实施就是 CRM 软件（或系统）的实施，CRM 实施方法论就是 CRM 软件实施方法论"。这些错误认识的形成与软件厂商和媒体技术惟上、工具万能论的主流宣传不无关系，中立的研究和咨询等机构有义务澄清这些错误认识，不然给 CRM 实施企业甚至整个国内 CRM 市场带来的将是一个毁灭性的打击，举不胜举的 CRM 失败案例和去年（2003 年）以来国内 CRM 行业的持续低迷就是一个例证。

结论：CRM 软件实施方法论只是 CRM 实施方法论的一个组成部分，而且是最低层次的一个方法论，它主要用于指导 CRM 软件的选择、安装、培训、配置、应用等过程。

这里仅介绍 CRM 软件实施方法论的主要原因是其他更高层次的 CRM 实施方法论缺乏相关的资料。

13.2.2　CRM 软件实施方法论

CRM 软件的实施一般涉及到被实施企业、软件供应商和咨询公司等多个角色，由于利益、地位各不相同，现实中，它们实际上是从不同的视角、出发点去建立各自的方法论的，因此，下面将从 CRM 被实施企业、软件供应商和咨询公司三个角度介绍 CRM 软件实施的方法论。

1. 被实施企业 CRM 软件实施方法论

不同企业实施 CRM 软件时所采用的方法不可能完全相同，但一个企业的 CRM 软件实施要取得成功，一般必须遵循如下基本环节：

(1) 确立目标

企业必须首先明确通过实施 CRM 要解决什么问题,要达到什么目标,目标明确才能有的放矢。目标是一个体系,包括企业目标和部门目标、定性目标和定量目标、长期目标和分阶段目标等。

(2) 成立 CRM 选型小组

完成选型准备和选型工作,该小组在 CRM 进入实施阶段后转化为项目实施小组。

该小组由高层领导(副总以上),销售、营销和服务部门人员,IT 部门人员,财务人员,最终用户代表等组成。

(3) 选择适用的 CRM 软件

1) 软件获取策略的确定

有两种基本的软件获取策略:定制开发软件策略和购买商品化软件策略。

定制开发包括自行开发和委托开发两种方式。定制开发策略可根据自身的业务特点和功能需求设计开发出最贴近企业实际的 CRM 软件,但耗时长、成本高,有低水平重复的风险。后续升级需要企业自身很强的 IT 力量支持。无特殊需要一般不宜采用。

购买商品化软件策略的初始成本小,软件的技术质量和升级有保障。但一些特殊需求难以满足。绝大多数企业宜采用这种策略。该策略成功的关键是要选好型,即要选择最适合企业自身需求的 CRM 软件,并向供应商提出适当的个性化二次开发需求。

2) 需求分析

需求分析结果是 CRM 软件选型的根本依据。在选型之前必须对自身的需求作深刻的分析,尽量列出对 CRM 功能的各种重要需求。

CRM 需求分析应注意几点:①需求比较复杂的大型企业,最好请咨询公司协助;②要考虑企业用户的期望,不能只从企业的角度去做需求分析;③要广泛获取 CRM 系统最终用户的需求;④需求分析报告力求简洁,抓住问题的要害。

3) CRM 软件市场分析

分析主流供应商的 CRM 解决方案特点(功能、性能、技术先进性、可拓展性、易用性、适用对象等)、升级能力、服务水平、价格、历史、规模、实力、信誉等,为选型做准备。

4) 确定选型要考虑的因素

选型要考虑的因素包括功能、开发工具(二次开发)、可拓展性、文档、售

后服务与支持、供应商的信誉与稳定性、价格、企业自身原有数据资源的可移植性等。

5）按一定的步骤选型

选型步骤依次包括：①初步了解产品与厂商；②确定重点产品；③选择几家厂商正面接触；④参考咨询专家的建议；⑤确定合作厂商；⑥询价/购买。

(4) 组织实施队伍

虽然CRM等管理软件的实施离不开供应商或咨询公司的协助，但实施的主体一定是企业自己。企业各级“一把手”、管理者及广大员工必须参与实施。一个管理软件项目的实施一般需要如下组织：

1）项目实施小组

项目实施小组负责人一般应由公司的高层领导担任，要有足够的权威和协调能力，同时要有丰富的项目管理实施经验。项目小组只需要少数专职人，其他大部分成员由企业各方面的用户组成（选型小组的大部分成员应当转入项目小组）。

项目实施小组负责协调公司层与各部门的关系，负责软件在操作级上的实施。基本工作内容包括：①制定项目实施计划；②报告计划的执行情况；③适时作出关于任务优先级、资源重新分配等问题的建议；④必要时向高层领导作出建议；⑤为保证软件成功实施而需要的任何操作级上的工作；⑥协调与软件供应商（或咨询公司）实施小组的关系。

2）项目指导委员会

企业管理软件的实施涉及到企业内部管理模式调整、业务流程重组和组织结构变动等诸多因素，是一个复杂的过程。在此过程中需要解决和协调的问题很多。其中有些问题单靠项目小组及其负责人是解决不了的。项目指导委员会的基本职能就是对项目计划的执行情况进行定期审查，及时解决问题，协调矛盾，保证项目的顺利实施。

企业的最高决策人员要亲自参与到项目指导委员会中。项目指导委员会成员一般包括总经理、副总经理、其他高层领导和专职项目负责人，并正式制定总经理或某位副总经理作为指导委员会的主持人。主持人职责包括：①对决策负责；②直接听取项目负责人的汇报；③代表指导委员会处理决策问题；④必要时通过他争取其他高层领导的支持；⑤组织指导委员会完成计划优先级制定、资源的合理配置、重大问题的改变、政策制定等其他工作。

指导委员会中项目负责人的作用：①指导委员会和项目小组之间的桥

梁;②向指导委员会报告项目计划的执行情况;③在项目实施落后于计划的情况下,提出使项目重上计划轨道的打算和措施(如追加资源的要求等)。

3）专家指导小组

经验表明,几乎没有一家企业能够在没有专家指导的情况下实施管理软件获得成功。因为实施企业管理软件对于任何一家企业的大多数人来说都是没有经验的。凡是可能出错的地方必定出错,这是一条统计规律。出错造成的损失将数倍或数十倍于聘用专家的费用,所以聘用专家成立指导小组是十分必要的,也是值得的。选择专家时要特别强调有成功实施管理软件的经验。

专家组成:管理专家(包括理论和实践两方面的专家)、管理软件应用专家。

管理专家职责:企业管理现状诊断;管理模式、业务流程、组织结构设计建议。

管理软件应用专家职责:参与软件应用解决方案和实施方案等的设计。

4）协调小组

人是企业管理软件实施的主导因素,实施过程中人员的协调非常重要,对不同人员之间关系的日常协调需要成立专门的小组。协调小组受指导委员会直接领导。

成员:指导委员会中的1～2名专职人员,外加项目组长。

职责:协调几类人员之间的关系:①管理人员与技术人员;②自身人员与外聘人员(如代表企业利益的外聘咨询公司人员);③企业项目组与供应商项目组(或第三方项目组)。

(5) 适当的业务流程再造和组织结构调整

企业实施CRM的根本目标就是实现和巩固“以客户为中心”的经营模式。企业所有的业务流程和组织结构都必须按照“以客户为中心”的原则进行设计,如果不符合就必须进行业务流程再造和组织结构调整,否则企业实施了CRM的结果至多只是提高效率,不仅不能促进企业管理创新,而且通过CRM软件固化了原来不合理的业务流程和组织结构。

企业业务流程重组和组织结构调整应注意几点:①“以客户为中心”的最高原则必须坚定不移地贯彻,大方向不能错;②业务流程决定组织结构,即业务流程再造在先,组织结构调整在后;③以渐进的策略推进流程再造和相应的组织结构调整。根据迫切程度和难度将流程分成几类,非再造不可的先再造,难度小的先再造,可再造可不再造的暂缓再造,等系统运转起来后逐步推进这项工作并不断优化(这要求软件有足够的流程自定义能力);

④倾听客户代表对业务流程再造的建议。

（6）系统部署和上线

与供应商研发人员、供应商实施人员、咨询顾问等一道完成系统的客户化开发、数据准备、系统安装调试、系统切换上线等工作。狭义的软件实施主要就是这部分内容，供应商的软件实施往往也就是狭义的软件实施。

（7）软件的运行维护

软件的运行维护是保证软件正常运转的关键环节，必须冲破长期以来信息系统建设中“重建设轻维护”的误区，在CRM系统上线之前就应该酝酿筹建软件运行维护小组和相应的管理制度，确保系统上线以后，软件、硬件、信息的维护工作及安全保障工作能马上到位，进而确保系统好用、用好、用足，充分发挥系统的效益。

（8）教育与培训

1）教育与培训必要性

CRM软件包含着一整套先进的管理思想（其他管理软件也一样）和技术，企业各级管理层和员工必须通过一系列教育和培训，才能系统地了解、接受它们。教育与培训是CRM软件实施成功的又一个关键。

2）对教育与培训的认识

为了做好教育与培训工作，必须对这项工作有一个正确的认识：①教育与培训贯穿CRM实施的始终，不是等软件上线后才开始的；②教育与培训是分层次的，不同的对象有不同的需求；③CRM中包含的管理思想的导入是教育与培训的起点和重点；④教育与培训要从最高层做起：企业高层领导对软件的理解程度以及在实施过程中的参与程度是决定CRM软件实施成功的关键，企业高层领导必须首先了解什么是CRM软件、它包含哪些先进的管理思想、它是如何工作的、如何实施、成本如何、能产生什么效益等问题，才能正确地去推动CRM的实施。

3）教育与培训目标

教育与培训的基本目标包括：①增加培训对象的CRM知识；②改变培训对象的思维方式和行为方式，使之符合“以客户为中心”的理念。

4）教育与培训对象

教育与培训的对象是包括高层领导在内的全体员工：①高层领导；②中层领导；③业务骨干；④技术人员；⑤一般员工。

5）教育与培训的核心内容

教育与培训的核心内容包括：①CRM软件中的管理思想；②CRM的概念、原理；③CRM软件的技术；④CRM软件的功能；⑤CRM软件的操

作;⑥与 CRM 相适应的业务流程、组织结构、企业文化;⑦CRM 软件对人的行为规范的要求。

应对不同的对象提供不同的教育与培训内容和深度。

(9) 软件的持续完善

软件的完善一般从软件试运行开始,这一点没有争议,但到什么时候结束,从不同的角度看,认识是不同的。从软件供应商角度看,试运行结束并通过验收鉴定,那么软件的完善也就算到此为止,狭义的软件实施也宣告结束。但从实施企业角度看和从全生命周期的观点来看,软件的完善才刚刚开始,并且软件的完善是一个没有止境的过程同时软件的完善是一个更为重要的实施环节。因为任何一个管理软件不可能一步到位,必须有一个不断完善的过程,才能使软件真正贴近企业不断变化的实际需求,进而才能保证更好的应用。

关于软件的完善需要强调两点:①在项目实施计划制定之初,软件完善的资金保证和人员安排就应作为一个十分重要的内容纳入实施计划,并要有打持久战的思想;②软件的完善可以委托给第三方,也可以由企业自身完成,但不管哪种方式,企业自身才是主体。

2. 供应商的 CRM 软件实施方法论

不同的供应商的实施方法会有较大差异,下面以 2002 年、2003 年 CRM 软件市场份额第一的 TurboCRM 为例加以说明。

TurboCRM 采用六步骤实施方法。该方法的全过程和每个步骤中 TurboCRM 咨询顾问提供的服务项目如图 13.1 所示。

第一步:理念导入

理念导入主要包括组建实施小组、确定人员和时间、项目动员和 CRM 理念培训。其中理念培训是实施中的重要价值点。“以客户为中心”的管理方式,将客户而非产品放在企业核心竞争力的位置上。企业要能够真正应用好 CRM 系统,必须首先从理念上了解、接受和认识这一点。TurboCRM 的“体验式培训”,将介绍大量国内外的真实案例,以启发式教学的方法,剖析新经济与传统经济的主要区别,在案例讨论中让企业上下的各级人员了解 CRM 对现代企业的重要性,以及可以从哪些方面来加强和提升客户关系。

第二步:业务梳理

业务梳理是系统实施的重要步骤和控制实施周期的关键点。通过流程分析,咨询顾问可以了解企业现有的经营状况及工作方式,提炼出市场、销

售、服务中各环节的关键点控制点，暴露出隐藏的问题。同时，咨询顾问可充分发挥“第三方”的优势，提出个性化的实施建议，并对实施中可能出现的阻力做充分准备，是进行下一个步骤“方案设计”的基础。

理念导入	业务梳理
1. 组建实施小组 2. 确定人员和时间 3. 项目动员 4. CRM理念培训	1. CRM战略目标及提升指标分析 2. 业务模式及CRM中存在的问题分析 3. 市场、销售、服务部门内部流程分析 4. 各部门间协同工作流程分析 5. 企业各级人员角色及权限分析 6. 市场、销售、服务及CRM中需要的表单及统计报表分析
流程固化	**系统部署**
1. 协助企业制定以客户为中心的制度 2. 提出分部门、分阶段的实施计划 3. 提出市场、销售、服务等业务流程 4. 进行各部门间协同工作流程设计 5. 企业各级人员角色及权限设计 6. 各种表单及统计报表设计 7. 根据企业决策需要，提出决策分析模型建议	1. 建立企业数据编码体系 2. 建立基础数据结构 3. 协助完成初始数据录入 4. 对于数据量较大的部分，提供专业工具，协助完成一次性初始数据导入，节省工作量 5. 实现《实施方案》中设计的流程，包括流程中各个步骤的设置，某些动作权限的设置等
应用培训	**业务上线**
1. 提供培训课程及教材 2. 系统总体介绍 3. 操作流程及数据流程图 4. 系统应用功能讲解 5. 技术培训 6. 上机操作与模拟案例练习 7. 学员认证 8. 技术疑难解答	1. 将原有系统切换至TurboCRM系统，系统正式启动 2. 应用广度、应用频率、应用规模评估 3. 应用深度、应用功能、流程优化评估 4. 应用效果（数据整合度、流程完整性、效率提升、销售提升、客户满意度、客户忠诚度）评估

图13.1　TurboCRM六步实施法

第三步：流程固化

流程固化的重点是在调整和优化原有工作流程的基础上，建立基于CRM系统的、规范的、科学的、以客户为中心的企业运营流程。在方案设

计过程中，咨询顾问将运用在相关行业的成功实施经验，在业务梳理过程中总结有关信息，重新进行流程规划调整。

第四步：系统部署

系统部署主要完成正式启用系统的数据准备工作。在系统部署过程中，咨询顾问将根据方案设计中规定的企业运营流程、工作传递关系、企业组织结构以及企业经营产品的特点等将基础数据录入或导入到系统，指导企业建立协调统一的信息标准（或参照ISO标准）。系统部署由咨询顾问和企业内部的CRM项目负责人共同完成，确保知识传递。

第五步：应用培训

在应用培训阶段，认证讲师将根据《实施方案》，结合应用流程对企业工作人员提供培训。通过培训，企业员工能够很快熟悉系统，了解自身工作在系统中的角色及如何利用系统提高工作效率，使系统得以尽快投入到实际工作中，解决现有的问题，加强工作协调。

第六步：系统上线

包括：将原有模式切换至TurboCRM系统，系统正式启用；应用广度、应用频率、应用规模评估；应用深度、应用功能、流程优化评估；应用效果（数据整合度、流程完整性、效率提升、销售提升、客户满意度、客户忠诚度）评估。

3. 咨询公司的CRM软件实施方法论

以下介绍的是咨询顾问Justin Hitt从第三方咨询公司角度总结的CRM软件实施方法论。他提出了一个六步法来改善CRM实施的系统方法，其基本思想是对CRM实施进行鉴定。

第一步：评估现有的客户关系环境

(1) 评价现有的商业目标

· 企业的商业目标是什么？需要使用多少信息来测量它们？

· 改善客户关系的措施起作用了吗？使企业更接近它的商业目标了吗？

· CRM是如何在日常业务中搜集“大量有效信息的”？

· 测量CRM的成功与否会涉及到哪些人？如何才能根据企业的商业目标测量CRM的效果？

· 已经采取了哪些“以客户为中心”的行动来为客户创造满意的结果？CRM如何才能改善这些行动？

· 怎么才能知道CRM对商业目标的完成起到了作用？

(2) 确定现有雇员的工作职责

· 目前谁与企业的客户在进行互动？他们在进行互动时需要什么样的客户资料？

· 谁不与客户接触，但是在工作中必须使用客户信息？

· 哪种类型的工作始于客户需求？涉及到哪些人？当前对需求的了解有多少？

· 哪些工作使用客户资料，使用哪些客户资料？这些资料来自哪里？当前采用何种方法进行检验？

· 哪一类的人到人的工作流是由客户产生的或者是为了客户而产生的？

· 雇员怎样才能知道他们在满足特定客户需求中拥有的权限？当他们自己无法满足客户需求时，如何将客户介绍给其他人？

(3) 发掘客户交互点

· 客户在哪些点上与公司、产品或服务、雇员进行接触？

· 每个接触点上客户的期望是什么？

· 客户互动发生的顺序是什么？有什么工作流标准可以遵循？

· 每个客户交互点上必要的客户数据是什么？

· 从每个点上可以获得哪些能够改善客户体验的信息？

· 客户互动和雇员职责之间的关系如何？

第二步：为实施形成一个独立的观点

(1) 每次选择一个想法

· 有什么办法可以改善客户的体验？

· 企业了解到哪方面的员工职能对客户接触点进行改进？

· 现在企业该从哪里出发才能变得更“以客户为中心”？现在能做什么？在这之后还要做什么？

· 为了获得企业已经体验过的那些功能还需要做些什么？基础是什么？

· 实施过程中所能使用的资源有哪些？

· 怎么才能在不干扰现有客户的情况下实施 CRM 或者做相关的功能？

(2) 用三要点测量方法观察取得的进步

· 执行后每个观点有哪三个特点？

· 在实施进程中如何测量实施效果？

· 怎么保证测量方法的可行性？搜集这些信息涉及哪些东西？

· 这些测试要点与企业的商业目标有关吗？

· 这些要点可以用做员工自我指导的绩效测量吗？

· 企业能从客户体验方面获得哪些测量方法？

(3) 选择实施要点以便立刻行动

· 哪个方面的实施能够在现有资源情况下使企业最接近既定商业目标？

· 企业现在做些什么才可以产生有重大意义的结果？影响各种积极的改革的因素有哪些？

· 哪些实施获得了最大的员工绩效？哪些实施在客户体验方面创造了价值？

· 在实施中，企业须把资源集中在哪里，同时又不抑制现有的功能？

· 在实施之后员工需要哪些培训？他们工作的流程要做哪些改革？

· 哪些行为会产生积极的效果？谁能够提供这些服务？

第三步：在不断递进的实施阶段中采取改善措施

(1) 为实施选择一个领导小组

· 为搭建从"旧系统"到"新系统"的桥梁，需要什么样的培训？

· 哪些团队将从早期的 CRM 集成中获利？

· 是否可用已获得的目标客户的例子来指导实施而不打断整体的工作流？他们是所有员工职责体现的代表吗？

· 这个小组怎样提倡改革？他们的宣传对 CRM 的实施有积极意义吗？

· 这个小组如何处理不可预见的挑战？他们有权限使用外部资源吗？

· 企业的技术部门已获得的培训有哪些？"领导小组"成员将如何支持未来的用户？

(2) 在观察测试案例的同时进行改革

· 实施遵循着企业的商业目标吗？测试要点确定了吗？

· 在合作中需要进行哪些协调？哪些是在最初必须的？

· 领导小组在哪些方面取得了重大进展？

· CRM 实施在最终用户中普遍流行的必备要素有哪些？哪些工作对 CRM 的功能比另外一些更重要？

· 什么叫基本安装？流程重复了吗？这种产出是如何持续下去的？

· 在推进之前要扫除哪些障碍？

(3) 为留住用户开发各项 CRM 功能

· 为了留住在测试功能中获益的客户，什么样的培训是必须的？

· 哪些岗位的员工会加速 CRM 的产出？可以独立完成吗？

· 领导小组的成员能够帮助培训最终用户吗？

· 不打扰客户而尽可能与他们接触需要什么？

· 为了最大化客户利益，须要先整合哪些客户接触点？

· 领导小组获得了同样的效果吗？差异在哪里？

第四步：吸取实施中的教训

(1) 观察获得的成功

· 谁在促成 CRM 成功中的表现最突出？他们的哪些性格使他们的行为积极而有效？

· 哪部分运作得最好？在下一次的往复中如何达到同样的效果？

· 企业在客户体验方面获得了哪些成功？如何运用这些信息平衡那些附加的购进？

· 哪些岗位上的工作有了长足的进步？哪些因素使这种进步成为可能？

· 企业获得了最初的预期效果吗？

· 哪些实施方案比较优越？

(2) 文件延迟和突发事件

· 哪些不愉快的事可以通过事前培训避免的？如果是这样，需要何种培训？

· 在进入实施之前企业应该知道哪些东西？

· 企业会遇到哪些未知的挑战？怎样处理？

· 企业在哪些地方发生了不必要的延迟？谁导致的？产生了哪些损失？

· 哪些方面没有达到预期？为什么？可以采取什么补救措施？

· 实施中涉及哪些人？

(3) 为下次的往复克服困难

· 在实施的最后阶段如何最小化延迟？

· 哪些延迟是可以接受的，并在下一阶段依然如此？

· 客户对企业实施的 CRM 感觉如何？CRM 抑制还是提升了他们与企业合作的能力？

· 在下次往复开始前企业需要哪些信息？这些信息从何而来？

· 下个阶段企业需要与谁合作？

· 企业可以获得哪些资源？这些资源从何而来？

第五步：鉴定前一阶段实施的成效

(1) 检查实施绩效测量方法

· 对照如前所述的三个测量要点,确定企业是否取得了重大的收获?

· 企业在哪些方面超过了预期测量效果? 是什么原因?

· 哪些测量结果没有符合标准? 如何改善?

· 以数量来衡量的话,企业接近商业目标的程度如何? 质量方面呢?

· 哪些测量要点必须加强以符合指标?

· 企业的信息源可靠吗? 如何提高其可靠度?

(2) 衡量已有行动的经济价值

· 在 CRM 实施中企业的行动取得了多少回报?

· 企业获得的比花费的多吗?

· 未来 6 个月企业的投资项目的回报如何? 12 个月、24 个月呢?

· 这种往复改善了企业的赢利能力吗? 如果是,那么多少呢?

· 有没有明显的成本降低? 这些成本缩减最普遍发生的地方在哪里?

· 每个工作岗位上效率和生产率改进带来的价值有多少?

(3) 联系商业目标证明实施效果

· 实施所获得的结果使企业接近商业目标了吗? 在哪方面?

· 当前实施对公司的长期目标有哪些重大意义?

· 测量以客户为中心的方法对于企业在未来想要完成的目标来说精确吗?

· 关于帮助企业分配其他资源完成目标,企业从中学到了些什么吗?

· 作为一个企业运作,企业的行动应如何协调一致? 与企业的客户的需求协调情况如何?

· 实施的 CRM 方案对企业有什么好处?

第六步:汇编事例支持改善

(1) 证明实施的关键是什么

· 我们从本阶段的实施中学会了什么?

· 在进入下一个 CRM 实施阶段之前哪些是企业必须要考虑的因素? 哪些因素是假设的?

· 实施中的哪些事实为下个阶段使用同样的方法提供了支持? 哪些调整是必须的?

· 这些事实支持绩效改革吗?

· 关于员工职责,客户接触点和商业目标的假设精确吗? 有哪些事实可以证明其精确性?

· 企业从整体的实施过程中学到了些什么?

(2) 下个循环的基础

· 鉴于已有的教训和事实，企业接下来要做什么？如何完成？要避免什么？为什么？

· 前一阶段遗漏了什么？下一阶段要做哪些补充？

· 如何在下一阶段进行购进？哪些事实可以证明继续购买是正确的？

· 哪些资源是必须的？在下一阶段开始时如何建立需求优先权？

· 企业以客户为中心的商业流程的扩展建立在哪些事实基础上？

(3) 以事实证明实施的成功

· 哪些成功可以持续下去？谁促成了每一次的成功？

· 企业如何才能加强积极的效果？

· 有哪些特定领域所取得的成功多于其他领域吗？为什么？

· 取得的成功与商业目标的关系如何？

· 哪些成功是企业想获得而没有获得的？企业在未来如何才能实现这些成功？

· 从客户的观点出发，他们所体验到的成功又是什么？

Justin　Hitt 对该实施方法给出了两点说明：

(1) 关于该实施方法需要花费的时间

在这个实施方法中有些步骤只需花 30 分钟左右，而另外一些则需要进行深入的分析。这些问题只不过是企业在实施 CRM 之前必须考虑的一些东西的样例。在完成了第一次的反复之后，回到第一步然后再次开始进行新的改善。

整个的 CRM 实施可能需时 12 到 18 个月不等，这取决于项目的复杂程度。这种方法最大的好处就是在每个短期实施的阶段末企业都可以获得一个可运行的功能。无须等待 CRM 软件的完整安装，在实施的第一阶段初企业就可以开始对客户进行培训了。

实施的每个层次都让企业对客户需求、商业目标有更深入的了解，同时也会让企业对组织内部的系统有更透彻的了解。一个关于 CRM 实施的复杂的方法论都必须利用不断改进的原则。

(2) 关于实施中的起落

一个循序渐进的方法给企业带来的是小幅度的增长和随后的稳定期而不是短期内快速增长然后恢复一段时间接着才趋于稳定。随着时间的推进，渐进法从客户观点来看会提供更好的持续性和稳定性，因为这反映出企业为他们服务的能力。

在某个阶段的停滞不前很容易让人退缩，其实这是因为想得太多而做

得太少的原因。快速搜集和效验信息，花大量的时间进行应用和检测。如果你的时间花在向商业目标前进上，那么每一小步都会为企业带来成果的。

13.3 确保 CRM 实施成功的关键

13.3.1 CRM 实施成功率低的主要原因

CRM 实施成功率低是一个不争的事实，对于为什么成功率如此之低的原因的认识也是众说纷纭。下面介绍的是业界对这个问题的种种认识。

(1) 企业没有能够将 CRM 上升到战略高度

美国研究机构 Frost & Sullivan 的研究报告表明，CRM 的实施缺乏企业级 CRM 战略设计，技术未能很好的与清晰的企业级战略相结合，是导致 CRM 实施成功率降低的重要原因。

(2) 没有取得高层领导的鼎力支持

由于客户关系管理导入是企业经营理念转变的战略性计划，其导入必将会对企业传统的工作方式、部门架构、人员岗位、工作流程带来一定的变革和冲击。同时为配合客户关系管理推广的各种业务规范、业务流程，必须有好的行政和规章管理制度加以配合，保证各项制度的顺利实施。这些都需要企业高层管理者予以大力支持，一旦缺乏高层管理者的长期的强有力支持，导入客户关系管理只能是心有余而力不足。但现实中高层领导的支持落实不到实处的情况屡见不鲜。

(3) 变革的准备不足

即使企业制定了一个明智的客户战略，但如果没有改革公司的组织结构来适应所制定的战略，CRM 项目仍然会失败。CRM 项目必须要在技术实现之前树立正确的员工态度和行为。企业必须首先针对“以客户为中心”的价值、新流程的开发、员工培训、薪酬规划等与员工进行沟通，同时管理大量相关的其他问题。

要想真正获得成功，CRM 需要业务流程与组织上的深度变革，管理上的深度变革被认为是 CRM 走向成功最大的挑战之一，CRMForum 最近进行的一次调查发现，87％的应答者认为变革问题是 CRM 项目失败的首要原因。

(4) 忽视需求分析

实施 CRM 不是赶时髦，人家上我也上。企业内在的需求是实施 CRM 的原动力，也是确保 CRM 成功的必要前提。在上 CRM 之前必须进行深入系统的需求分析，不仅弄清楚企业自身真正的需求是什么，而且必须详细、准确地描述出来，不仅弄清楚现在的需求，而且要预测将来需求的变化趋势。需求分析是选型的依据，也是将来开发商对 CRM 软件进行客户化开发的依据，同时也是企业形成共识的基础。很多企业往往不重视需求分析这一环节的工作，并错误地认为这是供应商的工作。其实，这是一个极大的误区，首先，需求不清楚就选择供应商必然是乱点鸳鸯谱；其次，供应商一般不可能站在企业或第三方立场上去分析，往往将需求分析变成了它们推销现有软件功能的机会。

(5) 企业没有对 CRM 项目投资进行风险分析和回报分析

在实施 CRM 项目之前，企业需要很好地估计项目实施过程中可能碰到的问题，以及可能存在的风险，例如时机不成熟的风险、软件的风险等，并且企业还要对 CRM 项目的投资回报(ROI)进行适当的分析与估计。如果对这些方面在实施前没有得到充分的估计，最终在实施中只能“摸着石头过河”了。

(6) CRM 项目的实施缺乏公正的第三方咨询

中国的 CRM 市场基本仍处于“卖方市场”，尽管企业可以自由选择 CRM 厂商，但对于那些对 CRM 思想和方法不甚熟悉的企业来说，它们难以根据企业自身的特点去选择最适合自己的 CRM 解决方案和相应的软件厂商。而且，目前国内处于公正的第三方咨询角色的咨询公司非常罕见，因而企业最终只能依靠 CRM 厂商。企业直接让厂商来“把脉”，多少会存在一定的偏向性，因此，企业在缺乏第三方咨询的情况下是很难真正实现“对症下药”。

(7) IT 部门和业务部门没有进行密切的合作

CRM 虽然是一项业务管理战略，但这一战略的实施却离不开技术的支撑，这就意味着企业信息技术部门与业务部门间必须密切合作，共同确定满足企业业务发展战略需要的技术、总体系统与架构。同时，信息技术部门在部署相关技术架构时，还需要明确业务部门的需求及业务处理的优先级。因此，如果双方缺乏必要的合作，势必会导致 CRM 系统不能很好地满足企业整体业务的需求，影响 CRM 应用的效益。但 CRM 实施中 IT 部门和业务部门相互不配合的情况比比皆是。

(8) 没有处理好"人、流程和技术"这三者的关系

人、流程和技术都是CRM作为现代企业战略的三大支柱,缺一不可。我们在实施CRM项目的过程中,应当首先确认CRM战略,然后进行人员的培训和业务流程的再造,而最后才是技术、系统的实施。为了获取CRM的成功,公司应当多化点时间来理解人、流程、技术三要素,而且需要积极管理这三个要素的整合,以确保在CRM创新所有阶段上的人、流程和技术的完美组合。但现实却远非如此。

(9) CRM实施的范围选择不当

"总体规划,分步实施"是项目实施的一个总体原则。由于CRM包含的内容非常丰富,对于中低端企业来说,很难也没有必要一次把CRM所有的功能都实施,而是根据成本、企业的需求,进行优先排序,确定一个总体的CRM战略,然后分步来实现其各个阶段的功能。但CRM实施中贪大求全问题普遍存在。

(10) CRM项目缺乏实施后的持续改进

企业持续发挥CRM的功效,主要体现在CRM能够持续的提高客户服务质量。如果缺乏一种变革的机制,CRM将会迅速失去它的效力、客户服务质量难以逐步提高。那些已经通过CRM实施了"以客户为中心"的流程和业务变革的公司,往往容易停留在他们成功的荣耀之中,或者是折服于CRM失败的痛苦之中,而对CRM系统的持续改进和升级却常常抛之脑后。

(11) 难以解决"集成"的问题

CRM系统与企业现有的系统难以实现"无缝集成",这往往会引起信息系统之间数据的不共享,而且会引起不同部门、不同系统之间的客户数据不统一,从而,企业就不可能获得"企业级360度客户视图"。

(12) CRM软件尚不成熟

由于理论研究的滞后,目前CRM软件总体上还很不成熟,中国的CRM软件尤其如此,表现在:具有自主知识产权的软件不多;软件厂商之间存在严重的重复开发,其软件的很多功能模块是相似的;软件厂商的"重心"一般是偏向"技术/产品"一边,而"咨询"力量相对比较薄弱;项目实施后的系统协助维护、软件的持续升级等服务还很不规范;尽管看起来市场上的CRM厂商非常之多,但大多数只是"改名易姓"、"披上一层羊皮"而已,真正具有技术实力和咨询实力的软件厂商屈指可数。

13.3.2 Siebel 对 CRM 实施成功要素的认识

Siebel 是全球最大的 CRM 软件供应商，有着极其丰富的 CRM 实施经验。Siebel 认为确保 CRM 实施成功的关键要素有如下几个方面：

(1) 建立可度量的商业目标

让自己清楚地知道，部署 CRM 解决方案所要达成的是什么：增加每笔销售的平均收入？改善客户保留率？降低客户获取成本？提高预测的准确性？提升客户响应次数？改善销售停止率？

有各种各样的 CRM 解决方案，它们能够达成所有这些目标，但企业必须确定想要优先完成的是什么，并以此选择相应的技术，正所谓对症下药。

(2) 协调业务运作及 IT 运作

虽然 CRM 是由技术推动的，但它却并不等于技术。CRM 瞄准的是改善面向客户的业务流程，而技术只是达成这一最终目的的手段而已。在成功的 CRM 项目中，系统的设计和实施都是由业务负责人和 IT 员工共同负责完成的。

(3) 预先获得管理层的支持

由于 CRM 项目是一种战略，因此它离不开高管层的积极支持。没有管理层的认可——包括他们对新系统将如何支持企业目标的阐述——那么 CRM 就会被曲解为一时的追逐流行。如果 CRM 对于企业的生死存亡至关重要——这正日渐成为世界各地的企业所面临的状况——那么最高管理人员，从 CEO 开始自上而下都必须极力推广新系统将为企业带来的好处。

(4) 让企业目标推动功能

正如 CRM 项目必须有商业目标的推动一样，每一个结构性决策也必须如此。如果某一功能或特色无法直接帮助企业更好地服务于客户，企业可能就并不需要它了。应着重强调和关注那些能够提升直面客户的员工在各自具体工作中能力的功能上。

(5) 选用符合需求的功能，尽可能减少客户化

客户化通常是 CRM 实施中最昂贵、最耗时也最复杂的一部分。选择一个为企业需求量身定做的 CRM 应用软件能够在整个方案生命期内大幅减少客户化的需求和整体的所有成本。

(6) 聘用受过专门训练并且经验丰富的咨询顾问

确保选择的系统集成商能够按时按预算交付 CRM 项目，寻找那些不但接受过相应软件的实施方法培训，而且具有部署那些软件实践经验的咨

询顾问。雇用那些经软件提供商认可的顾问。

(7) 积极将最终客户引入解决方案的设计中

若不从最终用户那里获取第一手的资料和信息,那么面临的风险将是实施一个原本意在帮助人们结果却反而使他们感到混乱和疏离的系统。应当在系统设计中结合一线专业人员的实践知识。例如界面的设计目标是尽可能地使用户觉得直观、友好。但是只有真正使用软件的人才有资格告诉工程部门什么叫直观。

(8) 投资于培训,使用户具备必要的能力

为最终用户提供恰当的培训是关乎 CRM 项目成败的关键。培训不应只关注如何使用软件的特色及功能。反而应教会员工如何管理 CRM 系统所构筑的业务流程。

考虑到 CRM 实施常常使企业面临业务流程的改革,因此最终用户的培训应尽可能地集中于"变革管理"上。员工们必须知道新流程和 CRM 技术将如何帮助企业更好地服务于客户。如果员工了解了系统如何在长远上使他们的工作更为有效,他们就会变得更容易适应。但是为了取得员工的支持,企业必须让员工在一开始时便参与进来——无论是在设计解决方案本身时,还是开发相关培训项目时。

(9) 采用有阶段性成果的进度表

大多数成功的 CRM 项目都遵循一个阶段性的部署进度表:每个阶段都专注于一个具体的 CRM 目标,并致力于创造"闪电胜利"——也就是说,在一段合理的时间内,取得有意义的成果(一般以 3 到 4 个月为佳)。

阶段性的成果展示提供了能够边学习边继续的优势。是一种降低风险的做法,能及时将客户的反馈融入开发设计中,避免重复犯一些早前曾犯过的错误。

(10) 度量、监控和追踪

一旦 CRM 系统启动,企业就必须度量、监控和追踪其有效性,同时着眼于不断提升系统的性能。那些从 CRM 软件中获得最大利益的企业通常都在项目实施的早期就为其业务流程设定了基准,找寻那些流程的性能标准并度量 CRM 系统是如何影响那些标准的。

本章小结

CRM 本身就是一种以客户为中心的商务战略，另外 CRM 具有全局性和长远性两个最基本的战略特征，这两点决定了必须在战略层次上部署 CRM 实施。

CRM 的实施是一个复杂的系统工程，必须有方法论的支持。CRM 实施方法论是指人们认识 CRM 实施规律和处理 CRM 实施中遇到的种种问题的根本方法。根据 CRM 的内涵界定，CRM 作为一个商务战略，包含着理念、体制和技术（软件）三个层次的内涵。因此，相应地 CRM 的实施也包含着多个层次，整体上讲是一个“以客户为中心”的商务战略的实施，包括了体现 CRM 战略思想的一系列理念的培育、体现 CRM 战略思想的体制的实施以及固化 CRM 战略思想的软件的实施。但相当多的人以为“CRM 的实施就是 CRM 软件（或系统）的实施，CRM 实施方法论就是 CRM 软件实施方法论”，这是错误的。CRM 软件实施方法论只是 CRM 实施方法论的一个组成部分，而且是最低层次的一个方法论，它主要用于指导 CRM 软件的选择、安装、培训、配置、应用等过程。本章仅介绍 CRM 软件实施方法论的主要原因是其他更高层次的 CRM 实施方法论缺乏相关的资料。

就 CRM 软件的实施而言，一般涉及到被实施企业、软件供应商和咨询公司等多个角色，由于利益、地位各不相同，现实中，它们实际上是从不同的视角、出发点去建立各自的方法论的。本章从三个视角介绍了 CRM 软件的实施方法论。

CRM 实施成功率低是一个不争的事实，但对于为什么成功率如此之低的原因的认识可谓众说纷纭。本章介绍了业界对这个问题的种种认识，同时介绍了全球最大的 CRM 软件供应商——Siebe 对 CRM 实施成功要素的认识。

第14章

国内CRM实施案例

学习目标

- 学会如何从实施背景、解决方案、实施过程、实施效果等方面分析CRM实施案例
- 能从案例中总结一些成功和失败的经验教训

14.1 案例 1:中国联通浙江分公司——电信行业

1. 项目背景

中国联通浙江分公司成立于 1995 年 8 月,是中国联通在浙江省的分支机构,负责浙江联通的工程建设、网络运行和业务经营。目前下属 11 家市分公司和 64 个县(市)分支机构。浙江联通目前主要经营范围:移动通信(包括 GSM,CDMA)、国际国内长途通信、数据通信(ATM 和 IP)、无线寻呼、互联网与电子商务及各种电信增值业务。

通过 9 年的发展中,到 2004 年浙江联通拥有移动 GSM 网用户达 600 万户、CDMA 网用户 150 万户,长途通信网、数据通信网、IP 电话网及互联网已在全省各地开通并与全国连网,业务高速增长。目前,浙江联通已基本形成 130/131 移动电话、127/129/192/199 无线寻呼、193 长途电信、17910/17911IP 电话、165 互联网等综合业务经营的新格局。

随着业务的迅猛发展及行业竞争的不断升温,浙江联通在努力完善通信网络建设的同时,对自身客户服务的内容及质量提出了更高的要求。为此浙江联通提出了 1001 客户服务系统建设工程。浙江联通希望通过该工程的建设解决以下几个方面的问题:

(1) 提高客户的满意度和忠诚度,迎接竞争时代的到来;

(2) 降低服务成本,有效地管理资源;

(3) 提高服务人员的生产效率,培养高素质的服务代表;

(4) 保持并增强现有的市场渠道,挖掘新的市场资源;

(5) 提供对企业的市场分析数据。

2. 解决方案

浙江联通选择了北京合力金桥系统集成公司(HollyCRM)作为工程建设的合作伙伴。合力金桥凭借其在呼叫中心系统建设领域先进理念及丰富的项目经验,精心设计了全新的客户服务系统方案,为浙江联通建立了一个面向全业务客户的多媒体综合服务平台。客户通过统一的特服号码 1001 接入,即可实现业务咨询、话费查询、投诉建议、业务受理、个性化服务、客户关怀、短信通知、信息检索等“一揽子”业务功能,进一步体现了“以客户为中心”的服务意识。

如图 14.1 所示，浙江联通客户服务系统从逻辑上划分为三层：表现层（客户端）、应用层、数据层。表现层与服务端的应用程序相对独立。采用三层的逻辑结构可以保证客户端和应用端的应用程序条理清晰，易于维护，也可保证数据库始终运行在最佳状态。

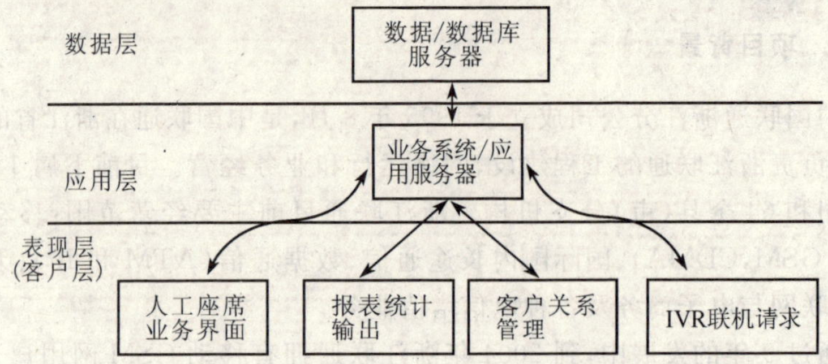

图 14.1　浙江联通客户服务系统三层体系结构

3. 项目实施

浙江联通客服系统一期工程从 2001 年 6 月初开始进行立项，由北京合力金桥系统集成公司承担。

6 月 11 日至 15 日分别对浙江 11 个地市的机房及现有客服状况进行了现场勘察，同时软件组搭建了开发测试环境并进行了需求分析交流、接口规范交流及分析书的编写并全部启动研发工作。

9 月初平台组在杭进行系统平台的调试安装，为软件的顺利研发打下了坚实的基础，月底项目组软件组成员抵杭进行现场开发调试。11 月开始进行分两组并行式的新旧系统割接任务，12 月底完成了 9 个地市系统割接，并于 2002 年 1 月完成杭州市的系统割接，至此除宁波外的各地市客服系统完全按要求完成割接并上线试运行。

系统在试运行期间，运行基本稳定，每天处理的话务量 130 万左右。系统向广大移动用户提供自动语音话费查询、充值卡业务、话费详单信息传真、人工业务咨询、投诉处理、自动人工业务受理等业务功能。

2004 年 5 月，合力金桥软件为中国联通浙江分公司倾力打造的 1001 客户服务系统二期工程正式投入运行。

4. 实施效果

浙江联通 1001 客服系统使浙江省广大联通客户可以更为方便快捷地享受来自浙江联通 1001 客服中心全方位高品质的服务。浙江联通客服二

期工程设计容量为 6000 路中继、1200 坐席，采用网络分布式结构提供了本地服务和集中管理的最佳融合，该工程的成功运行使浙江联通的服务广度及深度在国内电信运营商领域占据了领先地位，目前系统日平均呼入量已达 200 万人次，峰值话务量达到万通/分钟，是目前联通领域内日平均呼入量最大的呼叫中心。

5. 简要评论

通过与合力金桥软件的通力合作，浙江联通建立起一个面向全业务客户的多媒体综合服务平台，客户通过统一的特服号码 1001 接入，即可实现业务咨询、话费查询、投诉建议、业务受理、个性化服务、客户关怀、短信通知、信息检索等"一揽子"业务功能，进一步体现了"以客户为中心"的服务意识。

实践证明，电信企业服务需要庞大的支援系统，从客户服务的角度来讲，所利用的资源包括人力资源、数据资源、设备资源、通信线路资源。只有将有效的服务手段和对这些系统资源紧密结合，才能实现高效的客户服务。由先进计算机系统集成的综合客户服务中心来改善与客户接触的方式成为客户服务的一种有效的手段。另外，利用呼叫中心的计算机应用将这些市场数据加以统计分析，将对企业业务的开拓起到巨大的促进作用。这种用户的反馈途径一直是运营企业所梦寐以求的，也是客户服务中心在运营中会不断升值的原因之一。正因为此，国外不少企业已不将咨询中心看作成本中心，而将其作为利润中心的一部分。

综上所述，建立自己的客户服务中心，提供全方位的客户服务并有效处理客户关系，是电信企业提高综合竞争能力的首选方案。

14.2　案例 2:浙江移动通信有限责任公司

1. 项目背景

浙江移动通信有限责任公司隶属中国移动通信集团公司，是中国移动(香港)有限公司的全资内地运营子公司，在浙江省拥有 11 个市分公司和 62 个县(市)分公司。自 1992 年率先在杭州开通第一部移动电话以来，浙江移动通信一直是浙江移动通信服务的主要提供者，并始终保持领先地位。目前移动电话客户总数已突破 1400 万户，网络规模和客户总数连续八年位

居全国第二位。

为满足不同层次客户的多样化需求，浙江移动通信以客户为导向，不断创新，形成了全球通、神州行、金卡神洲行等品牌系列，率先推出了短消息、手机银行、手机证券、移动传真、虚拟专用网、亲情号码、自由呼、秘书服务、手机上网、移动 OICQ、IP 电话等增值业务，为客户提供多种选择和有价值服务。

但是与目前竞争日趋激烈的市场对客户服务更高的要求相比，浙江移动急需提高整体客户服务水平和服务质量，增强客户服务的规范化、差异化和个性化的能力，增强主动服务营销的能力。为此，浙江移动提出了建设覆盖全省的、以客户为中心的 1860 客户服务系统。

2. 解决方案

浙江移动选择了亚信公司作为 1860 客户服务系统建设的合作伙伴。根据浙江移动的业务特点和发展需求，按照移动“一体化、两级体系、三层结构”的总建设原则，亚信为浙江移动量身定制的客服系统支持各种服务渠道的多种接入方式，系统功能主要包括接入管理、业务处理、业务管理、综合统计、服务管理与考核等功能。其内部功能结构如图 14.2 所示。

3. 实施效果

在亚信公司的帮助下，浙江移动打造出了全省统一处理平台的 1860 客服平台，浙江省 11 个地市的 1860 客服系统全部集中在杭州。全天 24 小时、全年不间断地为所有移动客户服务，全省接入 1860 电话最多时一天达 22 万个。

集中后的客服平台对整个客服系统设备和热线话务员提出了更高的要求。话务员随时牢记把“简单留给客户”的要求，在受理客户咨询、查询和投诉过程中，及时有效解决问题，缩短客户等待时间。对所有月均话费百元以上的全球通客户和 VIP 客户，还专门设立了人工专席；所有的人工服务电话接通率必须保持在 80%以上，VIP 和全球通专列的人工接通率达到 95%左右。

1860 在一年时间里不但进行了人员、系统和服务的集中，还创建了“移动 e 通道”，包括电话营业厅（含 1860 客服热线、12580 服务超市和 1861 话费查询热线等）、短信营业厅（发送短信 1860 到 1860 办理业务、发送短信 1861 到 1861 查询话费）和网上营业厅等。客户不用出门、排队、等候，不受时间和空间的限制，就能享受到浙江移动为客户铺好的“绿色通道”。

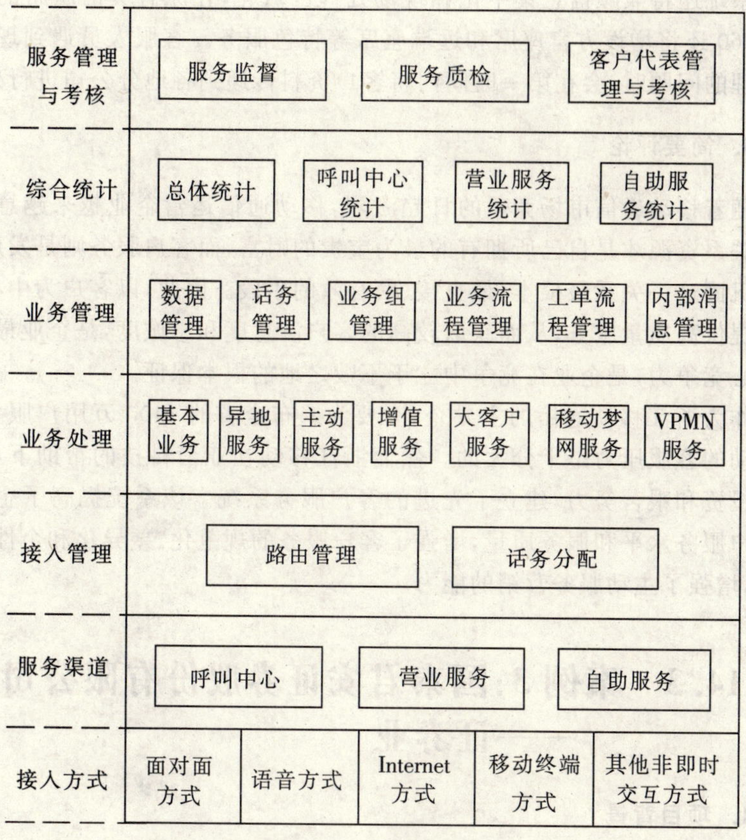

图 14.2　浙江移动 1860 客服系统功能结构

每个 1860 话务员的面前都放着一面小镜子。为了使客户在拨打 1860 时感觉更加愉快，客服中心要求每个话务员都要微笑着接听电话，小镜子就是为了随时提醒他们，他们的口号是“让客户聆听微笑”。一个具有 500 个接听座席、1000 位客服工作人员的规模巨大的集中化客户服务系统将为浙江移动用户提供全新的、智能化和全方位的服务。

客服系统集中人力、设备和信息等多项资源，在全省范围内实现信息资源共享，为客户提供标准化服务。同时，新的系统还将使用多种新兴的网络技术，智能化地解答客户提问。比如，当客户新买彩信手机后不会使用时，只要拨通 1860 告知其手机型号，客服人员即可对照电脑屏幕上自动出现的该手机造型，一步步地教客户如何使用，同时为客户开通发彩信所必须的 GPRS 业务，告之收发彩信有关资费标准等等。

系统还将兼顾信息集中化和现场处理区域化，在原有英语座席的基础上，1860还将增设方言座席和远端座席等特色服务。客服人员遇到现场无法处理的问题时，会在第一时间内将客户资料传递到各地分公司进行处理。

4. 简要评论

随着移动通信市场竞争的日趋激烈，移动通信运营企业越来越意识到客户关系资源才是自己所拥有的最为宝贵的财富，而客户服务则是发展、维系和巩固这一关系最根本、最直接、最有效的手段。因此，以客户为中心，为客户提供高质量服务，从而获取较高的客户满意度和忠诚度，是企业最重要的核心竞争力，是企业在竞争中立于不败之地的根本保证。

作为浙江移动通信的主导企业，要为遍布全省的1400万用户服务，浙江移动的客服压力是十分大的。然而浙江移动在亚信科技的帮助下，通过巨额投资和艰苦努力，建立了先进的客户服务系统。该系统提高了企业整体客户服务水平和服务质量，增强了客户服务的规范化、差异化和个性化的能力，增强了主动服务营销的能力。

14.3 案例3:国泰君安证券股份有限公司——证券业

1. 项目背景

国泰君安证券股份有限公司是目前国内规模最大，经营范围和机构分布最广的证券公司之一，公司注册资本为37亿元，员工近4000名，现有1家子公司、5家分公司、112家营业部分布于全国28个省、自治区、直辖市、特别行政区。公司2001年公司综合实力在券商中排名第一，募集资金总额、主承销家数、B股交易额、债券承销总金额排名全国第一。

伴随着改革开放中国经济的飞跃发展，中国的股票市场也经历了从小到大，从简单到复杂，从粗放式经营到比较充分的市场竞争这样的发展阶段。经济的发展、市场的变化，竞争的加剧，要求证券经纪公司从单一的以吸纳客户资金为主的经营管理模式，转向以客户价值为中心的新型经营管理模式。在这种新观念的支配下，通过有效的市场营销活动来扩大企业的有价值客户群，通过有针对性的一对一的客户服务，来建立企业赖以生存的价值链，已成为了证券公司经营管理的发展潮流，信息技术的发展与普及为这一经营理念的实施提供了有力的保障措施。国泰君安正在这样的背景下

走上了它的 CRM 之路。

2. 解决方案

趋于同质化的服务，巨大的利润压力，是摆在国泰君安面前的严峻现实，国泰君安迫切需要先进的信息技术手段来管理和分析客户数据，尤其是给企业带来大部分利润的少数核心客户，集中企业有限的资源为这部分更有价值的客户提供个性化服务，提高客户的忠诚度和收益率。国泰君安 CRM 项目的总体目标是要通过对客户属性特征、交易行为和资金能力的分析，提取各种与客户交易之静态特征和动态特性相关的知识，对客户进行必要的细分，从而可以有针对性地施加各种咨询、服务和营销策略，极大地改善经纪人小组和其他信息咨询服务的工作有效性，以强化营业部的总体赢利能力。

经过与多家 CRM 厂商接触后，国泰君安最终选择了创智集团。解决方案是由创智与国泰君安共同设计与开发完成的，并形成了专门针对证券行业的 CRM 应用产品"先机证券"。

"先机证券"以经纪业务为主线，以增加营业部盈利为目的。产品包括客户分析、客户管理、经纪小组管理和营业部经营分析四大主要业务功能。客户分析是整个系统的核心模块，它不仅提供了客户价值、忠诚度、属性、账户、持仓和交易的分析，更重要的是，它提供了属性指标之间，特别是不同客户群之间的相关分析，这对于发现客户交易的内在规律，为营业部提高经营管理水平，提供了决策依据；客户管理具有客户查询、现场客户管理和客户服务等功能。经纪人小组管理通过对经纪人小组工作业绩的分析和评价，帮助发现问题，以便采取相应的措施；营业部经营分析通过对营业部每日、周、月、季、半年、年交易总体状况、市场占有率、发展水平等的分析、总结和评价，及时获得准确数据，辅助经营决策。

根据国泰君安总部大企业战略合作部要求，系统还支持在上海、北京、深圳三地的办公，并集成了国泰君安现有 OA 系统，充分利用现有资源。考虑国泰君安大企业战略合作部的机构地域分布广，以及今后的发展，系统全部采用 B/S 结构，同时也能够支持 C/S 的模式。

3. 项目实施

2001 年 9 月，国泰君安与创智集团签定了证券营业部分析型 CRM 系统实施合同。合同签订后，国泰君安知春路营业部总经理、副总经理、客户服务中心经理等人亲自牵头，与创智公司 IT 人员共同组成了项目开发小组。以共同研发、共同实施的方式，完成了“先机证券”的开发及其在知春路营业部的实施。

由于知春路营业部与创智集团 CRM 事业部的成功合作，2002 年 3 月，国泰君安总部又与创智签定了 CRM 项目合同，在大企业战略合作部和区域业务管理中心全面实施客户关系管理系统。

4. 实施效果

国泰君安 PowerCRM 系统的实施基本实现了预设目标，为国泰君安总部大企业战略合作部提供有效工具，能帮助国泰君安找出具有巨大价值的核心大客户。同时整合了业务资源，为客户提供专业化、客户化的服务，并通过协同销售管理，进一步发掘潜在客户价值。

系统不仅可以方便地进行客户需求和客户满意度调查，还可以共享公司各类客户资料库，可以根据不同的标准对客户进行分类，从各个侧面分析核心客户的价值，分析核心客户的投资组合、风险偏好、交易特征等，并且可以跟踪核心客户的增减动态及其原因，预警提示客户经理和管理部门制定及时有效的营销、服务方案，提高客户满意度。

5. 简要评论

证券行业是典型的“以客户为中心”的行业，它所提供的产品就是客户服务。因此，在证券行业实施 CRM 的意义十分重大。

从本案例中我们可以得出两点结论：第一，CRM 在我国的应用正逐步走向深入。仅仅通过 MIS 系统的信息收集是无法满足证券行业对客户管理的要求的，CRM 在证券行业的应用已经从运营型深入到分析型和协作型。第二，CRM 行业解决方案的提出必须深入企业实际。无论是对 IT 企业，还是对实施企业，既懂业务又懂技术的复合型人才尤为重要。懂证券业务，是创智很快赢得了国泰君安公司信任的主要原因。

14.4 案例 4：深圳招商房地产有限公司——房地产业

1. 项目背景

深圳招商房地产有限公司（以下简称：招商地产）于 1984 年在深圳成立，是国家一级房地产综合开发公司，招商局蛇口工业区有限公司属下的一

级全资企业。公司注册资金一亿六千万元人民币，总资产逾32亿元人民币，现有下属独资、合资、合作企业二十家，分别从事房地产开发、建筑装修、物业管理、商业贸易、酒店业务咨询、宾馆、酒家等行业。作为建设部住宅产业化联盟成员之一，招商地产积极推进住宅产业化，参资控制了一批上游建材企业；同时，招商地产还承担了部分微利房开发和土地业务。

随着国家产业政策的调整，房地产消费正从计划经济快速走向商品化、市场化。房地产已告别了经济短缺时代，呈现买方市场特征。一方面，二级市场、租赁市场的启动吸引了大批的开发商不断涌入，加入WTO又带来了国外房地产开发商的竞争；另一方面随着生活水平的改善，人们购房的标准和要求越来越高。和许多其他同行一样，招商地产可谓面临"内忧外患"。在这种情形下，招商地产逐渐认识到：客户是竞争的核心。要想在激烈的竞争中立于不败之地，必须保有和发展更多的客户。而要想保有和发展更多的客户不仅靠优质的商品，更要靠优质的服务。如何才能提供优质的商品和服务呢？一要有先进的管理思想；二要有先进的管理工具，而这恰恰是CRM所传递的管理理念。

2. 解决方案

实施CRM以前，招商地产已有一定的客户管理基础。公司的业务部门（包括公司总部、租赁部门、销售部门等）已经收集和存储了大量的客户资料数据、客户咨询数据、销售信息、市场营销、历史租赁买卖记录数据等，但这些数据主要是成交客户资料信息。而真正大量的潜在客户信息没有真正得到保留。同时，已有的数据也没有得到充分利用，对于进一步的客户分析还做得远远不够。针对这些问题，招商地产提出以下需求：

(1) 实现对各种客户信息的采集与统一管理。即对客户的有关信息进行及时记录与跟踪，分析客户买卖、租赁交易状况与动态。

(2) 实现电子商务、OA、售楼系统以及其他后端系统等多数据平台的集成和信息共享。

(3) 实现渠道管理。即通过对中介公司、物业公司、工程公司等进行有效管理以及各种业务交流，有条不紊地开展各项业务。

(4) 实现销售自动化管理。即销售流程的自动化。

(5) 实现市场营销自动化管理。即通过对各项营销活动的预测、安排与跟踪，并结合分析与评估手段，合理配置资源，达到最佳效果。

(6) 实现服务自动化管理。即对服务进行长期的管理、跟踪、维护。

(7) 解决分析、评估和预测问题。即解决客户群体分类、潜在客户发

现、客户跟踪与分析预测、客户价值分析、客户流失分析、客户信用度分析、租赁买卖行为分析、风险评估、销售预测、市场活动规划等问题。

在对国内外多家 CRM 厂商产品和服务进行比较后，招商地产选择了创智集团作为合作伙伴，应用 PowerCRM 作为客户关系管理工具。

3. 项目实施

为了顺利实施 CRM，招商地产成立了主要由 IT 部门和业务部门组成的项目实施小组。涉及到 CRM 软件系统开发的工作以 IT 为主来做，需求调研、需求确认、CRM 的推广等都由业务部门来做，因为业务部门是最终的使用者。项目实施由招商地产和创智共同完成，共分三个阶段进行：

第一阶段：结合招商地产公司迫切要解决的问题，收集、整理各类客户信息，建立统一的客户数据中心，实现销售自动化。

第二阶段：在第一阶段的基础上，为招商地产公司建立市场营销自动化和服务自动化，即依据 PowerCRM for Sales，PowerCRM for Marketing，PowerCRM for Services 的主要功能，为招商地产公司建立完善的运营型 CRM 系统。

第三阶段：建立协作型 CRM，完善和畅通招商地产公司与客户交互的渠道，将电子商务平台、电话中心、E-mail 中心、FAX 及各个售房点等渠道有效地集成起来，使各种渠道融会贯通，以保证招商地产公司和企业客户都能得到完整、准确和一致的信息。

该项目第一阶段历时 3 个月，于 2002 年 5 月正式上线，在招商地产各个售楼点得到良好的应用。项目的第二阶段历时 2 个月，于 2002 年 7 月结束。2002 年 10 月，招商地产自己重新成立了 CRM 再开发小组进行第三个阶段的 CRM 建设，由营销中心总经理牵头，开发小组提出构想和需求，再找到软件公司，让他们看看这个需求如何通过 IT 来解决，再到深化、再到调研，如此的过程反复进行，直到没问题为止。2004 年 3 月 1 日，招商地产租赁业务 CRM 正式上线运行。

4. 实施效果

经过两年多的探索，招商地产的 CRM 实践逐步走向成熟，基本实现了预期目标。销售自动化在各个售楼点已得到良好的应用，数据的分散情况已经得到充分的解决，服务和市场营销模块也已开始进入投入运行，基本实现操作型应用在企业推广的目标。第三阶段的实施为招商地产全面装备 CRM 实践的骨干技术资源和实现企业的长远战略目标奠定了基础。

5. 简要评论

房地产企业导入客户关系管理是一个复杂的系统工程，究竟应该从什么地方起步，是一个业界都在普遍关注和讨论的热点话题。招商地产CRM实施案例给了我们这样几点启示。

(1) 招商地产选择了销售部门作为CRM实施的主力带给我们的启示是：房地产企业实施CRM要大规划、小实施，从大处着眼、从小处着手。首先要对自己企业市场、营销、服务的诊断要做好，企业内部存在的各种各样的问题要搞清楚，选择一个最能够体现价值的部门、最关键的部门、最适当的部门，最有积极性的部门作为切入点。

(2) 招商地产CRM分阶段实施的过程给我们带来的启示是：企业在不同的发展阶段，客户关系管理的内容是不一样的。随着市场竞争的加剧，客户关系管理的深度不断在加深，CRM功能也在不断加深，因此，每个企业在不同时期对CRM的要求是不同的，不同的企业之间也存在着非常多的个体差异。

(3) 招商地产CRM重新成立自己的CRM再开发小组带给我们的启示是：项目实施不能完全依靠软件公司，尽管他们是专门做CRM的，但由于房地产行业比较特殊，既懂CRM，又懂房地产的人很少，而且我国的CRM刚刚起步，针对房地产企业问题的全套解决方案必须由业务人员和IT人员共同研究确定。

14.5　案例5：上海融氏企业有限公司——食品行业

1. 项目背景

上海融氏企业有限公司(http://www.rsqy.com.cn)是专业生产经营健康厨房食品、营养健康食品、功能性淀粉糖等的高新技术企业。公司旗下拥有"融氏玉米胚芽油"、"融氏葵花籽油"、"融氏速溶生粉"、"一招鲜味精"、"百酿工房营养蜂制品"、"金泉淀粉糖"、"融府酒店"等众多品牌产品。具有年产5万吨酶法淀粉糖浆的生产能力，占上海市场9家同行生产能力的三分之一，其淀粉糖产品在上海市场的占有率连续5年名列前茅。

随着上海融氏企业有限公司业务的不断扩展、员工数量的增加，内部管理也感受到巨大的压力。第一，在市场环节，为了应付各种不确定性和经营

风险，融氏企业必须对市场环境和自身市场活动有清晰的了解和明确的认知。第二，在销售环节中，无法透彻地了解客户购买偏好、真正的需求，从而锁定目标客户。第三，在服务环节，随着业务的扩展，融氏总发现自己的服务水平不够稳定，无法真正实现"一对一"服务。同时，由于服务部门与销售部门之间缺乏协调配合和充分的沟通，常常导致服务部门与销售部门之间的业务脱节。正因如此，融氏企业在处理与外部客户的关系时，越来越感觉没有信息技术支持的客户关系管理力不从心，有一种"找不到支点"的感觉。于是融氏企业决定实施 CRM 系统。

2. 解决方案

上海融氏企业对 CRM 的业务需求主要有以下几个方面：

(1) 支持市场营销管理。上海融氏企业希望 CRM 系统能更好地提高营销速度，支持营销决策，使公司在营销管理方面得到更高的投资回报。

(2) 支持销售管理。上海融氏希望通过 CRM 的实施改善销售流程，全面支持销售业务，在销售活动中能实时透明地得到客户和企业间关系的情况。从而使销售代表能够胸有成竹地同客户沟通，增加客户对企业的信心和对产品服务的信心。

(3) 提供自动化的服务支持。上海融氏希望不断改进客户服务。能快速对客户的意见和要求做出反应，使客户获得满意的服务，从而可以实现再销售。

经过考察国内多家 CRM 软件厂商，在平衡功能、业务需求和售后服务等因素下，上海融氏企业选择市场声誉较好的用友公司帮助其实施 CRM。

3. 项目实施

为了保证项目的顺利实施，上海融氏企业组建了严密的项目实施队伍。整个队伍分两层，上层为包括企业领导和各部门经理的实施领导小组，主要负责项目的进展、人员的动员、协调等工作；下层为实施小组，负责系统实施的数据准备、人员培训、系统调试等工作，每个小组包括实施项目负责人、各部门的主要领导和业务骨干。这支强大的实施队伍与用友的融氏项目小组精诚合作，是项目得以成功的坚实保障。

鉴于上海融氏企业面临的竞争压力来源于市场、销售和服务三个环节，解决问题的方案也应该从这三方面入手。项目组在与融氏充分沟通了解其需求的基础上，决定采用个性化的设计，开发具备市场管理、销售管理、客户服务以及分析决策等功能的 CRM 系统，通过业务进程管理、销售机会挖掘

和决策支持等，协助融氏建立一个适应业务发展的全新模式。

整个项目经历了企业系统调研、为企业提供解决方案书、给企业不同层次人员的系统培训、企业基础数据准备指导、软件模型的建立、系统初始化、客户化及手工处理业务与系统应用的切换等阶段。在双方领导的大力支持、双方实施人员和企业业务管理人员的共同努力下，项目实施于 2003 年底顺利完成。

4. 实施效果

(1) 实现了“一对一”营销。在实施了 CRM 后，融氏企业可通过系统的自动识别功能在网站上有针对性地提供产品信息，从而获得长期的、忠实的客户。同时，由于采用了合适的信息系统平台，进行这样的“一对一”营销所花的费用也不高。

(2) 实现了“资源共享”。CRM 系统帮助上海融氏成功地解决了“信息孤岛”造成的低效率问题，并帮助它抓住了许多销售机会。一方面企业员工在内部局域网上通过 CRM 系统实现了带有权限管理的信息共享，拥有不同权限的企业人员可以在上面找到与自己工作相关的最新信息以及任务，并可以与团队共享工作进展信息，加强了协作。另一方面，企业的市场人员可以通过用友 CRM 系统经常对经销商的历史购买行为进行分析，很容易对分销商的不同购买需求有一个大致的了解，从而能更好地发现和把握销售机会。

(3) 实现了工作效率的提高。CRM 系统帮助上海融氏企业实现了客户数据的共享。无论是营销部门的预算，还是市场策划，抑或是从营销部门到后续的销售和服务部门，所用到的都是一个统一的客户数据来源。这使得融氏企业可以完成一个连贯的市场营销过程，从预算到确定目标客户，到制定一个营销方案和其中的事件，一直到执行和评估分析。关系理顺了，工作效率也就提高了。以往业务人员对公司客户、经销商的一些情况有不了解的地方，总要打电话请示总经理或相关负责人。而现在情况则不同了，企业的各种制度、经销商信息、数据和市场活动、销售的进展、分工情况等都可以在 CRM 系统中方便地查询，一目了然。大家分工明确，各尽其责，各环节衔接流畅，很多日常事务不需要再去请示就可以处理，工作效率自然提高了。

5. 简要评论

CRM 重新整合了融氏企业的客户资源，使原本“各自为政”的销售人

员、市场推广人员、客户服务人员等开始真正地协调合作,成为围绕"满足客户需求"这一中心的强大团队。CRM 的实施成果经得起销售额、用户满意度、用户忠诚度、市场份额等"硬指标"的检测。因此 CRM 切实地改变了融氏企业的经营理念和手段,让每一个成员都切身感受到信息时代带来的机遇和挑战。

14.6 案例 6:辉瑞制药中国有限公司——制药行业

1. 项目背景

在数字化时代,尤其中国加入 WTO 后,医药生产企业将面临来自各个环节的竞争,竞争对手增加,行业平均利润下降,如何应对挑战,合理计划、管理、协调、控制各种营销资源,真正做到以市场为中心,以客户为中心,是医药企业亟待解决的问题。

美国辉瑞公司成立于 1849 年,是世界著名的研究开发型跨国制药企业。辉瑞制药中国有限公司位于大连经济技术开发区,是美国辉瑞公司与大连制药厂合资兴建的大型现代化制药企业,是目前国内投资规模最大的合资制药企业之一,并在中国第一个获得了 GMP 认证证书。辉瑞中国公司将全国分为八个大区,每个大区下属几个区,全国共有 35 个区,销售队伍遍布于全国 50 多座大中城市中,公司产品行销到了日本、澳大利亚、菲律宾和欧洲多个国家。随着 2000 年公司与华纳·兰伯特公司正式完成合并,辉瑞在中国也不断发展壮大,在原来高水平管理的基础上,借用信息技术进一步提升管理也摆上了议事日程。

针对销售人员和医药代表流动性强的业务特点,辉瑞制药希望建立一个基于手机等移动终端的营销系统,以使公司能及时掌握营销过程中的关键业务数据,从而实现对遍布全国的销售渠道和医院医生等资源的控制。系统具体需求包括:

(1) 实现企业内部和企业与企业客户之间的物流、信息流、资金流的交互及管理。

(2) 实时掌握企业的销售情况:如当前的销售额、销售量等,进而作出销售预测,并根据销售的实际情况,及时调整企业生产和供应商的订货量、订货期等。

(3) 及时、准确地掌握分销商的库存、销量、销售速度等情况,并根据销

售数据和市场预测，完成对业务流程的严密跟踪和应收账款的清晰控制。

(4) 实现对医药代表工作的支持、服务、考评和组织管理，支持动态的人员分派和动态的考评，满足企业销售活动的灵活性和不规律性。

(5) 能与财务(SUN)、人事(HR)、奖金计算(SAS)等应用系统无缝地集成，或为这些业务系统预留好接口，满足企业升级的需要，确保企业实现跨系统的商业逻辑。

2. 解决方案

明确了需求之后，辉瑞进行了实施方案和供应商的招标。在选择供应商的过程中，辉瑞的原则是：系统必须是优秀和专业的，必须能够实现满足核心业务需求；供应商必须是能够与辉瑞的管理水平相匹配，适应和促进国际化企业文化与国内经营环境融合。正是凭着这两点，在几番比较和考核之后，辉瑞与英克科技结成联盟。

英克为辉瑞提供了一个具有三级管理的移动营销系统解决方案。

一级：销售代表级管理系统

销售代表无论在任何时间、任何地点都可通过手机移动设备进行各种销售活动，例如客户资料的管理、药房的库存查询、账务资料的处理、销售订单的处理、有效期的管理、个人业务处理等，并向公司网络上传自己的销售进展情况，从企业网络获得最新的药品、销售、库存等等信息，完成销售机会跟踪、销售药品的定价、报价、订单销售工作。

二级：分公司级管理系统

分公司利用计算机网络和销售代表随身携带的手机构建的销售管理系统，销售经理可方便、迅速地分派销售任务给各个代表，定期检查业务工作，掌握公司销售情况；查询和分析各种销售数据；查询药品进、销、存等计划完成情况等。药品配送人员通过移动设备，方便地获取配送任务，记录配送任务的完成情况。销售管理的一切环节和信息尽在掌握之中。

三级：总部级管理系统

计算机网络把在全国各地的分公司的数据和 OTC 代表随身携带的手机构建成了完整企业信息化管理系统。系统将分布全国的销售部门的销售数据和信息进行统计、分析、分类，从而全面了解公司的客户、产品、市场、渠道、竞争对手和销售人员工作的情况，结合公司和社会公共信息部门保持的详尽历史数据和信息，形成对公司经营决策有确定意义的信息，为公司制定短期和长期发展的经营策略和计划提供依据。

3. 项目实施

实施范围：北京营销总部及全国各地所有辉瑞中国的分支机构。

总实施周期：3 个月。

总人力投入：辉瑞 12 个人月，英克科技 12 个人月。

资金投入：20 万美元。

4. 实施效果

辉瑞制药移动营销系统的实施取得了预期的效果。借助该系统，公司能及时传递最新的药品和治疗手段信息，满足了辉瑞制药日益发展的业务态势；实现了公司管理中心对国内八个销售区域、遍布全国的渠道和 200 多名业务代表的有效控制和管理。正如辉瑞中国医保事业部总监蒋世东所言："通过系统的实施，我们不仅达到了预期的效果，而且英克科技的解决方案使得我们的营销过程得以有效控制的同时使得我们的核心竞争能力得以不断提高。"

5. 简要评论

医药企业销售人员队伍庞大，营销分支机构多，特别是销售人员和医药代表流动性很大。在这种背景下，医药企业对流动条件下实现跨越时空的信息和决策支持的追求日益增强，于是，很多企业开始关注移动 CRM。它着眼于将 CRM 的功能移植到移动设备上，让企业的销售、服务、营销人员随时为客户创造价值。

在英克科技的帮助下，辉瑞制药成功地实施了移动营销系统，为众多的医药企业实施移动 CRM 系统提供了一个可资借鉴的案例。

14.7 案例 7：上海通用汽车——汽车制造行业

1. 项目背景

上海通用是上海汽车工业总公司和美国通用汽车公司各投资 50%组建而成的中美合资企业，总投资为 15.2 亿美元。通用汽车已在国内建立了完善的生产，销售和服务体系，是目前国内最具竞争力的轿车生产和销售商，所生产车型有别克和赛欧两大系列。汽车行业也是一个竞争最为激烈

的行业之一，越来越多的生产厂商意识到必须加快从生产型企业向服务型企业转变，以客户的最新要求来指导生产，而不是要求客户的要求符合企业的产品，这也是通用汽车所进行的“柔性化生产”的根本意义。不过，生产要做到柔性，准确地把握客户的真实需求就是一个根本。那种在实验室里就可以想像出一个产品的时代已经一去不复返了，紧紧地跟随客户的需求是像汽车这些行业生存制胜的根本所在。

通用汽车公司是一个国际大型企业，信息化程度高，在这样的企业里，你几乎可以发现不同时代的 IT 产品印迹，通常都有上千个业务系统在运转。不过，像所有信息化程度高的企业那样，信息的整合是一个难点。企业不是没有系统，而是太多，数据也不是没有，而是没有集中和整理。而且，由于汽车行业的特有销售、服务体制，最终客户的信息分散于销售商、制造商、维修服务商各个层面，信息也不尽全面，对客户购买的数据比较丰富，但对所售出汽车的保养维修信息就很缺乏，如果没有一个有效的机制进行采集和管理，要对广大的客户群体进行系统一致的服务，确实了解客户的需求信息便只能是一个理想。另外，从客户服务的角度来看，由于购车、用车、修车等环节所涉及的单位不同，客户无法获得统一、一致和方便的服务。总之，在新时代，对汽车的生命期进行全程跟踪，拉近汽车生产企业与客户的距离是通用汽车公司面临的一个挑战。

2. 解决方案

像很多全球性外资和合资企业一样，上海通用实施 CRM 系统也是在总公司的统一部署下进行的。这些企业财力雄厚，投入很大，而风险同投入成正比。对于很多大型企业，要中途更换某个管理软件供应商简直就是“地震”，无论谁也承担不起所引发的巨大风险。

基于这个特点，综合考虑 CRM 系统提供商的产品功能，后续开发能力，提供商自身的管理水平等因素，通用汽车总公司选择了全球最大 CRM 厂商 Siebel 的产品。所确定的功能模块由各个区域公司根据具体情况加以选用，在上海通用的模块包括 Siebel 的呼叫中心产品，其中集成了销售、服务和营销模块。

3. 项目实施

上海通用的 CRM 项目的实施方是 IBM 大中华区咨询与集成服务部。IBM 全球服务通过与 Siebel 的联盟已经为众多的客户实施了 Siebel 的系统，经验丰富，这也是上海通用选择 IBM 的主要原因之一。

整个实施期基本分四个阶段，第一阶段，整合客户数据库，建立统一客户信息中心；第二阶段，优化和整合服务中心，销售代表，零售商，市场促销活动之间的业务流程；第三个阶段，开拓和强化客户与公司的交互接触功能，实现客户信息的多点采集机制，如800免费呼叫中心的建立，互联网络用户注册与在线导购栏目百车通的设立等；第四个阶段是对客户信息进行挖掘阶段，这个阶段对所采集的丰富客户信息进行分析，将客户分门别类，进行市场细分，并据此实现个性化营销，这一步是CRM的精髓所在，是实现持续的投资回报的关键步骤。经过几个月的业务分析和系统测试，前三个步骤已于2000年9月完成。

在整个项目的实施过程中，鼓励用户（包括销售代表，零售商，维修商）使用这个系统是一个最大的挑战，因为，零售商同通用汽车总公司之间的关系只有经济关系而没有直接的行政领导关系，如果他们认为这个系统对他们没有什么直接的好处，那么，客户信息的收集将大打折扣，从而影响整个系统的实用性，这反过来又会影响其他员工对这个系统的信赖程度，因此，通用汽车在上线之前用半年多的时间对他们进行集训，并采用了多种激励措施鼓励他们在工作中培养多用电脑的习惯，从而使整个系统能够真正发挥作用。

4. 实施效果

通用汽车CRM项目上线已有四年，基于呼叫中心应用的信息采集和发布机制已经相当成熟，客户信息量日益丰富。在汽车销售、汽车服务方面整个销售体系已经可以协调运行，尤其是百车通以及客户呼叫中心这两个客户接触渠道，让广大的潜在客户和现实客户同公司打交道时非常直接和方便，客户请求信息也可以及时传达本地零售代理和维修单位。有了丰富的客户信息，就可以对它进行挖掘。四年来，通用利用所获得的各种信息，已经分析发现很多意义重大的客户行为模式。总之，这个以客户信息为核心的CRM系统已经成为上海通用的关键IT资源，为通用汽车在中国的汽车事业不断发展铺平了道路。

5. 简要评论

这是一个典型的中外合资企业实施的CRM系统的情形，目前很多此类企业都在外国总公司的统一部署下实施CRM系统，这在一个方面可以让这些全球性跨国公司集中整合全球客户资源，降低未来对系统进行全球整合的难度，另一方面，这个统一部署在一定程度上也会忽视各国商业文化

的区别，导致或多或少“一刀切”的状况发生。当然，任何事情总不能十全十美，一个 CRM 系统提供商所设计的产品也不可能放之四海而皆准，必须根据本地特有的文化商业背景进行多方面的定制，因为即使一个汽车行业，各个环境下的业务流程也有很大的不同。通用汽车具有资金和技术优势，在选择系统供应商时，强调软件提供商自身未来发展能力以及管理水平，而不是只看眼前的做法值得广大中国企业借鉴，对系统实施商同系统提供商的分离也具有很好的参考意义。

14.8　案例 8：红彤汽车贸易有限公司——汽车贸易

1. 项目背景

红彤汽车贸易有限公司成立于 2000 年 10 月，是上海通用汽车公司(SGM)在深圳地区最大的授权销售服务中心(ASC)之一，在上海通用全国 120 多家 ASC 中，整体实力排名第七。公司成立以来，业务发展迅速，红彤已经成为深圳地区很有影响力的品牌。

但是，在汽车行业同业竞争环境下，产品同质化日益明显，靠产品、靠价格创造竞争优势已经变得越发困难，汽车行业间的焦点越来越转向客户管理和客户服务，能否实现高水平的客户管理和提供一流的客户服务已经成为汽车行业竞争取胜的关键所在。为了巩固和扩大竞争优势，红彤决定实施 CRM 战略。

红彤期望通过 CRM 战略的实施，提高客户满意度和客户忠诚度，建立基于客户价值的动态绩效评估体系和运营管理体系，并在客户价值评估的基础上，优化公司销售、服务业务流程、资源配置，全面提升整体营销能力、市场竞争能力和获利能力。

2. 解决方案

红彤公司领导层很早就开始关注 CRM 系统在企业中的应用问题，对该系统的产品进行了多方面的调查研究并考察了多家软件公司的 CRM 系统，经过反复比较，最终选定了用友的 CRM 管理系统。

用友 CRM 解决方案是一个企业级 B/S 结构集成应用方案，能够帮助企业利用 Internet 技术建立一个统一的、集成的、共享的客户资源管理平台、销售平台和服务平台，为营销链中的每个节点同时提供跨部门的客户管

理能力，实现“凝聚客户关系，提升资源价值”。

用友帮助红彤公司构建的 CRM 解决方案包括系统管理、客户管理、销售过程管理、服务管理、企业门户、数据交换、商业智能等模块。其中销售过程管理、服务管理等模块实现的业务功能很好地体现了汽车贸易行业“整车销售、配件经营、维修服务和信息反馈”的 4S 营销模式。

3. 项目实施

2002 年 5 月，红彤正式启动 CRM 软件项目的实施，历时 6 个月。

红彤 CRM 实施遵循了“总体规划、分步实施”的原则。首先从企业发展战略的高度对 CRM 系统总体规划，然后按照管理上的急需程度、实施中的难易程度等确定优先次序，先从眼前迫切需要解决的客户资源共享作为切入点，在效益驱动、重点突破的指导下，分阶段、分步骤实施。科学的实施方法起到了事半功倍的作用，保证项目的顺利推行，同时也降低了红彤公司的实施风险和先期投入。

红彤 CRM 系统的实施自始至终得到了公司高层管理者的强力支持和推动，由总经理直接参与项目的实施，保证了资源调配和部门间的协同配合，保证了项目实施按照既定的目标、进度进行。

另外，红彤从业务流程分析入手，研究和规划 CRM 的实施步骤，并借助外部力量，以专业化、开放式的运作思路开展和部署系统。

4. 实施效果

红彤的 CRM 系统达到了预定的目标：(1)建立了统一的客户资源管理平台，实现了客户信息在公司各个部门的共享，加强了销售、服务部门的工作协同；(2)建立了统一的客户服务平台，实现了客户接待、车辆维修、配件销售、费用结算、索赔、理赔业务一体化，提高了维修效率；(3)可有效收集和管理客户需求信息，提高了客户需求的响应速度；(4)可进行客户、销售、服务分析，进而指导公司进行市场细分、目标市场选择和产品定位；(5)可进行商机管理，提高了潜在客户的成交率；(6)可进行统一的客户关怀和客户回访、客户投诉处理，进行集中的服务质量监督，提高了客户满意度和忠诚度。

5. 简要评论

目前汽车贸易行业 CRM 应用正处于起步阶段，这个系统与 SFA 系统较为接近，根据汽车贸易行业 4S 营销模式特点，系统实现了集“整车销售、配件经营、维修服务、信息反馈”于一体的功能。用友汽车贸易行业 CRM

几乎集成了 SFA 中所有功能，尤为值得一提的是其提供了基于 XML 技术的数据交换平台，这为该 CRM 系统与企业的其他应用系统如 ERP、SCM 等进行信息集成提供了技术保障。红彤公司通过实施用友 CRM，取得了较好的应用效果。

14.9　案例 9：平安保险北京分公司——保险行业

1. 项目背景

中国平安保险股份有限公司北京分公司于 1993 年正式成立。公司经营各种本、外币财产保险、责任保险、信用保证保险、人身保险、再保险，代理保险检验、理赔追偿业务。公司奉行"信誉第一、效率第一、客户至一、服务至上"的服务宗旨，经过多年的奋斗，在业务规模上取得了非常可观的发展。公司自成立以来，经手的理赔案件数以万计，支付赔款逾亿元，为众多受损保户解了燃眉之急。

然而，随着业务的快速发展，客户需求多样性的日益明显和行业竞争的愈演愈烈，公司必须解决诸如信息的快捷传递、员工工作的有效管理、业务拓展的有效支持等问题，因此，想到了上一套客户关系管理（CRM）系统来解决目前的这些问题。中国平安保险股份有限公司北京分公司希望借助于 CRM 系统，实现：(1)根据客户的部分信息能方便地查询到与该客户有关的全部信息。例如，有的客户只提供车牌号、有的客户只提供保单号、还有的客户只提供身份证，而不论是客户提供何种的惟一标识都能够检索到与客户相关的全部信息，客户信息不仅是姓名、电话等，还包括投保的险种、保单到期时间、提供服务的频率等动态的全面的业务情况，这些信息帮助业务人员及时识别客户的等级，为他们提供最恰当的服务。(2)减少续保客户的流失率。续保客户是"成本低，利润高"的价值客户，平安保险希望能够及时了解到当天或某段时间需要续保的客户名单，并根据与客户的联系情况来获得继续续保、不再续保和正在考虑中的客户名单，从而保证能够及时跟进客户、减少客户资源的流失。通过向客户提供验车、验证等主动服务，提高客户满意度，让潜在客户成为正式客户，让正式客户成为忠实客户。

平安保险北京分公司决定首先从车辆保险业务开始实施 CRM 系统。

2. 解决方案

在充分调研、比较的基础上，平安保险北京分公司选择了 TurboCRM 客户关系管理系统，期望借助该系统实现对其车辆保险业务进行市场、销售和服务业务的一体化管理。

TurboCRM 公司根据保险业的行业特点和平安保险北京分公司的具体情况提供了“三位一体”的解决方案。它包含三个层面：客户应用层(TurboLink)、业务管理层(TurboCRM)和决策支持层(TurboDSS)。

客户应用层为客户提供了一个个性化的互动界面，它包含了客户主页、交易平台、个性产品推荐、银行转账等功能模块。业务管理层是一个以客户为中心的客户关系管理系统，包含了客户管理、竞争对手、合作伙伴、员工管理、市场管理、销售管理、订单管理、服务管理等功能模块。决策支持层为企业的发展战略提供科学、量化的数据支持，包含了销售分析、市场分析、服务分析、费用分析、客户特征分析、伙伴特征分析、险种特征分析、竞争分析、丢单分析、员工分析等模块。

3. 项目实施

根据中国平安保险股份有限公司北京分公司现有情况和将来发展的需要，TurboCRM 公司为其量身制定了一套解决方案和分步实施计划：第一，建立统一的客户信息数据库，各个部门共同使用统一的客户信息，同时使用智能查询技术满足业务人员对客户信息的多条件检索的需求；第二，建立以客户为中心的营销模式，针对现有的客户群体进行细分，制定不同的客户群体营销计划；第三，由部门向企业推进，根据现有的情况，从销售部门开始进行推进，再带动其他的部门(理赔部、市场部)，实现企业部门间信息传递和共享的良性循环；第四，业务流程在系统中实现，对于各种的业务流程(投保、续保、理赔等)在系统中采用进程式的记录方式来实现各业务环节的衔接。第五，根据中国平安保险股份有限公司北京分公司的情况，提供了适合其情况的一些规范化管理建议。

4. 实施效果

第一，实现了客户信息的全面集成和统一管理。所有与客户的相关信息，如客户的基础信息、与业务人员的历次联络记录、投保的险种、有无索赔案及次数、反馈、以前的投保公司等都被集成到了一个平台上进行统一管理。只要输入与要查询客户相关的惟一标识(如客户的车牌号、保单号)，系

统就能够搜索到对应客户的全部相关的信息和交往记录。另外，能够通过任意相关信息查询出客户，从而为该客户及时提供服务。例如，输入日期，查询出当天需要续保的客户，为客户办理续保手续；通过车牌尾数查找出需要验驾驶证的客户等等。

第二，实现了对业务人员的有效管理。系统将服务划分为任务、任务提醒、阶段进程等几个层次。一次服务可以被看成是一个任务，完成这个任务需要经历过多个阶段性进程，管理人员就可以随时察看任务执行的状态，监控未完成的任务，了解每位员工的工作进展情况。当某一任务完成时，标志会呈现结束状态。

第三，实现了对业务信息的全方位分析和利用。TurboCRM 系统提供了多种分析手段，如“销售分析”中的“特征分析”、“客户分析”、“伙伴分析”、“丢单分析”，“销售管理”中的“客户挖掘”，“客户服务”中的“反馈处理”，“分析决策”中的“市场分析”使企业从不同角度对业务信息进行综合分析，更加了解自身产品、价格、服务的优势和弱点，从而及时采取有效的措施，提高产品与服务的竞争力，达到提高市场占有率的目标。”

5. 简要评价

随着全球经济一体化和中国加入 WTO，国内保险市场的竞争日趋激烈。中国保险企业要想提供更优质的保险产品与服务，提高客户满意度，从而提高客户续保率，就需要解决客户信息全面集成、业务人员有效管理、业务信息充分利用等等方面的问题，CRM 能为保险企业有效地解决这些问题。中国平安保险北京分公司 CRM 系统的成功实施为中国保险企业提供了一些可资借鉴的经验。

14.10　案例 10：上海小阿华科教有限公司——科教服务行业

1. 项目背景

上海小阿华科教有限公司（以下简称小阿华公司）始建于 1993 年，是一家专业为母婴提供系列科教服务与母婴产品开发、生产、销售为一体的企业。经过近 10 年的不懈努力，已发展成为拥有婴幼儿纪念品（胎毛笔、手足印等）制作、胎教、早教、产褥期护理及母婴产品研发、生产、销售多种产业为一体的、多元化的母婴健康服务机构。公司除了在上海的 5 处服务中心外，

还在北京、天津、南京、杭州、深圳设有5家分公司，全国有100余家代理商，在近10年的时间内累计为全国200多万母婴家庭提供了相关服务。

为了更好地发展母婴健康事业，针对孕、产妇及0～3岁婴幼儿服务市场需求，小阿华公司决定实施基于CRM的集科技辅导、健康咨询、产品销售及售后服务于一体的母婴服务综合平台。

2. 解决方案

小阿华选用了金蝶软件（中国）有限公司的TEEMSCRM产品作为底层基础信息设施来构建母婴服务综合平台。在该平台中，将企业的资源分为会员开发体系、消费指导体系、会员活动体系及健康服务体系四大块，并通过CRM系统相互连接，以实现服务带动产品的平台建设宗旨。

会员开发体系主要负责小阿华产品、服务项目的市场推广及在医院和社区的销售，开发新会员，协调与各妇女保健院、地段医院、产院、计生委及街道的业务关系和活动实施。

消费指导体系则由小阿华公司的大量专业母婴顾问小组构成。这些顾问小组一般至少由一名母婴顾问和两名母婴顾问助理组成。母婴顾问一般都是专业领域的医生，顾问助理则具有相当的医学知识及营销知识，其中特别擅长电话营销，并能熟练使用CRM。母婴顾问小组负责所辖会员及客户的24小时咨询服务，必要时提供上门服务，同时对会员进行阶段消费需求指导。

会员活动体系主要职能是进行会员课程、会员活动的策划和组织，并统计与分析会员消费数据，不断丰富活动内容，保障会员权益。

健康服务体系以公司已有客户为主体，负责公司健康服务体系的具体研发工作，并完成相应的经营指标。

在公司的整个母婴服务平台中，CRM是整个平台的底层信息化基础，是CRM系统使得平台的各个体系能高效率地相互连接，并且协同工作。

3. 项目实施

针对小阿华公司原来内部信息化基础比较薄弱的情况，小阿华公司先期在公司内部实施了金蝶的K/3ERP系统。在资金、物流等能通过ERP系统顺畅管理后，2002年6月，金蝶公司派出了两名CRM实施顾问，与小阿华原来的项目小组一起，启动了CRM的实施。

由于前期在ERP实施过程中，实施小组已对小阿华的情况有了相当的了解，并作好了整体规划，所以CRM基本上是在按原来的规划方案，采用

了金蝶的六步实施法进行实施。

在CRM系统实施中，实施小组面临最大的挑战，是需要集成母婴护理的专业知识，然后让CRM系统分析会员数据库，根据会员情况自动定期向各个母婴顾问发出服务指令。经过小阿华母婴顾问和CRM实施小组的共同努力，2002年9月底，利用金蝶TEEMS CRM系统的智能分析和自动提醒功能，成功解决了自动产生服务指令的问题，进入了试运行阶段。

通过三个多月的工作，TEEMS CRM终于顺利在小阿华公司顺利投入试运行。

4. 实施效果

小阿华公司CRM系统的实施取得了预期的效果：

(1) 实现了客户资源的集成与共享。小阿华公司将所拥有的几万名客户会员全部集中到了CRM的大型客户数据库中，所有的会员都分配由特定的母婴顾问小组负责跟踪，并允许所有相关人员通过Web进行共享访问。这改变了小阿华公司原来的客户信息分散、更新繁琐和利用率低的情况，使得公司所有职能部门都能获得统一的最新客户信息，促进了部门间的协同工作。

(2) 实现了服务指令的自动产生，提高了公司的总体服务水准。小阿华公司的综合化母婴服务平台，需要大量的母婴顾问参与支持，而如何让全国各地的所有分支机构和加盟商的母婴顾问都具备相同的服务水准，是小阿华公司在市场扩张过程中需要解决的重要问题。为了解决这个问题，小阿华公司上海总部的权威母婴顾问与CRM实施小组一起，整理了针对不同情况下怀孕会员和婴幼儿的服务工作指南，输入CRM系统。在每周日的凌晨，CRM系统自动扫描分析数据库的几万名会员，根据会员的已怀孕时间或宝宝出生时间等有关情况，结合系统中已有的母婴护理知识，自动向会员所对应的各地母婴顾问发出服务指令，比如，是否需要去医院检查，或者建议上门提供专门护理服务等。同时，系统还会向当地母婴顾问提供有关的专业知识，或对会员的推荐产品建议。一般情况下，全国各地的母婴顾问只需要执行CRM系统安排的服务任务即可，CRM针对各个会员不同情况提供的背景知识和建议，有力保障了全国各地母婴顾问都具有相近并统一的服务水准。

5. 简要评论

小阿华CRM的成功实施，是小阿华公司实施小组、母婴顾问小组和金

蝶软件公司密切合作的结果。小阿华公司拥有强大的专业服务资源和先进的商业模式，结合金蝶公司提供的企业整体信息化解决方案，企业核心能力不断强化。

本章小结

本章介绍了国内9个行业的10个CRM实施案例。每个案例由项目背景、解决方案、项目实施、实施效果、简要评论5部分构成。10个案例相对来说都是比较成功的，每个企业成功的经验虽然总体来说各不相同，但也有一些相同的方面，如“总体规划，分步实施”、“有真正的业务需求”、“实施企业以业务骨干为核心组织实施团队”，“选择真正符合行业和实施企业背景与特点的解决方案”等。

参考文献

1. AMT. CRM 初阶. http://www.amteam.org

2. Andreasen, Alan R. Consumer Responses to Dissatisfaction in Loose Monopolies. Journal of Consumer Research, 12(2): 135－141

3. Barksdale. Hiram J Jr, Julie T Johnson, Munshik Suh. A Relationship Maintenance Model: A comparison between Managed Health and Traditional Fee-for-Service. Journal of Business Reasearch, 1997, 40: 237－247

4. Berger Paul D, Nada I Nasr. Customer Lifetime Value: Marketing Models and Applications. Journal of Interactive Marketing, 1998, 12 (Winter): 17－30

5. Berry Leonard L. Playing Fair in Retailing. Arthur Anderson Retailing Issues Newsletter, 1993, (March): 2, 5

6. Dwyer F Robert, Schurr Paul H, Oh Sejo. Developing Buyer-Seller Relations. Journal of Marketing, 1987, 51(April): 11－28

7. Dwyer F Robert. Customer Lifetime Valuation to Support Marketing Decision Making . Journal of Direct Marketing, 1989, 8(2): 73－81

8. Dwyer F Robert. Customer lifetime Valuation to Support Marketing Decision Making. Journal of Direct Marketing, 1997, 11 (Autumn): 6－13

9. Dwyer F Robert, Rosemary R Lagace. On the Nature and Role of Buyer-Seller Trust. AMA Summer Educators Conference Proceedings, T Shimp et al. eds. Chicago: American Marketing Association, 1986, 40－45

10. Evans Joel R, Richard L Laskin. The Relationship Marketing Process: A Conceptualization and Application. Industrial Marketing Management, 1994, 23(December): 439－52

11. Ganesan Shankar. Determinants of Long-term Orientation in Buyer-Seller Relationships. Journal of Marketing, 1994, 58(2): 1－19

12. Garbarino Ellen Johnson Mark S. The Different Roles of Satisfaction, Trust, and Commitment in Customer Relationships. Journal of Mar-

keting,1999,63(April):70—87

13. GreaterChinaCRM. 中国 CRM 行动指南. http://www.greaterchinacrm.org,2003

14. GreaterChinaCRM. 创智 CRM 在国泰君安证券股份有限公司的应用. 2003,http://www.crmforum.org/

15. Hirschman Albert O. Exit,Voice and Loyalty:Responses to decline in Firms, Organizations, and States. Cambridge,MA:Harvard University Press,1970

16. Jackson Barbara Bund. Build Customer Relationship That Last. Harvard Business Review,1985,63(November-Decmber):120—128

17. Kelly Haroald H,Jhon W Thibaut. Interpersonal Relations:A Theory of Interdependence. New York:John Wiley & Sons Inc,1978

18. Kotler P,Armstrong G. Principles of Marketing,7th ed. Englewood Cliffs,Prentice Hill,1996

19. Jap Sandy D,Ganesan Shankar. Control Mechanisms and the Relationship Life Cycle: Implications for Safeguarding Specific Investments and Developing Commitment. Journal of Marketing Research,2000,37(2):227—45

20. Jones Thomas O,W Earl Sasser Jr. Why Satisfied Customers Defect. Harvard Business Review,1995,73(November/December):88—99

21. Joseph A Ness,et al. the Role of ABM in Measuring Customer Value(part one). Strategic Finance,2001,38(March):32—37

22. Justin Hitt. 关于 CRM 实施的关键思想. http://www.greaterchinacrm.org

23. Loe Terry W,Amy Morgan. The Role of Communications in Relationship Development: A Marketing Channels Perspective. http://mkt.cba.cmich.edu,1999

24. Moorman Christin, Rohit Deshpande, Gerald Zaltman. Factors Affecting Trust in Market Research Relationships. Journal of Marketing, 1993,57(Janury):81—101

25. Morgan Robert M,Shelly Hunt. The Commitment-Trust Theory of Relationship Marketing. Journal of Marketing,1994,58(July):20—38

26. Oliver Richard L. Whence Consumer Loyalty ?. Journal of Direct Marketing,1999,63(Special Issue):33—44

27. Oracle. Oracle CRM 解决方案. http://www.oracle.com/

28. Qube Consulting Limited. Predicting and Using Customer Lifetime Value to Improve Profitabilty. http://www.crm-forum.com,2000

29. Ping Robert A. Latent Variable Interaction and Quadratic Effect Estimation: A Suggested Approach. Technical Report, Wright State University,1993

30. Ping Robert A. Does Satisfaction Moderate the Association Between Alternative Attractiveness and exit Intention in a Marketing Channel?. Journal of Marketing Research,1993,18:395－415

31. Ping Robert A. Voice in Business-to-Business Relationship: Cost of Exit and Demographic Antecedents. Journal of Retailing,1997,73(2): 261－281

32. Ping Robert A. Unexplored Antecedents of Exiting in a Marketing Channel. Journal of Retailing,1999,75(2):218－241

33. Reichheld Frederick F, Earl W Sasser. Zero Defections: Quality Comes to Services. Harvard Business Review, 1990, (September-October):105－111

34. Reichheld Frederick F, Thomas Teal. The Loyalty Effect. Boston, MA: Business Scholl Press,1996

35. Reichheld Frederick F. The Loyalty Effect—the Relationship between Loyalty and Profits. European Business Journal, 2000, 12(3):173－179

36. Rogers E. Diffusion of innovations (3rd ed.). New York: Free Press,1983

37. Rusbult Cary E. Commitment and Satisfaction in Romantic Associations: A Test of the Investment Model. Journal of Experimental Social Psychology,1980,16:172－86

38. Rusbult Cary E. Satisfaction and Commitment in Friendship. Social Psychology,1980,11:96－105

39. Rusbult Cary E, Dan Farrell. A Longitudinal Test of the Investment Model: The Impact of Job satisfaction, Job Commitment, and Turnover of Variations in Rewards, Cost, and Alternatives , and Investments. Journal of Applied Psycholgy,1983,68:429－438

40. Rusbult Cary E, Isabella M Zembrodt, Lawanna K Gunn. Exit , Voice,

Loyalty , and Neglect: Responses to Dissatisfaction in Romantic Involvement. Journal of Personal and Social Psychology, 1982, 43(6): 1230—1242

41. Rusbult Cary E, John M Martz. Remaining in an Abusive Relationship : An Investment Model Analysis of Nonvoluntary Dependence. Personality and Social Psychology Bulletin, 1995, 21(July): 558—571

42. Rusbult Roland, Anthony J Zahorik, Timothy Keiningham. Return on Quality: Makung Service Qualty Financially Accountable. Journal of Markeing, 1995, 59(April): 58—70

43. Sap. MySAP CRM 解决方案. http://www.mysap.com/

44. Sap. mySAP CRM 保险业客户关系管理. http://www.sapchina.com/

45. Siebel. Siebel CRM 解决方案. http://www.siebel.com/

46. Suh Munshik. An Examination of the Client-Professional Service Provider Relationship Maintenance from the Clients' Perspective. Doctoral Dissertation, Georgia State University, 1994

47. Terence Chan. CRM 成功十部曲——来自成功实施的宝贵经验. http://www.siebel.com, 2004

48. Thibaut John W, Harold H Kelley. The Social Psychology of Groups, New York: John Wiley & Sons, 1959

49. Tuckman B W. Developmental sequence in Small Groups. Psychological Bullettin, 1965, 63: 384—399

50. TurboCRM. TurboCRM 解决方案. http://www.turbocrm.com/

51. Van De Ven Andrew H, Poole Marshall Scott. Explaining Development and Changes in Organizations. Academy of Management Review, 1995, 20(Jul): 510—540

52. Van De Ven Andrew H, Poole Marshall Scott. Paradoxical requirements for a theory of organizational change" In R. Quinn & K. Cameron (Eds.), "Paradox and transformation: Toward a theory of change in organization and management. New York: HarperCollins, 1988

53. Wells Melanie. Brand ads should target existing customers. Advertising Age, 1993, 26(April): 47

54. 陈宾. 上海融氏企业全面应用用友 UF/CRM 系统. http://www.chinabyte.com/

55. 陈明亮.客户保持与生命周期研究[博士学位论文].西安交通大学,2001

56. 陈明亮.基于客户全生命周期利润的客户细分方法.经济管理——新管理,2002(20):42~46

57. 陈明亮.生命周期不同阶段客户重复购买意向决定因素的实证研究.管理世界,2002(11):93~109,107

58. 陈明亮.客户生命周期利润变化趋势的实证研究.统计研究,2002(6):40~44

59. 陈明亮.客户生命周期模式研究.浙江大学学报(人文社会科学版),2002(6):66~72

60. 陈明亮.客户全生命周期利润预测方法研究.科研管理,2003(4)

61. 陈启申.MRPII 制造资源计划基础.北京:企业管理出版社,1997

62. 创智.PowerCRM 解决方案. http:// www.powercrm.com.cn/

63. 东软软件.东软 CRM 定制解决方案.http:// www.neusoft.com/

64. 管政,魏官明.中国企业 CRM 实施.北京:人民邮电出版社,2003

65. 合力金桥. HollyCRM 解决方案.// www.hollycrm.com/

66. 何荣勤.CRM 原理、设计、实践.北京:电子工业出版社,2003

67. 何荣勤.CRM 案例:上海通用汽车——汽车行业.http//www.e-works.net.cn.com/

68. 何荣勤.挖掘潜在用户——深圳招商地产 CRM 建设.http://www.enet.com.cn/

69. 金碟.KingdeeCRM 解决方案.http:// www.kingdee.com/

70. 金碟."关爱母婴,服务社会"——上海小阿华 CRM 应用.http://www.apusic.com/

71. 蓝一,李建丰,江鹏程. 制药行业 CRM 解决方案评述.http://www.chinabbc.com.cn/2003

72. 联成互动.myCRM 解决方案.http:// www.mycrm.com.cn/

73. 马士华.供应链管理.北京:机械工业出版社,2000

74. 杨德宏,李玲.平安保险北京分公司实施 TurboCRM CRM 案例.http//www.ctiforum.com

75. 英克.英克移动营销系统解决方案. http://www.inca.com.cn/jjue_yxiao.htm

76. 用友.用友 CRM 汽车行业解决方案. http://www.ufsoft.com.cn/product/crm/

77. 用友. 用友 CRM 解决方案. http:// www. ufsoft. com/

78. 用友. 用友 CRM 助红彤汽贸打造完美的客户体验. http:// www. ufsoft. com/

79. 张伟. 客户关系管理(CRM)系统设计报告. http://www. tjkx. com/